高等职业教育创新创业系列教材

中小企业创业管理

主　编　叶　华　李爱卿
副主编　孟　敬　肖仁龙
参　编　练崇权　李维兴

机械工业出版社

本书针对创新创业教育创新班课程的需要，以中小企业创业管理过程为主线，通过概述中小企业创业理论，梳理了中小企业的创业路径，介绍了中小企业创业者的学习模式，使读者能学习撰写商业计划，熟悉创业路径、融资渠道和创业营销手段，了解创业成长及创业战略，培养良好的中小企业管理技巧和方法，把握中小企业创业管理的价值与意义。

本书每章配有引导案例、案例评析、泛学习、复习思考和实践项目等学习板块，内容脉络清晰、重点突出，可以作为高等职业院校创新创业课程的教材，也可以作为社会创业者的行动参考手册。

图书在版编目（CIP）数据

中小企业创业管理/叶华，李爱卿主编. —北京：机械工业出版社，2018.10（2023.8 重印）
高等职业教育创新创业系列教材
ISBN 978-7-111-61423-4

Ⅰ．①中… Ⅱ．①叶… ②李… Ⅲ．①中小企业—企业管理—高等职业教育—教材 Ⅳ．①F276.3

中国版本图书馆 CIP 数据核字（2018）第 267265 号

机械工业出版社（北京市百万庄大街 22 号 邮政编码 100037）
策划编辑：乔 晨 责任编辑：乔 晨 张潇杰
责任校对：王 欣 刘 岚 封面设计：鞠 杨
责任印制：郜 敏
北京富资园科技发展有限公司印刷
2023 年 8 月第 1 版第 4 次印刷
169mm×239mm • 15.75 印张 • 295 千字
标准书号：ISBN 978-7-111-61423-4
定价：39.00 元

电话服务　　　　　　　　　网络服务
客服电话：010-88361066　　机 工 官 网：www.cmpbook.com
　　　　　010-88379833　　机 工 官 博：weibo.com/cmp1952
　　　　　010-68326294　　金 书 网：www.golden-book.com
封底无防伪标均为盗版　　　机工教育服务网：www.cmpedu.com

前　言

中小企业是一个国家经济中最活跃的部分，在促进经济增长、推动创新、增加税收、吸纳就业和改善民生等方面具有不可替代的作用。世界上许多国家都十分重视中小企业发展，采取一系列政策措施为中小企业健康发展创造良好空间。

最近十多年来，高新技术产业成为美国经济发展的龙头，而中小企业在其间发挥了重要作用。可以说，美国中小企业是美国经济稳定与发展的基石，而美国联邦小企业署（US Small Business Administration）则是美国联邦政府为了扶持国内的中小企业而专门设立的机构。这家专设机构在金融服务、人才培育、创造公平的竞争环境以及建立政府与企业间通畅的沟通渠道等方面，全方位地对中小企业提供支持。

中小企业是我国数量最大、最具创新活力的企业群体。不过，长期以来，我国对中小企业创业管理没有给予足够的重视。在健全政策体系的基础上，我国还应加快培养中小企业创业者和管理者，以适应经济发展的需要。

本书聚焦于中小企业，以创业管理过程为主线，涵盖了中小企业创业理论、创业机遇、创业者学习模式、商业模式、创业路径、创业融资、创业营销、创业成长和创建企业文化等内容，探讨解决了创业活动管理的基本规律和关键问题。

本书由叶华、李爱卿拟订编写大纲并担任主编，孟敬、肖仁龙为副主编。参编及分工如下：叶华编写第七章和第九章，李爱卿编写第三章，孟敬编写第八章，肖仁龙编写第一章和第二章，练崇权编写第五章和第六章，李维兴编写第四章。

在本书的编写过程中，编者参考了大量国内外专家、学者的研究成果及优秀教材，借鉴吸收了许多理论和观点，在此表示衷心的感谢！

由于编者水平有限，书中难免存在缺陷与不足，希望得到广大读者的批评指正。

编　者

高等职业教育创新创业系列教材

编审委员会

主 任 委 员　卢晓春

副主任委员　曾艳英　范娜娜

委　　　员　蒋祖星　胡　胜　唐国华

　　　　　　叶　华　文晓立　刘一苇

　　　　　　陈　平

目 录

前言
第一章 中小企业创业概述 1
  第一节 中小企业概述 3
  第二节 中小企业创业创新概述 13
  第三节 企业内部创业 17
第二章 中小企业创业环境 25
  第一节 中小企业发展历史 26
  第二节 中小企业社会功能 29
  第三节 中小企业创业机遇 32
第三章 中小企业创业者学习模式 46
  第一节 中小企业创业者与管理者、领导者 47
  第二节 创业者及企业家精神 53
  第三节 中小企业企业家能力 58
  第四节 基于创业者视角的创业学习模式 63
第四章 中小企业商业模式 69
  第一节 中小企业商业模式概述 71
  第二节 中小企业商业模式创新 77
  第三节 "互联网+"六大商业模式分析 84
  第四节 中小企业商业计划书 87
第五章 中小企业创业路径 106
  第一节 创业团队组建 107
  第二节 中小企业团队激励 118
  第三节 中小企业创业选址 122
  第四节 企业组织形式 127
第六章 中小企业创业融资 135
  第一节 中小企业创业融资问题 137
  第二节 中小企业创业融资知识 146
  第三节 中小企业创业融资渠道 156
第七章 中小企业创业营销 164
  第一节 创业营销理念 164
  第二节 消费者购买行为 166

第三节	目标市场营销	171
第四节	产品与服务策略	180
第八章	**中小企业创业成长**	**197**
第一节	中小企业生命周期	200
第二节	中小企业成长环境	205
第三节	中小企业成长管理	211
第九章	**中小企业创建企业文化**	**222**
第一节	中小企业如何实施战略管理	224
第二节	中小企业如何培育核心竞争力	230
第三节	中小企业如何建立企业文化	235

参考文献 246

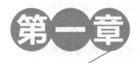

中小企业创业概述

学习目标

1. 了解与中小企业创新创业相关的理论知识。
2. 了解中小企业的类型和结构。
3. 熟悉企业内部创业的形式和案例。

引导案例

2016年中国中小企业运行报告

2016年，中小企业经济运行总体保持平稳，经济效益有所改善。但受生产规模、技术和资本、人员综合素质等因素的影响，中小企业发展依然面临诸多困难和挑战。

1. 中小企业数量保持增长

国家统计局数据显示，2016年末，全国规模以上中小工业企业（以下简称"中小企业"）37.0万户，比2015年末增加0.5万户。其中，中型企业5.4万户，占中小企业户数的14.6%；小型企业31.6万户，占中小企业户数的85.4%。

2016年末，各类型企业户数占比全部企业情况如图1-1所示。

图1-1　2016年末各类型企业户数占比全部企业情况

2．主营业务收入增速提高

2016年，中小企业实现主营业务收入72.2万亿元，占工业企业主营业务收入的62.7%，同比增长6.0%，增速比2015年提高2.5个百分点，比同期工业企业增速（4.9%）高1.1个百分点。其中，中型企业实现主营业务收入28.5万亿元，同比增长5.3%；小型企业实现主营业务收入43.7万亿元，同比增长6.5%。2011—2016年中小企业主营业务收入及增速情况如图1-2所示。

图1-2　2011—2016年中小企业主营业务收入及增速情况

3．利润总额稳步增长

2016年，中小企业实现利润总额4.3万亿元（占工业企业利润总额的62.8%），同比增长6.2%，增速比2015年提高2.0个百分点。2011—2016年中小企业利润总额及增速情况如图1-3所示。

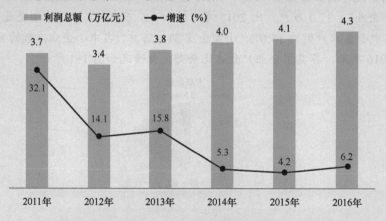

图1-3　2011—2016年中小企业利润总额及增速情况

（资料来源：http://www.lwzb.gov.cn/pub/gjtjlwzb/sjyfx/201705/t20170524_3750.html）

【评析】
　　无论是发达国家还是发展中国家，中小企业都已经成为国民经济的支柱，加强对中小企业的支持已经成为政府和理论界的共识。中小企业是我国数量最大、最具创新活力的企业群体，在促进经济增长、推动创新、增加税收、吸纳就业和改善民生等方面具有不可替代的作用。

第一节　中小企业概述

　　在世界经济呈现企业大型化、集团化趋势的同时，中小企业也同样呈现出蓬勃发展之势。无论是发达国家还是发展中国家，都已经将中小企业的发展问题提升到了战略高度。

一、中小企业的界定

　　要对中小企业进行支持，首先需要界定什么是中小企业。国际上一般以企业的特征或数量为准则来界定，前者是定性标准，后者是定量标准。但各国社会历史背景不同，所处的发展阶段不同，因此对中小企业的界定和划分标准也有所不同。目前，国际上还没有统一的标准，原因在于：一是中小企业不是一个绝对的概念，而是相对于大型企业而言，经营中等或中等以下的企业被称作中小企业，因此，中小企业概念本身就是一个相对的概念；二是不同国家和地区在经济发展水平上存在较大差异，对中小企业的界定标准也不完全一致；三是中小企业本身是一个动态发展的过程，即使在同一个国家和地区，随着经济发展的变化，在不同的发展阶段，对中小企业概念的界定也不是一成不变的。

（一）定性界定

　　定性界定也称为质量界定和地位界定，其特征主要体现在以下三个方面：一是中小企业不受母公司控制，企业是独立的，其业主兼经理在进行重大决策时，不受外界的控制；二是中小企业是由一个或几个业主亲自管理，而不是由一个正式的机构来管理；三是中小企业的市场占有率较小，这就意味着它对价格、数量或所处的环境具有较小的影响力。

（二）定量界定

　　定量界定也称为数量界定。"中小企业"一词的关键首先是"中小"。"中小"是规模概念，企业的生产要素和经营水平的状况都可以反映企业的规模。不过，目前世界各国（地区）所设定的参照系标准各不相同。

定量界定的标准通常包括以下三个方面：一是企业雇佣人数；二是企业资产额标准；三是企业的经营收入。例如，美国通常把员工数量在500人以下的企业称为小企业，也就是我们通常所说的中小企业；欧盟则规定雇员数量少于250人、年营业额不超过5 000万欧元，或者年资产负债表表值不超过4 300万欧元的企业为中小企业。

因此，中小企业一般是指规模较小的、处于创业阶段或成长阶段的企业，既包括规模在规定标准以下的企业、城镇集体企业和国有中小企业，也包括规模在规定标准以下的法人企业和自然人企业。

二、中小企业标准划定的趋势

目前，各国都会根据自身情况决定中小企业的范围，以使国家的扶持政策能够准确地作用到中小企业这一靶点。从各国对中小企业标准界定的趋势来看，主要有以下几点。

（一）发达国家中小企业的标准上限不断提高

随着全球化和技术进步，企业在市场的广度和深度两个方面都得到拓展，中小企业通过专业化和连锁化等方式拓展了市场。主要发达国家和发达国家联合体（如欧盟）都对中小企业的标准进行了数次修改，每次标准的修改过程也是中小企业标准上限不断提高的过程。

纵向来看，中小企业标准上限提高的原因是生产力自身的发展。从长期来看，生产力总是一个不断进步的过程，企业中的单个雇员所对应的产值总是在不断提高。横向来看，中小企业标准的划分又具有相对意义，经济发达程度不同的国家在中小企业上限方面有明显差别，同一规模的企业在不同国家经济体中的地位和作用相差较大。例如，德国把雇员小于500人、年营业额低于1亿欧元的企业定为中小企业。

（二）中小企业划分的标准往往由单一标准向复合标准转换

以往各国更偏爱采用单一标准，而目前各国对中小企业的划分标准一般为复合标准。单一标准一般是由雇佣人数、产值和注册资本数量等几个指标中选取单一指标界定企业的规模；复合标准却是运用几个指标综合判断企业的规模。

（三）行业的特性越来越受到重视

行业的特性在界定企业规模方面越来越受到重视，不同的行业中相同的产值所雇佣的劳动力数量和质量、利润率及技术水平方面的差距很大，需要根据行业的特点对企业的规模进行区分。

（四）企业独立性标准的受重视程度上升

市场经济中围绕企业股权和契约形成了各种利益关系，使中小企业因缺乏独立性而变成大企业的一个组成部分或一个部门。因此，市场经济比较完善的国家在中小企业标准的设定方面往往有基于企业独立性方面的考虑。例如，美国小企业管理局认为一个小企业除了必须在雇员规模和收入上限两个方面不超过小企业的标准之外，企业还必须"被独立拥有、独立运转并且在市场中不占有支配地位。"

三、中小企业的类型

根据2011年工业和信息化部、国家统计局、发展改革委、财政部研究制定的《中小企业划型标准规定》，中小企业划分为中型、小型、微型三种类型，具体标准根据企业从业人员、营业收入、资产总额等指标，结合行业特点制定。

规定适用的行业涵盖：农、林、牧、渔业，工业（包括采矿业，制造业，电力、热力、燃气及水生产和供应业），建筑业，批发业，零售业，交通运输业（不含铁路运输业），仓储业，邮政业，住宿业，餐饮业，信息传输业（包括电信、互联网和相关服务），软件和信息技术服务业，房地产开发经营，物业管理，租赁和商务服务业，其他未列明行业（包括科学研究和技术服务业，水利、环境和公共设施管理业，居民服务、修理和其他服务业，社会工作，文化、体育和娱乐业等）。

具体各行业的标准为：

1）农、林、牧、渔业。营业收入20 000万元以下的为中小微型企业。其中，营业收入500万元及以上的为中型企业，营业收入50万元及以上的为小型企业，营业收入50万元以下的为微型企业。

2）工业。从业人员1 000人以下或营业收入40 000万元以下的为中小微型企业。其中，从业人员300人及以上，且营业收入2 000万元及以上的为中型企业；从业人员20人及以上，且营业收入300万元及以上的为小型企业；从业人员20人以下，或营业收入300万元以下的为微型企业。

3）建筑业。营业收入80 000万元以下或资产总额80 000万元以下的为中小微型企业。其中，营业收入6 000万元及以上，且资产总额5 000万元及以上的为中型企业；营业收入300万元及以上，且资产总额300万元及以上的为小型企业；营业收入300万元以下，或资产总额300万元以下的为微型企业。

4）批发业。从业人员200人以下或营业收入40 000万元以下的为中小微型企业。其中，从业人员20人及以上，且营业收入5 000万元及以上的为中型企业；从业人员5人及以上，且营业收入1 000万元及以上的为小型企业；从业人员5人以下，或营业收入1 000万元以下的为微型企业。

5）零售业。从业人员300人以下或营业收入20 000万元以下的为中小微型企业。其中，从业人员50人及以上，且营业收入500万元及以上的为中型企业；从业人员10人及以上，且营业收入100万元及以上的为小型企业；从业人员10人以下，或营业收入100万元以下的为微型企业。

6）交通运输业。从业人员1 000人以下或营业收入30 000万元以下的为中小微型企业。其中，从业人员300人及以上，且营业收入3 000万元及以上的为中型企业；从业人员20人及以上，且营业收入200万元及以上的为小型企业；从业人员20人以下，或营业收入200万元以下的为微型企业。

7）仓储业。从业人员200人以下或营业收入30 000万元以下的为中小微型企业。其中，从业人员100人及以上，且营业收入1 000万元及以上的为中型企业；从业人员20人及以上，且营业收入100万元及以上的为小型企业；从业人员20人以下，或营业收入100万元以下的为微型企业。

8）邮政业。从业人员1 000人以下或营业收入30 000万元以下的为中小微型企业。其中，从业人员300人及以上，且营业收入2 000万元及以上的为中型企业；从业人员20人及以上，且营业收入100万元及以上的为小型企业；从业人员20人以下，或营业收入100万元以下的为微型企业。

9）住宿业。从业人员300人以下或营业收入10 000万元以下的为中小微型企业。其中，从业人员100人及以上，且营业收入2 000万元及以上的为中型企业；从业人员10人及以上，且营业收入100万元及以上的为小型企业；从业人员10人以下，或营业收入100万元以下的为微型企业。

10）餐饮业。从业人员300人以下或营业收入10 000万元以下的为中小微型企业。其中，从业人员100人及以上，且营业收入2 000万元及以上的为中型企业；从业人员10人及以上，且营业收入100万元及以上的为小型企业；从业人员10人以下，或营业收入100万元以下的为微型企业。

11）信息传输业。从业人员2 000人以下或营业收入100 000万元以下的为中小微型企业。其中，从业人员100人及以上，且营业收入1 000万元及以上的为中型企业；从业人员10人及以上，且营业收入100万元及以上的为小型企业；从业人员10人以下，或营业收入100万元以下的为微型企业。

12）软件和信息技术服务业。从业人员300人以下或营业收入10 000万元以下的为中小微型企业。其中，从业人员100人及以上，且营业收入1 000万元及以上的为中型企业；从业人员10人及以上，且营业收入50万元及以上的为小型企业；从业人员10人以下，或营业收入50万元以下的为微型企业。

13）房地产开发经营。营业收入200 000万元以下或资产总额10 000万元以下的为中小微型企业。其中，营业收入1 000万元及以上，且资产总额5 000万元及以上的为中型企业；营业收入 100 万元及以上，且资产总额 2 000 万元及以上的为小型企业；营业收入 100 万元以下，或资产总额 2 000 万元以下的为微型企业。

14）物业管理。从业人员 1 000 人以下或营业收入 5 000 万元以下的为中小微型企业。其中，从业人员 300 人及以上，且营业收入 1 000 万元及以上的为中型企业；从业人员 100 人及以上，且营业收入 500 万元及以上的为小型企业；从业人员 100 人以下，或营业收入 500 万元以下的为微型企业。

15）租赁和商务服务业。从业人员 300 人以下或资产总额 120 000 万元以下的为中小微型企业。其中，从业人员 100 人及以上，且资产总额 8 000 万元及以上的为中型企业；从业人员 10 人及以上，且资产总额 100 万元及以上的为小型企业；从业人员 10 人以下，或资产总额 100 万元以下的为微型企业。

16）其他未列明行业。从业人员 300 人以下的为中小微型企业。其中，从业人员 100 人及以上的为中型企业，从业人员 10 人及以上的为小型企业，从业人员 10 人以下的为微型企业。

（资料来源：http://www.gov.cn/zwgk/2011-07/04/content_1898747.htm）

四、中小企业的理论

随着经济全球化的发展，以及信息技术的进步，中小企业已成为现代经济体系中的重要组成部分，并形成了中小企业发展的一般理论。

（一）社会分工论

随着社会经济的迅速发展，中小企业的生命力及在经济中的地位和作用日益提升，大企业与中小企业的关系发生了深刻的变化，外部竞争关系也由过去的弱肉强食变为企业内部协调合作，从直接竞争变为协调竞争，从而出现了社会分工的深化。

1. 产业分工论

美国学者施太莱（Staley）和莫斯（Morse）于 1965 年对美国产业组织结构做了实证分析后，认为从技术和经济两方面分析生产成本、规模经济、市场特性及地缘区位等因素，可知不同产业适于不同规模的企业经营。根据这些因素，他们归纳出八种适合中小企业经营的细分产业。日本学者太田一郎则将经济部门分为集中型部门和分散型部门，前者往往需要大型设备、巨额投资，产品易标准化且量大、品种少，较适合大企业经营；后者则往往是多品种、小批量生产，或是与大企业相关的生产资料加工、零部件生产等部门，较适合中小企业生存和发展。

2. 中心—外围论

美国学者 R. T. 艾夫里特（R. T. Averitt）认为，现代经济存在以大规模企业为代表的核心企业和处于其外围的中小规模企业两大企业群。核心企业是大规模、多元化、复合化的跨国公司。外围企业是小规模的、市场密度低而经营期短，具有成本高的性质。艾夫里特对外围企业做了进一步的划分："卫星企业"与大企业是一种从属、依附关系；"忠实的对立企业"可称之为竞争性外围，即可能成为大企业市场上的竞争对手；"自由独立企业"是十足的小竞争企业。他还特别指出，在"忠实的对立企业"中，有一类是开拓性的"忠实的对立企业群"，它们作为对核心企业具有挑战性的一类企业，应予以积极的评价，这类企业是美国风险企业的先驱。

3. 系列化论

系列化论产生于日本，提倡以大企业为顶点，以中坚企业为骨干，以广大中小企业为基础而组成"垂直型"的协作方式。大企业通过原材料供应、加工订货和技术指导把中小企业纳入到生产体系中来，而中小企业为其生产零部件或提供某种服务。系列化论的核心是通过建立系列化生产经营体制，充分发挥不同规模、不同技术水平企业的优势，从而创造出大大超过各类企业独立生产经营时的生产力，实现双赢。系列化不仅通过长期持续交易所建立的信赖合作关系为大企业节约了交易成本、新产品开发的时间和费用、生产和管理成本，也减少了中小企业信息收集成本和销售成本，提高了中小企业经营的稳定性。

4. 缝隙论

针对美国研究开发型（即风险型）企业的广泛发展，美国职业指导专家霍兰德（John Holland）在《中小企业的未来》一书中指出，市场与技术变化的不断相互作用，尽管使资源和经济力量向大企业集中，但因为要弥补大规模生产和大量流通之间的缝隙，给中小企业的发展创造了机会。对于许多领域，在相对自由的动态经济之中，某一领域中大企业的巨大性与其他领域中小企业的存在绝不矛盾。只要生产、流通和市场技术适应市场扩大的需要而不断进化，企业合并与分化的交互作用就会继续为中小企业的发展创造机会。中小企业可充分发挥"产品差异化"形成的专业技术和经营管理能力，寻找市场的"缝隙"。技术革新与市场的动态结合所导致的服务经济化和科技创新的发展，为中小企业带来新的缝隙市场，结果使大企业越来越大、小企业越来越多。

（二）二元结构体系论

美国新制度经济学家约翰·肯尼思·加尔布雷斯（John Kenneth Galbraith）在《经济学和公共目标》（1973年）中指出：现代美国资本主义经济并非单一的模式，而是由计划体系和市场体系组成的二元结构体系。计划体系由当时的1 000家大企业组成，按计划进行生产和销售，并依靠它们强大的经济力量与政治上的特权控制了价格和市场。市场体系由 1 200 万家分散的中小企业组成,受市场规律的支配。加尔布雷斯认为,有些生产活动可以由大企业来完成,有些却更适于中小企业去做,他指出,由于两大体系在权利与收入分配上的不平等,市场体系在很大程度上屈从于计划体系,从而使社会资源配置失调、贫富悬殊、经济发展不平衡和环境污染严重。政府有责任采取行动,通过制度改革实现两大体系之间的均衡。

(三) 大规模时代终结论

日本进入 20 世纪 70 年代初期后,随着以大型重化工业为核心的"黄金增长阶段"的结束,高速增长期的内外条件逐渐丧失,加之此后国际环境的变化,特别是新技术革命的蓬勃发展,大企业的发展遇到阻力,多元化产业结构应运而生,中小企业的生存条件逐渐改善。对此,日本教授中村秀一郎在《大规模时代的终结——多元化产业组织》一书中批判了在大企业支配和控制下的中小企业永远处于不稳定和"无力化"状态的这一近代经济学中的中小企业论的错误观点。他认为,随着现代资本主义的变化,由于产业结构和需求结构变动等诸多原因,大企业生产经营步履维艰,大规模时代已经终结;相反,中小企业具有出现结构性大发展的可能性,因为促使中小企业存在和发展的客观基础正在形成。

(四) 竞争簇群论

哈佛大学教授迈克尔·E. 波特(Michael E. Porter)在《簇群与新经济学》一文中认为,"簇群"是位于某个地方、在特定领域获得不同寻常的竞争胜利的公司和机构的集合。簇群既促进竞争又促进合作,竞争是为了取胜和保留客户,合作则大多是垂直的,介于相关产业中的公司和本地机构之中。竞争与合作能够并存,是因为它们发生在不同的领域,发生在不同的参与者身上。一个由相互独立而又非正式联盟的公司和机构组成的簇群,代表着一种富有活力的组织形式,具有效率、有效性和灵活性方面的优势。波特进一步指出:现代竞争取决于生产力,而非取决于投入或单个企业的规模。生产力取决于公司如何竞争,而非它们在何领域竞争。如果公司运用熟练的方法和先进的技术,提供独特的产品和服务,那么都能产生较高的生产力。所有产业都能够运用先进的技术,所有产业都能成为知识密集型产业。波特还认为:簇群一旦开始形成,就会出现一个自我强化的循环。这个循环能促进它的发展,尤其是当地方机构持支持态度和地方竞争富有活力时更是如此。

(五) 风险企业论

风险企业产生于美国,"风险企业论"就是在风险企业中特别把从事知识密集型经营的尖端企业群分离出来的理论。日本经济学者清成忠男认为："所谓风险企业，是指充分发挥研究开发集约能力或设计开发集约能力，富有创造性的新企业。""这种企业与历来的新办企业的不同点在于，其经营者有高度的专业能力和组织富有魅力的事业的企业家精神，因而是发展很快的高效益企业。"风险企业在经营上独树一帜，企业创立时要冒相当大的风险，一旦成功便成为利润高、发展快的企业。风险企业和风险企业群的产生，显然是在大规模生产体制遇到困难，社会进入信息技术时代，产业结构发生了根本性变化的背景下诞生和发展起来的，它是新技术革命的产物。中小企业经营的灵活性、企业组织的多元化及科技创新能力等都较好地适应了这一变化，所以风险企业和风险企业家大都集中于中小企业。

（六）技术创新论

从 20 世纪 60 年代起，许多学者研究了中小企业在技术创新进程中的作用。美国经济学家埃德温·曼斯菲尔德（Edwin Mansfield）通过对一些产业的实证分析，发现技术创新与垄断的关系因产业的不同而不同。美国经济学家谢勒尔（Scherer）的结论是，专利发明（创新）并不与企业规模的增长成正比。而且他认为，伴随着企业规模的扩大，常常会出现活力的衰退。美国经济学家阿科斯（Z. J. Acs）和奥德斯（D. B. Audretsch）对 1982 年美国 34 个创新最多的行业中不同规模企业的创新数进行了比较分析，结论是：随着集中程度的提高，企业的创新趋于下降。在不完全竞争的市场中，大企业的创新优势比较明显；而在产业成长的早期，创新和熟练劳动力的使用相对较重要的行业以及近于完全竞争的市场中，中小企业的技术创新表现出明显的优势；创新可以在某种程度上抵消中小企业的内在成本劣势，有效地帮助其进入一个行业，并提高其创新的活力。

（七）中产经济理论

相对于大企业，中产企业有着不同的管理结构、资金规模和营销方式、生产和效益、组织形式和会议制度以及人员结构，从而表现出中产企业特殊的企业成果创造能力。在德国，"中产经济"与"中产阶级"相联系，正是他们支撑起德国社会市场经济"大厦"。"中产经济理论"认为，中产企业是市场经济制度产生的根源，无论何时何地，只要中产企业占据支配地位，就会创造出一个市场充分竞争的社会经济结构。

（资料来源：摘自李庚演，黄宁辉.中小企业理论演变探析.经济学家，2001.3）

五、中小企业的结构调整路径

中小企业的结构调整涉及产业、经营布局、经营方式以及经营市场等方面。

其中，中小企业产业从以往的采掘、一般加工制造、建筑、运输、传统商贸服务等行业，发展到包括基础设施、公用事业、高新技术和新兴产业、现代服务业等行业领域；经营布局从分散经营开始向工业园区和产业集聚区集中发展；经营方式从粗放经营逐渐向集约经营转变；经营市场从早期的以国内市场为主发展为面向国内外市场。

中小企业的结构调整是顺应国家经济结构调整的需要，也是企业自身发展的需要。中小企业的结构调整路径如下。

（一）企业层面

1. 推进特色经营

特色经营是指由于市场竞争不断加剧，中小企业为了寻求自身的生存空间，为使企业所经营的产品或服务与众不同而制定的战略。推进特色经营是中小企业的发展趋势和必然路径。市场竞争的存在是中小企业进行特色经营的外在压力，市场竞争越激烈，对中小企业所造成的压力也就越大，中小企业要想求得生存空间就必须尽早地树立其经营特色，占据一定的产业空间和市场空间，从而获得竞争的主动地位。

2. 坚持绿色经营

绿色环保和生态经济理念深入人心，中小企业作为经济活动的主体，应将绿色环保和生态经济理念应用在企业经营理念和经营模式中。对中小企业来说，注重环保，崇尚绿色经营，不再只是支出和投入，也不再只是作为与企业利润相对立的经济负担，而是企业新的财富源泉。树立绿色经营理念，采用绿色经营模式，已经成为中小企业增加盈利、获得成长的必然选择。

（二）政府层面

1. 促进产业的转型升级

随着中小企业经营的外部环境发生较大变化，产业内部资源配置不合理，导致产业发展遇到多重约束，因此，必须通过提升产业素质，升级置换和重组产业要素，形成新的产业结构以满足产业长远发展的需要。

促进产业的转型升级是经济发展的永恒主题。产业转型升级是指从低附加值转向高附加值的升级，从高能耗高污染转向低能耗低污染的升级，从粗放型转向集约型的升级。产业转型升级的关键是技术进步，在引进先进技术的基础上消化吸收，并加以研究、改进和创新。我国中小企业众多，不少中小企业不具备独立研发的实力和财力，因此抗危机能力较弱，特别是目前很多产业规模不大、竞争力不强，自主创新能力有待提高。为此，政府应加大投入，搭建服务于中小企业创新的公共平台，全方位支持中小企业的转型升级。

2. 淘汰落后产能

加快淘汰落后产能是转变经济发展方式、调整经济结构、提高经济增长质量和效益的重大举措,是加快节能减排、积极应对全球气候变化的迫切需要,是走中国特色新型工业化道路、实现工业由大变强的必然要求。落后产能只依靠市场的自发调节,速度太慢,所造成的破坏也较大,可能会对我们当前的转变经济发展方式带来一些障碍,从而延缓这个过程。在这种情况下需要政府这"看得见的手"进行调节,完善落后产能退出的政策措施,强化激励和约束作用,充分调动一切积极因素,抓住关键环节,突破重点、难点,加快淘汰落后产能,大力推进产业结构调整和优化升级。现阶段,我们要进一步减轻环境资源的压力,故要不断通过调整结构、转变发展方式来加快工业的平稳较快发展,提高经济增长的质量和效益。

3. 鼓励技术创新

强化企业在技术创新中的主体地位,激发中小企业创新活力是我国的一项重要政策。中小企业应清醒地认识到资本对品牌、项目的投入和运作,永远跳不出边际效益递减的规律,钱会越来越难赚;但唯有技术创新为企业、为社会带来的边际效益,可以不断增加,因为技术进步是层层递进的、无边际的。确立中小企业在技术创新中的重要地位,政府要努力营造技术开发成果有效转移和企业充分运用的社会氛围。科研院所和高校需要强化科技成果转化意识,加大技术开发成果面向市场的力度,使企业有可能获得更多的、有用的技术开发成果。

4. 发展产业集群

产业集群从整体出发,挖掘特定区域的竞争优势,将是推动未来区域经济增长的"加速器"。产业集群是指在特定区域中,具有竞争与合作的关系,且在地理上集中,有交互关联性的企业、专业化供应商、服务供应商、金融机构、相关产业的厂商及其他相关机构等组成的群体。同时,利用政策、税收等手段积极培养产业链,延伸产业链,提升中小企业的获利能力;并通过工业园区、产业联盟等各种共享平台的建设,不断提高产业的积聚度,形成规模优势,提高中小企业应对市场变化的能力。

【案例】

如何进行中小企业的转型升级和结构调整

新一轮的全球科技革命和产业变革兴起,越来越多的国家以科技促进产业转型升级,以创新推动经济社会发展。

新一轮科技革命和产业变革的特征主要表现为"一主多域"。所谓"一主"

就是互联网技术和制造业的深度融合；而"多域"就是多个领域的技术革命和风暴，如生物技术、新材料技术等。新一轮科技革命和产业变革对经济发展产生的影响主要体现在以下几个方面：

1）本轮科技革命中，智能制造的兴起和发展，促使制造业出现了分散化和个性化的特征。分散化是相对于过去的规模经济而言的。这一特征可能会对全球的产业格局，乃至竞争格局产生重大的影响。

2）本轮科技革命中，产业的组织方式将发生方向性变化。一方面，平台经济迅速崛起，形成新一轮的"赢者通吃"。典型的例子就是腾讯和阿里。截至2015年年底，腾讯微信活跃账户数已达到6.97亿，具有强大的动员力。而在阿里的平台上，用户能以低成本方式开网店，提供了上千万人次的就业机会。另一方面，组织结构趋于分散化和扁平化，中小企业的地位可能从之前的被动从属、配套的地位，提升到创新主导的地位。例如，3D打印可能将催生一个人的企业生产一个产品的现象，这个产品具有充分的个性化特征，国外称其为"One Product"。企业不追求标准化的产品和规模经济，而是追求个性化生产，其背后带来的是盈利模式的变化，在这种变化中，中小企业将异军突起，该类企业创造的利润也将非常之大。

3）全球竞争格局和贸易格局将发生重大变化。分散化、个性化生产将重塑国际贸易格局，国别经济地位比例将提高，大市场在新一轮竞争中有其独到的优势。我国是一个超级大市场，机遇也将越来越多。

（资料来源：http://www.chinairn.com/scfx/20160822/154354157.shtml）

【评析】
由于新一轮的全球科技革命和产业变革的兴起，中小企业的结构调整面临严峻的现实挑战和难得的发展机遇。面对日益激烈的市场竞争，中小企业要想求得生产空间，必须尽早地树立其经营特色，占据一定的产业空间和市场空间，从而获取竞争的主动地位。尽早地树立绿色经营理念，采用绿色经营模式，使其成为增加盈利的战略选择。

第二节 中小企业创业创新概述

目前，中小企业已经成为世界经济增长的主要引擎之一。但是，低端同质竞争、"英年早逝"也是长期困扰中小企业培育与成长的普遍问题。2016年7月，工业和信息化部正式发布《促进中小企业发展规划（2016—2020年）》，明确了以提质增效为中心，以提升创业创新能力为主线，推动供给侧结构性改革。因此，推进中小企业创业创新将有助于中小企业迈向中高端水平。

一、中小企业创业创新的内涵

"创业"一词是"企业家"一词的派生词。"企业家"这一概念最早由法国经济学家让·巴蒂斯特·萨伊(Jean Baptiste Say)提出:"企业家将资源从生产力较低的领域转移到生产力较高以及产出更多的领域。"此后,法国经济学家理查德·坎蒂隆(Richard Cantillon)第一次提出创业的概念并将其和风险联系在一起,指出创业意味着需要承担风险,即以一定的价格买进然后再以一定的价格卖出的风险。美籍奥地利经济学家J. 熊彼特(J. Schumpeter)认为,创业是一种个体行为,人人都可以是创业家,只要他能够实行新的资源组合方式。

熊彼特还提出创新理论,并赋予企业家以"创新者"的身份。以 J. 熊彼特、美国学者彼得·德鲁克(Peter F. Drucker)为代表的创新学派认为,创业与创新存在与生俱来的联系。创业是实现创新的过程,而创新则是创业的本质和手段。企业创新离不开创业精神,更离不开由企业家主导、以创新型企业为主体的创业活动。

中小企业创业创新,实际上是发现、确认新产品或新服务的机会的引入过程,发明的生产方式、新组织方式的商业运用与开发实施过程。由此可见,中小企业创业创新的本质在于创新,形式在于创业。创业始于和成长于创新,创新是中小企业成长的必由之路。因此,中小企业创业创新是在企业家精神的指导下,以企业家为核心的创业团队通过创业形式实现企业的创新升级,保证企业的成功创业与持续发展。

二、中小企业创业创新的动力因素

创业与创新活动有助于增强经济发展新活力,中小企业创业创新是发展的必然选择。中小企业创业创新的动力因素,就是将创业者、项目(或技术)、资本、市场、人才等多种要素有机组合,以适应其不同发展阶段的需要。因此,创业创新的动力是要推动中小企业在市场竞争中获利和成长。

研究表明,以创业意愿、创业机遇和创业能力为核心的创业创新要素在中小企业创业创新的过程中,对于创业创新行为的产生和创新结果的实现起着决定性作用,表现如下:

1)创业意愿是创业创新主体从事创业创新活动的期望程度,是一种对创业创新的态度、能力、行为导向的一般描述,是未来的某个时间点上从事与新企业创立、经营创新等有关活动的可能性。因此,创业意愿是创业创新活动的主观前提,决定着创业创新活动的实施可能。

2)创业机遇大都产生于不断变化的市场环境,环境变化了,市场需求、市场结构必然发生变化。创业机遇是指创立新企业、实现既存企业创新的可能性和通过各种努力实现创业创新成功的余地，是中小企业创业创新活动实现的外在动力。

3）创业能力是指为实现中小企业创业创新活动所应具备的技术、资本、人才等资源要素组合及相应的开发、整合、驾驭能力，是中小企业创业创新活动实现的内在动力。

综上所述，中小企业创业创新的过程实际上表现为中小企业创业创新的机遇、意愿和能力之间相互作用的过程。一般来讲，创业企业本身的不同和发展的阶段不同，起主导作用的创业创新动力因素也是各不相同的，只有把三个要素有机结合起来，才能推动创业创新活动的实现。

三、中小企业创业创新路径

体验式消费、环保产业以及移动互联网等领域的迅速发展，中小企业可以大有作为。关键是中小企业要通过技术创新、管理创新和商业模式创新等多种途径转型升级，探索创业创新路径。

（一）重视技术创新

技术创新是企业生存与发展的重要武器。虽然中小企业的技术创新在资金、技术设备和科研条件等方面存在劣势，但是机制灵活、适应能力强、反应迅速以及可以避开大企业的锋芒，在技术创新方面会有所作为。在国外，几乎所有的名牌企业都十分重视不断开发新技术和新产品。在技术创新方面，中小企业要加大内部人才培养以及外部人才引进的力度，增加研发投入，开发先进适用的技术、工艺和设备，研制适销对路的新产品，提高产品质量和竞争力，巩固企业的发展地位。

（二）重视管理创新

管理创新是实现企业基业长青、推动企业健康发展的重要手段，要想企业可持续发展就要不断进行管理创新。中小企业逐步实现由传统管理向现代管理转变，由被动管理向自主管理转变，由产品管理向供应链管理转变，由用户管理向客户关系管理转变，由以产品为中心的管理向以市场为中心的管理转变。中小企业应根据企业发展规模和行业特点选择合适的管理方式，特别是要提高对创新的激励力度，提高管理人才和企业家的素质，以促进中小企业实现可持续发展，做成百年老店。

（三）重视商业模式创新

一些中小企业技术好，产品质量不错，但效益不高，市场认同度低，很大一个原因就是因为忽视了商业模式创新。商业模式创新是促进产业模式的升级、促进发展质量和效益全面提升的关键，也是企业竞争的关键。当前，制造服务化、服务网络化、网络全球化是商业发展的新趋势。中小企业要积极利用互联网技术开展商业模式创新，通过商业模式创新降低成本，开发个性化、全球化市场。

四、企业家精神与中小企业创业创新

现有文献研究表明，企业家精神对创业意愿和创业行为具有重要的影响，能够通过影响中小企业创业创新的动力因素，即创业机遇、创业能力和创业意愿，来推动创业与创新行为的产生。

（一）创业精神有助于增强企业创新意愿

在中小企业创业创新活动中，企业家是企业家精神的主体，也是企业直接经营者，企业家的参与意愿是一切活动得以开展实施的前提和出发点。企业家资源禀赋在创业过程中具有重要作用，是创业行为过程的关键资源，甚至在一定程度上决定新创企业的资源构成特征。企业家精神是中小企业成功创新的必要条件，企业家是中小企业创新过程中至关重要的因素，其次才是独特的产品优势、创新文化、人力资源管理、市场营销等可控性的内部因素和市场、融资、竞争与合作等不可控的外部因素。因此，企业家精神与中小企业创业创新具有与生俱来的联系。

（二）学习精神有助于增强企业创新能力

学习和创新是影响核心能力的重要因素，提高企业核心竞争力的关键在于增强企业创新能力，尤其是对于中小企业，核心竞争力不强的状况需要进一步改善。

实践证明，学习是维持企业创新能力的主要因素，对企业的技术创新和管理创新有着显著的影响。一般而言，企业作为一个组织，学习导向越强，创新程度越高，这是因为学习可以促进知识的积累和应用，两者的协同发展又可以实现技术能力和创新能力的提升，并最终转化为竞争优势。对学习的承诺，以及积极进取、开放交流的学习精神有助于激发以企业家为核心的整个创业团队的活力，继而将企业家个人学习上升为整个企业学习，形成包括个体层面的创业学习和组织层面的企业学习。有资料表明，在全球500强企业中，50%以上都是学习型的企业；美国排名前25位的企业，80%是学习型企业；世界排名前10位的企业，100%是学习型企业。因此，建立学习型企业，加强内部知识积累，有效整合外部资源，从人力资本、技术资本、社会资本等方面为中小企业创业创新提供准备，才能帮助企业在迅速变迁的时代中生存和发展。

（三）责任精神有助于增强企业创新机遇

创新始于有意识地寻找机遇，这是一种责任精神。事实上，机遇已成为开启创业创新活动的重要"窗口",甚至在一定程度上成为决定成败的关键。蒂蒙斯认为,机会感知是创业过程的核心要素,是创业过程的开端,旨在识别能为市场创造或增加新价值的产品或服务。如果你懂得在哪里以及如何寻找创新机遇,你就能系统化地管理创新;如果你懂得运用创新的原则,你就能使创新发展为可行的事。从机遇产生的来源看,75%的创业者是在其工作的产业内发现创业机会并实施创业活动的,23%是在其工作相关的产业内发现创业机会并创业的。研究发现,利用社会关系网络是创业者获取创业机会、识别创业机会的重要途径。

第三节 企业内部创业

企业内部创业可以激活企业的创业活力,增强企业柔性和快速反应环境变化的战略能力。

一、企业内部创业的缘起

内部创业的产生与 20 世纪七八十年代的世界经济发展形势密切相关。内部创业这一概念最早于 1978 年由吉福特·平肖(Gifford Pinchot Ⅲ)和他的妻子伊丽莎白·平肖(Elizabeth Pinchot)在《企业内部创业》一文中首先提出的。

内部创业诞生于 1980 年的美国,很多企业开始尝试内部创业,进行业务流程再造和结构重组,建立学习型组织,采用扁平化的组织架构,以提高企业竞争力。

企业组织变革的"流程再造"风暴,是对企业组织制度实行的根本性变革。在这一变革的助推下,许多原来不知名的中小企业,通过追求市场反应和开发速度,迅速推出新产品,加快新产品更新速度,实现产品创新和升级,从而在与大公司市场竞争中快速成长并建立优势,最终取得胜利,然后不断发展壮大。而许多跨国公司也在不断通过产品创新和升级取得辉煌业绩,维持自己在行业中的霸主地位。由此可见,这些具有进攻性的创新和战略更新的企业行为,也属于另一种意义上的创业。

二、企业内部创业的理论

(一)企业内部创业概念

一般来说,内部创业是指企业为了获得创新性成果以进一步提升其竞争力而得到组织允诺、授权和资源保证之后所实施的一系列创业活动。

内部创业的根本目的是使企业获得持续竞争优势，促进企业的持续发展。目前，企业内部创业已经日益成为企业的一项日常化的经营战略和全新的管理模式。

（二）企业内部创业活动类型

内部创业是创业精神的一种延续，内部创业是企业为了获得创新性成果而进行的系列创业活动，这些活动涉及公司内部新创事业和公司外部衍生创业。其中，公司内部新创事业可以设立新事业部、新产品开发小组或新创意提案小组；公司外部衍生创业可以设立衍生的合资公司或独资公司以开发或收购新项目，以便开拓新市场与其他企业签署相关联盟合作协议。

三、企业内部创业的优势与问题

企业内部创业本质上要优于自行创业，具有先天优势。因为企业环境是创业家所充分熟悉的，企业可以提供制造设备、供应网络、技术资源、各项人才、营销网络、市场来源和一级企业品牌等。创业家不必费时向外界筹措资金，可以通过创业活动来促进企业的成长，而且失败的代价较小，相对成功的机会也较大。问题的关键在于如何克服企业组织对创业行为的阻力，理清内部机制。

对于原企业组织来说，内部创业也有诸多积极作用。第一可以解决大企业病，使得企业能够重燃激情，保持创新活力；第二可以留住优秀人才，使得原本要离职创业的优秀人才能够在公司组织架构内为公司创造价值；第三有利于公司在剥离非核心业务的同时又保留纵向一体化的好处，实现企业非核心关联业务的协同发展；第四，有利于大企业获得财务受益和战略受益，可以把剩余资源用于内部投资，通过提高企业剩余资源的利用效率，提高财务收益。

但内部创业的问题也显而易见，往往愿意创业并且创业成功的是那些在公司中有能力和活跃的员工，这反而使得优秀人才流失，平庸人才留了下来。

四、企业内部创业的形式及案例

从推动创业的不同主体角度看，内部创业可以分成自发型内部创业和引导型内部创业两种。其中，自发型内部创业是自下而上的，由员工发起。这部分创业往往由于阻力很大，资源不足最终夭折。而引导型内部创业是自上而下的，有公司内部创业制度作保障，从员工或者经理人的各种创意点子中筛选出来，通过一系列制度保障，更容易成功。

【案例一】

松下公司的内部创业

松下公司从2000年底开始为员工内部创业提供支持和激励，是高科技企业中较早开展内部创业的公司。为了达到内部创业的目标，公司做了以下准备。

首先，松下公司单独设立了100亿日元的创业基金，也就是"Panasonic Spin Up Fund（PSUF）松下创业基金"。松下公司提出未来三年内，每年进行三次员工创业计划征集，从资金上保证内部创业家的培养和支持。

其次，松下公司准备了较长时期的培训计划。员工如有创业意愿，需要经历从报名申请PSUF到实际创业阶段的培训。员工通过书面审核和第一次面试后成为候选人。公司组织三周的每天从9点到17点的脱产进修，包括经营学、会计和企业案例等类似MBA的训练，随后进行为时一个月的Brush-up创业计划作业，为的是使有创意但是缺乏项目运行和经营经验的员工能够胜任这个角色。

再次，松下公司安排了利益股权分配的制度以及奖励制度。对于员工创建的独立企业，本人出资在30%以下，公司出资在51%以上。如果进展顺利，可通过上市，或者从公司购回股份。而且五年内根据成果，可以得到公司的特别奖金。

最后，松下公司还安排了保障措施以解决内部创业员工的后顾之忧。通过审核同意创业的员工仍然保留员工身份，领取基本工资，为创业项目失败留有退路。

【案例二】

3M公司的内部创业

3M公司在健康医疗、安全、电子和电信等市场具有领先位置。公司的大量收入来自创新，在它的企业文化中，创新已经变成其灵魂。3M公司之所以开展广泛的内部创业，就是为了用宽松的内部创业环境作为手段，加强公司创新，不断涌现未来的新业务。

首先，从制度上来说，3M公司有"15%工作规则"，也就是允许员工可以把工作时间的15%用于自己感兴趣的研究工作。

其次，3M公司也有保障措施，区别在于，由于并没有成立单独公司，保障措施是允许任何一个"第一次失败"。在3M公司失败并不影响将来的晋升，仍能保留参加内部创业之前的职位。

再次，3M公司在公司内建立平台，成立了内部新风险投资管理机构。当员工有好的产品构想而直属部门没有足够的资源支持时，就可以向风险投资机构申请资源，开始内部创业。如果创业项目能得到最高管理部门的支持，这个项目团队就可以组建一个组织机构，继续管理新产品的研究和发展，而这一机构则相当于设在 3M 公司内的一个小型赢利性企业。

最后，3M 公司对于内部创业的回报，采用红利分配与内部资本的双重奖励制度。对于创业成功的奖励，除给予升迁选择外，还可以分享成果红利，以及给予可供自由支配的内部资本作为额外的奖赏。

【案例三】

宏碁集团的内部创业

宏碁集团成立于 1974 年，是我国台湾地区乃至世界著名的高科技企业集团。宏碁集团开展内部创业也较早，1988 年就开始了内部创业计划。宏碁集团内部创业的目的主要是为了拓展集团业务，抱团打天下。

所有宏碁集团的内部创业都具有典型的自上而下的特点。寻找到商机后，由集团的总经理召开会议，决定开一家新公司。挑选中高层的管理人员到新组织担任一把手，并且完全授权给他开拓业务。初期集团投入所有的资金，等到该组织盈亏两平后，成立新公司独立运行，成为宏碁集团旗下的一分子，最终不断延伸出宏碁集团旗下的开展新业务的新公司。

宏碁集团内部成立标杆学院，对职业经理人进行培训，使其能够全面发展，在未来的内部创业中独当一面，而且又可以补充因为内部创业流失到子公司中的优秀人才。

【案例四】

华为公司的内部创业

华为公司在 1999 年就开始内部创业，当年华为公司内部创业的目标非常简单，就是为了解决机构庞大所产生的"大公司病"以及老员工的工作积极性的问题。华为公司在当年发布了《关于鼓励员工内部创业的管理办法》，其中明确了内部创业的公司类型为服务型公司，明确了华为公司支持的力度：按个人的股份值，赠送相当于股份值 50%的现金，或相当于股份值 70%的价值的设备，以作为扶持内部创业。没有股份的员工，赠送三个月工资，以打消员工创业失败的顾虑；公司对员工内部创业的扶持期间一般为半年。员工内部创业失败，半年内可以回公司工作，但要重新经过考核，按新考核的标准，可优先分配工作岗位，以及确定新的工资级别，不保留原职务及工资。

华为公司的老员工陆续将非核心业务和服务业务以内部创业方式社会化。这个政策使得当时离开华为并在华为企业网事业部登记的代理商达 400 家之多，这也构成了华为公司内部创业系最原始的一批人。总体来说，除了后来转做产品研发并与华为公司开展正面竞争的公司之外，在内部创业计划下创业的企业尚未产生太大和直接的市场影响。

第一章 中小企业创业概述

【案例五】

腾讯的内部创业

腾讯的内部创业目的是创新,寻找新的增长点,并且防止优秀员工的流失。例如,腾讯推出的微信产品就是一个内部创业项目。微信的设计团队来自腾讯的广州研究所,自 2011 年推出就大获成功。

在此之前,腾讯广州研究所的主要产品就是 QQ 邮箱,这个产品依附于腾讯官网和 QQ 来推广,不温不火。当团队内部开始做微信这一个创新项目时,这个项目很小,在腾讯内部得到的资源也比较少。但依靠从腾讯广州研究所 QQ 邮箱团队调配的人员以及技术支持,加上部分新招聘的技术人员和应届毕业生,微信团队最终取得内部创业的成功。

从微信这个案例可以了解移动互联网行业的内部创业模式。首先,这种内部创业并不一定需要产权独立,只需要采取创业的模式来进行创新。腾讯并没有将微信项目赶出公司,而是一直把它放在母体之内,在赢得如此成功后,将其升级为一个公司部门即可。其次,公司给予很大的自由度。微信项目在研发阶段,在前期用户数量还未到上亿规模的时候,腾讯公司允许张小龙作为项目经理独立决策,没有将领导的意志强加给他将微信改成另一个有着臃肿功能的 QQ,而是保持其简洁易用。第三,内部创业项目虽然不一定要产权独立,但是一定会将其放在整个市场上竞争,公司所起的作用类似于风险投资。只有在市场上得到认可,公司才会更多地投入资源;如果不认可,最多就是一个产品的失败。最后,内部创业的团队成员的确需要一定的独立性,但是也可能不具备承担一个人单打独斗带来的巨大风险的能力,而利用腾讯这个母体孵化,利用母体的资源和技术,相对确定性就大了很多。

【案例六】

阿里巴巴的内部创业

阿里巴巴的内部创业目标是降低运营成本,激发创新,促使人员在企业内部流动,以保持公司的活力。

阿里巴巴内部有一个"赛马会"机制,在其内网中有一个入口叫"赛马会",其 2.5 万员工都可以进入这个网站去看招募项目。如果某位员工有一个新的想法或者好的点子,他可以和自己的老板讨论后写一份项目计划,放在"赛马会"上,介绍一下项目以及需要招募什么样的人。这样,项目就可以招募到跨部门的成员来共同开发这个项目。而且阿里内部的管理层也非常鼓励这个机制,他们也会经常在"赛马会"上观看新的有意思的项目，这已经变成阿里员工的一个习惯。

"赛马会"并不限于技术方面的创新，也同样改变着阿里的运营。如每年的校园招聘，传统公司往往由人力资源部牵头，找一些广告公司或者咨询公司制作幻灯片、印刷材料、安排面试流程等。而阿里巴巴每年的校园招聘是通过"赛马会"来完成，人力资源部通过"赛马会"建立项目，招募相关人才进入项目，各尽所长制作精美的幻灯片、印刷材料。由于更加熟悉阿里的流程，校园招聘更加顺利和成功。而校园招聘季节过去，这个项目团队就解散，公司不需要维护一个大团队来做这样一件事情。

就连"双十一"也是起源于通过"赛马会"做的内部创业项目。最早的"双十一"由商品陈列部这样一个运营部门发起，他们发现在"双十一"后到过年前没有节假日，销售有点平淡。为了引爆新的商机，他们通过"赛马会"创立项目后招募到研发、用户体验等各个跨部门组员，成功举办第一次的"双十一"购物节。由于这个项目的空前成功，阿里将这个项目上升到了集团层面。"双十一"已经变成中国网络购物最重要的一个节日。

参加"赛马会"的员工往往会因为参加了某些项目而被别的团队看中，转岗去别的团队。这种模式非常常见，这样增加了人员的流动，不会因为一直在同一个部门造成"大公司病"和僵化。

■ 泛学习

中小企业创业创新呈现四大特点

"互联网+"风起云涌，互联网日益与诸多行业、领域、业态融合，成为我国经济增长、结构优化的新动力。

2016年第一季度《中小企业"互联网+"指数报告》通过对中小企业在"互联网+"行业里的创业创新指数分析，指出中小企业在创业创新浪潮下呈现出四大特点。

一是主体小微化。数据显示，我国中小微企业在企业总数中点到了高达90%的比例。其中，2016年一季度北上深三地中小企业的创业投资事件占全国的六成。随着云计算、大数据、物联网、移动互联网等新一代信息技术突飞猛进的发展，中小企业信息化也面临新的发展形势。面对全国体量庞大的中小企业，只有通过先进的互联网技术、信息技术才能给它们提供便利的服务，包括设计、推广、咨询、培训和信息化服务。

第一章 中小企业创业概述

二是服务平台化。随着互联网行业的成长和规范,平台化正成为发展新动向,平台化生存也必将成为众多中小企业发展的根本。

三是敏捷创新。"大众创业、万众创新"的关键在创新,只有不断提升创新能力,尤其是敏捷创新能力是提高创业成功率的关键。而所谓敏捷创新的难点——创新的市场检验,则随着互联网时代的到来,变得更为方便。

四是低门槛准入。在"互联网+"时代,共享经济提供给了创业者更低的准入门槛。例如,做搜索引擎优化(SEO)工作的,在积累了几年的工作经验后,也可以花 200 元搭建一个网站,做搜索引擎优化(SEO)获取点流量,网站有人气挂广告联盟也能挣钱,这也算一种创业。

(资料来源:http://finance.jrj.com.cn/2016/05/26093021002495.shtml)

复习思考

1. 简述中小企业发展的理论有哪些重要观点。
2. 简述中小企业创业创新的路径。
3. 企业内部创业有哪些经典案例?

实践训练

海尔:内部创业释放企业创新力

海尔创立于 1984 年,通过创业创新,从一家资不抵债、濒临倒闭的集体小厂发展成为全球白色家电第一品牌。

互联网思维正在进一步渗透

在智能化产品之外,海尔越来越强调"交互式营销",一方面减少硬广告支出,另一方面则快速推进交互式广告。海尔希望充分利用社交媒体,通过与用户互动获得反馈,同时提升用户黏性,并进一步把用户沉淀到海尔的互动社区,从而构建一个从原材料到用户的闭环。

"内部创业"模式有利于产品和模式创新

公司支持内部员工把好想法付诸实践,以项目团队的形式开发新颖的智能化产品。这些项目由"内部创业"团队独立运营,海尔在项目早期提供"天使投资"和品牌、物料、制造和物流支撑,项目团队成员可以获得一定的股权。目前较为成功的案例有市场所熟知的空气盒子、烤箱等。海尔此举大大有利于在向智能化转型的过程中释放企业创新能力。

开放式生态圈+引领式产品

智能不等于控制,重点在于交互和寻找"流量",从而创造新的商业模式,在智能家居领域仍保持较大领先优势。

海尔在智能家居生态圈建设上较为领先,加上现在的"内部创业"模式,可望进一步释放企业创新能力,不断拓展智能新品和尝试建立互动模式。

海尔不拘泥于现有的家电行业的产品与服务形式,在工作中不断求新求变,积极拓展业务新领域,开辟现代生活解决方案的新思路、新技术、新产品、新服务,引领现代生活方式的新潮流,以创新独到的方式全面优化生活和环境质量。

思考题:
1. 如何理解公司内部创业?
2. 为什么说内部创业释放企业创新力?

第二章 中小企业创业环境

■ **学习目标**

1. 了解中小企业的发展历史,把握中小企业大发展的几个重要时期。
2. 掌握中小企业的社会功能。
3. 了解政府鼓励中小企业发展的相关政策,把握中小企业当前面临的机遇。

■ **引导案例**

中小企业创业政策环境

在鼓励中小企业创新方面,我国政府连续出台了一系列政策措施,加大了对中小企业创新发展的政策支持和服务力度,以求打破阻碍中小企业发展的桎梏。

1)着力优化政策环境。我国政府大力推进简政放权,放管结合,不断改善企业创业环境,优化审批流程。2016年7月,国务院办公厅发布了"关于加快推进'五证合一'登记制度改革的通知",全面实行"五证合一、一照一码"登记模式,这是继续深化商事制度改革、优化营商环境、推动大众创业万众创新的重要举措,极大地激发了中小企业的活力和创造力。

2)加大财税支持的力度。以创业创新激励为载体,促进中小企业的发展。小型微利企业年应纳税所得额的上限,由30万元提高到50万元。我国《中小企业促进法》明确把设立中小企业发展专项资金和中小企业发展基金写进了法规,从制度上进行硬性的规定。2015年9月,我国建立了国家中小企业发展基金,总规模为600亿元,通过社会出资人优先分红、国家出资收益适当让利等措施,吸引更多社会资本参与,激发中小企业的"双创"活力。

3)着力激发中小企业创业创新活力。目前,我国各地经认定的小微企业创业基地有2 000多家,提供的就业岗位有500多万个。我国通过提供创业担保贷款、贴息贷款、创业培训和服务等,努力拓宽中小企业创业投融资渠道。

4）着力加强对中小企业融资的支持。我国综合利用政府资助、科技贷款、资本市场、创业投资、发放债券等方式加强对于中小企业的融资支持。2015年，原银监会提出对小微企业金融服务工作要努力实现"三个不低于"，即小微企业贷款增速不低于各项贷款平均增速，小微企业贷款户数不低于上年同期户数，小微企业申贷获得率不低于上年同期水平。

5）着力提升中小企业公共服务水平。2017年4月，联合国第74次全体会议决定每年6月27日为"中小微企业日"。"中小微企业日"的确定，彰显了各方对中小微企业的高度重视。我国鼓励各类社会专业服务机构为中小企业提供创业辅导、信息咨询、信用服务、投资融资、人才引进、法律咨询和维权服务等专业服务。

6）着力开拓国际市场。深化双边与多边合作机制，举办中日、中欧、中德等中小企业政策对话会议，积极推动中外中小企业合作园区的建设。目前，我国已在江苏太仓、广东揭阳、安徽合肥等地建立了多个中德中小企业合作区。

（资料来源：http://www.chinairn.com/scfx/20160822/154354157.shtml）

【评析】

在这样一个大变革的时代，针对中小企业面临的创新压力，国家在政策层面出台了一系列鼓励中小企业创业的政策措施，取得了一定的成绩，从总体上大大改善了中小企业的发展环境。

第一节 中小企业发展历史

与世界其他国家和地区相比，我国中小企业发展的显著特点是起步较晚、发展迅速、数量大。改革开放以来，我国中小企业的数量翻了好几番，成为促进我国经济发展的一支重要力量。

一、中小企业的产生和发展

第二次世界大战结束后的一段时期，中小企业在世界范围内迅猛发展。20世纪下半叶，中小企业成为英国、美国、德国、意大利和法国等国家振兴经济的关键力量，以上国家也相继出台了扶持中小企业发展的系列法规和政策，进一步带动中小企业规模的扩大。

在美国，在生产集中和资本集中的同时不断涌现出大批中小企业，形成大公司越来越大，中小企业越来越多的格局。尤其是20世纪70年代以来，美国中小企业在国民经济中的地位不断上升，美国政府和社会日益加大支持、扶助中小企业的力度。事实上，美国企业结构就像一座"金字塔"，"塔尖"上是少数大企业,"塔底"则是大量的中小企业。大批中小企业与大企业同时并存,相互之间展开激烈的竞争,是使美国科学技术迅速发展、经济具有活力的一个重要因素。

二、我国中小企业的发展历程

(一)新中国成立初期的中小企业发展状况

新中国成立初期,我国的中小企业主要是民国以来形成的以手工业和半手工业为主的民族工业企业,发展基础比较薄弱。但在当时的国民经济中,这些企业总产值超过全国工业产值的一半以上。政府对手工业和民族工商业进行了所有制改革,以全民所有制和集体所有制为代表的公有制企业成为绝对主导,一批国营中小企业纷纷成立。20世纪50年代末期,中小企业在全国范围内遍地开花,中小企业数量激增,但是,由于中小企业参与重工业建设和发展方式的不当,最终导致这一时期中小企业的发展受到严重影响。

(二)20世纪60年代中后期的中小企业发展

20世纪60年代中后期,在我国经济发展方向定位于自给自足的背景下,相对封闭式的经济发展政策推动了中小企业的发展到了高峰期。在当时多数国营企业停产的背景下,乡镇集体企业和公社企业得到了更大的发展空间。1966年后,为了追求"小而全",我国各地积极发展以小水泥、小火电、小冶炼、小机械为主的"五小"工业。地方中小工业型企业数量出现了井喷式增长。但由于技术落后和偏重重工业,这些中小企业发展先天不足、效益低下,也未能充分发挥解决就业的功能。

(三)改革开放初期中小企业的大发展

改革开放后,全国范围内出现了以"乡镇企业"纷纷涌现为特点的中小企业发展大潮。随着解放思想和经济体制改革的深入,人们对非公有制的认识更加客观,个体经济和私营经济作为公有制经济的补充得到重视。尤其个体工商户、乡镇企业异军突起,在结构上,它们以农副产品加工和第三产业为主,为经济带来了活力,改善了人们的生活,也缓解了城市的就业压力。

进入20世纪90年代,社会主义市场经济体制的确立和鼓励支持引导非公有制经济发展的政策,使得中小企业的规模迅速扩大,企业数量与从业人员都有了极大的提升。2003年时,我国个体工商户达到2 353万户,从业人员达到4 636万人,注册资金达到4 187亿元,与改革开放初期的1981年相比分别增长了11.8倍、19.4倍、836.4倍;私营企业达300万户,从业人员4 088万人,注册资金达3.5万亿元,比改革开放初期的1989年分别增长了32.3倍、24倍、415倍。自此，我国中小企业的成长发展基本稳定。

（四）我国加入WTO后中小企业的迅猛发展

随着2001年我国加入WTO，我国市场迅速融入国际市场，为中小企业发展带来更为广阔的空间。在数量和规模迅速扩张的同时，中小企业以劳动力密集型为主、竞争力不足、质量和品牌效益不明显的问题也日益凸显。这些问题在金融危机爆发，世界经济增速放缓的背景下进一步加剧。与此同时，我国经济也进入了增速放缓、结构调整、动能转换的新常态，中小企业发展面临前所未有的困境。

（五）中小企业新一轮发展热潮的到来

面对后金融危机时期的经济发展环境，我国政府加大转型升级和结构调整的力度，并不断释放政策红利，优化中小企业发展环境。例如，针对中小企业经营成本高、税费负担重的问题，国务院出台了一系列减税政策，帮助中小企业减轻负担，度过寒冬。此外，中央和各地地方政府开展了"大众创业、万众创新"工作，新一轮创业热潮涌现，中小企业规模持续壮大。自2014年以来，国务院常务会议多次提出鼓励"双创"，实行注册资本登记制度改革，新增注册企业数量和资本量大幅增长。各级地方政府大力推广中小企业创业基地建设，通过对入驻企业提供房租减免、政府补贴、税费减免、融资扶持等优惠政策，扶持中小企业的发展。众多且不断增长的市场主体，在稳定增长、促进创新、增加就业、改善民生等方面发挥了重要作用。

三、中小企业发展现状

（一）中小企业市场主体数量日益增加

目前，全国工商注册登记的中小企业占全部注册企业总数的99%。据国家工商总局统计，截至2017年年底，全国实有市场主体9 814.8万户，其中，企业3 033.7万户，个体工商户6 579.4万户，农民专业合作社201.7万户。新登记企业保持较快增长势头，市场主体得到繁荣发展。

（二）中小企业经济实力日益增强

我国中小企业经历了由小到大、由弱到强的发展过程，经济实力、发展质量日益提高，许多民营企业虽小却成为国内行业的龙头企业，而且开始在国际上崭露头角，如民生银行、华为、万科、万达、美的、京东和百度等。另外，"双创"助力中小企业数量大增。据统计，在新登记的企业中，96%属于民营企业。目前，私营企业数量已占全部企业数量的85%左右。

（三）中小企业的竞争地位快速提高

1. 中小企业经营效率高于其他企业

中小企业有一个天然优势，那就是"船小好调头"，能够在捕捉到市场机遇后迅速找准方向，趁着其他企业还没反应过来的间隙实现高效增长。从资金规模看，中小企业的投资风险相对较小，投资方向的自由度与选择范围都比较大；在人事和行政方面，中小企业组织结构简易，反应快，执行力强。因此，与大型企业相比较，中小企业受到的干扰因素更少，其决策更能贴近市场需求，并能在市场的不断变化中及时调整决策，从而在与大型企业的竞争中获取速度优势。

2. 中小企业的盈利能力优于其他企业

开放现代化的市场环境要求技术的更新周期不断缩短，由于中小企业规模较小的自身特点，决定了其比大企业有着快速适应市场需求的独特优势。它们往往能够依托活跃的创新思维，高效率地实现短周期项目的快速盈利。目前中小企业的发明专利占全国的70%左右，很重要的原因就是小企业贴近市场，资源的调配能力较强，机制灵活，创新回报很直接。

3. 中小企业转型升级的步伐正在加快

自2012年以来，我国经济步入新常态。在劳动力成本优势丧失、产能过剩问题严重、经济下行压力加大、消费需求升级的背景下，经济发展模式开始由投资驱动转向创新驱动。而中小企业恰恰具备市场意识敏锐、决策调整迅速的优势。所谓的转型，就是中小企业不断转变增长方式，由过去的粗放发展到现在的集约发展，由过去靠要素投入到如今靠创新驱动。所谓的升级，就是中小企业的提质增效，增强活力。

第二节 中小企业社会功能

中小企业在世界各经济体的经济社会发展中占据着重要地位，具有不可替代的作用。例如，美国把中小企业作为"美国经济的脊梁"，认为只有充分发挥中小企业实际的和潜在的能力，才能保障国家安全和经济繁荣；欧盟将中小企业视为"欧盟经济的核心力量"，认为中小企业是确保经济活力和竞争力的经济主体。

一、中小企业的作用

无论是发达国家还是发展中国家，中小企业对于国民经济的发展发挥着非常重要的作用，尤其是对维持经济正常运行、激活市场竞争活力、保障就业和社会稳定等方面，主要体现如下。

(一)中小企业是实体经济的重要支撑

中小企业是数量最大、最具活力的企业群体,在我们国家经济发展当中贡献的比重越来越大。中国中小企业协会专职副会长指出,从全国总体企业数量看,中小企业的数量已经占到了99.2%,对GDP的贡献已经达到了60%以上,税收占了50%以上,就业占80%以上。这充分说明经济建设要重视发展"铺天盖地"的中小企业,因为中小企业是今后一个时期国民经济的主要增长点。

(二)中小企业是社会稳定的重要基础

中小企业是促进社会稳定的重要基础。中小企业发展得好,量大面广,提供的就业岗位就多,人们的收入就能提高,社会就会更加和谐稳定。中国中小企业协会专职副会长指出,中小企业是发展的生力军,就业的主渠道,创业创新的重要源。我国近三年来的整体就业基本上被广大中小企业所吸纳。因此,要大力发展中小企业,这对缓解就业压力,维护社会稳定具有非常重要的作用。国家近年来已经密集出台了大量的对于中小企业扶持的政策,并给予了高度重视。

(三)中小企业是推动创新的生力军

目前,中小企业创新活动非常活跃,创新领域也十分广泛。有数据显示,中小企业研发的发明专利占全国的65%,新产品占全国的80%,涉及信息、生物、新材料等高新技术产业,以及工业设计、现代物流、电子商务、信息咨询等服务产业,成为推动创新的生力军。中小企业是经济发展的重要动力引擎,对市场的反应最灵敏,创新的愿望最强烈。在我国新兴的资本市场,也都是最具活力的中小企业在乘风破浪。因此,必须大力支持中小企业发展,充分调动和发挥中小企业在促进经济发展方式转变和实施创新发展战略中的重要作用。

(四)中小企业是改革开放的重要力量

改革开放40年,经济体制变革翻天覆地,中小企业发展,既是改革开放的重要成果,也是改革开放的重要力量。我国经济持续增长,已成为全球第二大经济体、第一贸易大国和第一制造大国,这其中,中小企业功不可没。中小企业由于机制灵活、决策高效、"船小好调头",在参与竞争中能够贴近市场,活跃在市场竞争最激烈的领域,是最具活力和创新力的企业群体,往往在技术创新、管理创新、商业模式创新等方面走在社会前列。中小企业的发展,为社会主义市场经济创造了多元竞争、充满活力的环境,是实体经济的未来希望。实践证明,中小企业发展好的地区,往往也是人民生活较为富裕的地区,也是率先实现小康的地区。

二、中小企业的社会功能

1. 有利于维护社会稳定

中小企业是增加就业的基本场所。事实证明，影响社会稳定的因素有很多，但在经济发展进程中，中小企业是社会稳定的基础，为社会稳定做出了贡献，表现在以下几方面：①大量剩余劳动力的存在势必会给社会稳定带来很多不安定因素。以劳动力密集型产业为主的中小企业，为社会剩余劳动力创造了更多的就业机会，为社会吸纳了大批剩余劳动力。②由于大企业管理体制科层化，带有官僚体制的特点，不利于老板与员工之间的交流、互动。因此，直接影响员工的工作积极性，员工对大企业的认同与情感纽带不如中小企业。

2. 有利于扩大中产阶层的比重

社会发展表明，理想的社会结构是橄榄型，也就是说最富有的阶层和最贫穷的阶层所占人数比例都较少，中产阶层占据主流，这样的社会才会变得理性、稳定，有利于推动整个社会的文明进步。由于中小企业所需资金少、技术水平低、开业容易，而且便于投产和经营，因而机动灵活，经营范围广，生命力强。中小企业的发展壮大，就劳工而言，不仅改变了他们的经济生活，也改变了他们的社会地位；就社会而言，则不仅缩小了贫富差距，也扩大了中产阶层的比重，使社会朝向稳定的橄榄型结构发展。

3. 有利于推动社会平衡发展

社会发展不平衡涉及复杂的因素，许多国家在工业化进程的早期都出现了区域发展不均衡、城乡差距扩大、个人收入两极分化的问题。实践表明，中小企业的大量存在是一个不分地区和发展阶段而普遍存在的现象，是经济发展的内在要求和必然结果，是维护市场竞争活力、确保经济运行稳定、保障充分就业的前提和条件。中小企业的大量分散存在，为各个地区提供了较为均衡的工业发展能力，为广大农村地区剩余劳动力提供了相对公平的就业机会，这些对低收入阶层或收入不稳定的劳动者，能够起到一定的保护作用。

4. 有利于整合社会闲散资金

中小企业多是受利润的刺激而发展起来的。改革开放后，中小企业不仅在工业、饮食服务业中占领一席之地，而且涉足很多新兴领域。但由于中小企业自身规模小，较少能够从银行获得贷款，大多数都是自己出资或向亲朋好友借款，投入到急速发展的工业中。也正是中小企业所需资金少、技术水平要求较低，再加上受家族观念的传统文化影响，能够把社会闲散资金集中起来投入到社会生产与社会服务中去，加速了工业化的进程与效率。

三、对提高中小企业功能的思考

在当前世界经济持续复苏又复杂多变的背景之下,对提高中小企业功能的思考如下。

1. 以政策导向为契机,将企业做大做强

"一带一路"倡议从客观上为中小企业的发展壮大提供了巨大商机。中小企业要把握市场机会,以政策导向为契机,找准市场切入点,尽快转换经营思路,优化商业模式,加快自身发展,将企业做大做强,借助全球经济回暖的趋势迅速发展壮大。

2. 研究利用国际贸易规则

世界经济格局的变化带来的是对国际贸易新规则的冲击。我国作为 WTO 成员,要积极维护多边贸易体制,遵守国际商业规则,对于符合经济发展趋势的标准,要迎头赶上,如知识产权、环境保护等方面。在经济全球化过程中,中小企业对外贸易进入全面快速发展阶段,因此,中小企业应研究利用国际贸易规则,开拓全球化的思维方式,整合社会资源,迅速打开国际市场,获得竞争优势地位,为自身谋求更大的发展空间。

3. 完善现有政策法规体系

我国在对应国际金融,帮助中小企业克服困难,改善政策环境等方面,制定落实了各项促进中小企业发展的战略和措施,积极鼓励和支持当地中小企业参与国际市场竞争。但是中小企业融资难、担保难问题依然突出,部分扶持政策尚未落实到位,企业负担重,市场需求不足,经济效益大幅下降,亏损加大等。因此,需要进一步完善监管机制,对损害中小企业利益的行为和做法要坚决抵制,帮助中小企业转变发展方式,为中小企业的发展壮大提供良好的内部和外部环境。

第三节 中小企业创业机遇

一、中小企业创业的重要机遇期

我国实行改革开放以来,顺应经济全球化趋势,积极参与国际分工和国际竞争,中国经济与世界经济的联系也日益紧密。我国自加入 WTO 后,我国经济融入世界经济的进程不断加快,对外经济发展的潜力和活力持续迸发。在国家政策的扶持下,工业化和城镇化加速推进,中小企业创业步入重要机遇期,规模迅速扩大,经济进入新一轮上升期。

第二章　中小企业创业环境

进入后金融危机时期，世界经济持续低迷，我国经济进入发展新常态。为了适应当今世界发展实际和创新潮流，推动我国经济结构调整，增强经济发展新动力，国家深入实施"双创"战略。我国推进"大众创业、万众创新"，就是要通过结构性改革和体制机制创新，消除不利于创业创新发展的各种制度束缚和桎梏，支持各类市场主体不断开办新企业、开发新产品、开拓新市场，培育新兴产业，形成小企业"铺天盖地"、大企业"顶天立地"的发展格局。这意味着中小企业创业又迎来了发展的重要机遇期。

李克强总理在 2015 年政府工作报告中提出，要推动大众创业、万众创新，培育和催生经济社会发展新动力。当年 6 月，国务院颁布了《国务院关于大力推进大众创业万众创新若干政策措施的意见》，明确指出推进大众创业、万众创新，是培育和催生经济社会发展新动力的必然选择，是扩大就业、实现富民之道的根本举措，是激发全社会创新潜能和创业活力的有效途径。

在一系列利好政策下，一大批中小企业应运而生。下面以深圳为例进行说明。

【案例】

深圳创业密度全国排名第一

根据深圳市 2016 年中小企业发展情况报告，目前深圳市累计实有商事主体约 267 万户，同比增长 27%，平均每千人拥有商事主体 234 户、企业 133 户，创业密度全国最高。

据深圳市政府报告，截至 2016 年底，全市工商登记注册的中小企业 149.8 万家，占企业总数的 99.6%，新增企业 37.3 万家，同比增长 33.1%；国家级高新技术企业达到 8 037 家，其中中小企业占比超过 80%；现有商事主体中，第一、二、三产业占比约为 0.1∶9∶90.9，新登记企业中，80% 以上属于现代服务业，创业资源集聚在以现代服务业为主的第三产业。

2017 年，深圳将扩大小微企业减半征收所得税优惠范围，清理涉企行政事业收费，继续为中小企业减税降费，进一步简政放权。

同时，降低创业创新门槛，在淘汰和转移落后产能的同时，下大力气培育新动能，避免产业空心化。积极创建"中国制造 2025"试点示范城市，加快制造业创新中心建设，实施制造业单项冠军企业培育提升专项行动。

据介绍，目前深圳正打造"标准高地"。安排 7 000 万元专项资金，支持中小企业主导或参与制定国际和国内行业标准。截至 2016 年底，已受理标准研制等活动项目 690 项。制定和发布深圳标准认证产品和服务目录，第一批认证目录包括手机、婴幼儿纺织服装、木制写字桌和文胸等四类产品，对获得认证的企业予以一定比例的资助。

（资料来源：深圳创业密度全国排第一，广州日报 2017 年 6 月 29 日）

【评析】
政策组合拳助力"双创"发展,深圳成为全国创业密度最高的城市,政府的有效推动、良好的政策环境、成熟的市场机制是深圳双创热潮持续高涨的重要原因。

二、中小企业创业发展政策

(一)构建中小企业创业发展政策体系

目前,我国形成了一部法律和四个文件为主的法律政策体系,推动中小企业发展。具体如下:一部法律是 2002 年全国人大颁布的《中华人民共和国中小企业促进法》,这是一部为了改善中小企业经营环境,促进中小企业健康发展,扩大城乡就业,发挥中小企业在国民经济和社会发展中的重要作用而制定的法律。2005 年,国务院出台了《国务院关于鼓励支持和引导个体私营等非公有制经济发展的若干意见》,这是我国第一个支持非公有制经济发展的国务院文件;2009 年,为了应对国际金融危机,出台了《国务院关于进一步促进中小企业发展的若干意见》;2010 年,出台了《国务院关于鼓励和引导民间投资健康发展的若干意见》;2012 年,针对中小企业特别是小微企业发展出现的新情况、新问题,出台了《国务院关于进一步支持小型微型企业健康发展的意见》。这四个文件的依次推出,旨在扩大政策开放,做出部署,提出要求,帮助中小企业渡过难关,优化中小企业发展环境。

面对错综复杂的国际环境,我国不断加大改革力度,取消和调整了一批行政审批项目,实施"五证合一"登记制度,加大中小企业增值税、所得税的优惠力度;金融管理部门引导银行业金融机构加大对中小企业信贷支持力度,实现中小企业贷款增速、户数、申贷获得率"三个不低于"目标;财政资金转变支持方式,开展中小企业创业创新基地城市示范等。随着全国商事制度改革的不断深化,行政审批、投资审批、财税、金融等方面的改革不断深入,中小企业发展的政策环境将得到进一步优化。

(二)完善中小企业创业服务体系

面对经济发展新环境,以互联网为核心的信息技术正在与各行各业不断进行深度融合,这种跨界是前所未有的,而且它将重塑工业和互联网的生态。与此同时,日益增长的个性化、多样化需求,不断催生新产品、新业态、新市场和新模式,也为中小企业的创新发展提供了广阔空间。

我国不断完善中小企业创业服务体系,构建了涵盖 30 个省市、5 个计划单列市的中小企业公共服务平台网络,带动社会各类服务资源 7 万多个;认证了 511

家国家中小企业公共服务示范平台;实施中小企业创新能力计划和创办小企业计划,启动国家小型微型企业创业创新示范基地公告工作;组织实施了中小企业银河培训工程和企业经营管理人才素质提升工程。

可以预见,"大众创业、万众创新"的加快实施,"中国制造2025""互联网+""一带一路"等一系列重大战略举措协同推进,中小企业发展基本面向好的势头更加巩固。

三、"一带一路"与中小企业发展机遇

"一带一路"倡议是进一步扩大对外开放的新举措,是促进全球经济发展的中国方案,体现了中国负责任的大国担当。"一带一路"倡议的实施,为中小企业"走出去"带来发展新机遇。中小企业由于数量众多,机制灵活,如果支持引导正确,有可能形成"一带一路"发展中的众多"蚂蚁雄兵"。

(一)中小企业"走出去"原因

我国加入WTO后,法制和规范更加成熟,经济更加开放,中国企业"走出去",既是中国经济更快发展的需要,也是主动应对国内外形势变化的需要。

1. 实施"走出去"战略,充分利用国际资源和国际市场,缓解国内供需矛盾

随着我国经济全球一体化的推进,走出国门,参与国际竞争是国内企业必须面对的发展问题。实施"走出去"战略,可以充分利用国际资源和国际市场,缓解供需矛盾。加入世界贸易组织以来,我国GDP总量从全球排名第六跃升到第二,占世界总额的十分之一,货物贸易总额跃居世界第一,我国逐渐成为世界工厂。但是我国传统的发展模式是不可持续的,资源、能源消耗高,环境污染严重,碳排放量世界第一,造成资源的极大浪费和环境的严重破坏。面对全面深化改革的攻坚克难时期,资源环境约束日益突出。因此,更需要中小企业"走出去",充分利用国际资源和国际市场,拓展发展空间,优化资源配置,缓解国内供需矛盾,助力国内产业转型升级。

2. 实施"走出去"战略,规避贸易壁垒,突破贸易保护主义,开拓国际市场

根据世贸组织反倾销委员会统计,我国企业在遭受的"反倾销调查"和"反倾销措施"两项数字上,连续多年成为全球第一。中小企业实施"走出去"战略,就地生产、就地销售,可以有效地绕过美国、欧盟等设置的配额、特保等限制,可以规避贸易壁垒和摩擦,从而扩大产品的出口,增强企业的国际竞争力。

3. 实施"走出去"战略,促进产业结构更加合理

随着产业结构的转型升级,国内市场竞争激烈,发展空间急需扩大,以满足现阶段产业结构与就业结构的矛盾。我国中小企业只有通过"走出去"实行市场

扩充，利用国内外两个市场资源，利用先进技术和成熟设备，发展对外投资合作，主动在全球市场进行结构调整和资源优化配置，从而促使产业结构更加合理。此外，我国加入 WTO 后，市场加大对外开放力度，外资企业纷纷进入本土市场，导致我国企业市场竞争更加激烈。因此，我国企业在国内市场不再享有保护政策，急需对外寻求发展空间。同时，也可以更加自由和公平地进入海外市场，走出去寻求发展空间。

（二）全球化视角中小企业发展空间

1. 中小企业发展国际化程度低

随着全球经济一体化程度的不断加快，中小企业的国际化发展是无法回避的问题。中小企业只有走国际化道路，才能适应世界的新潮流，使企业得到更好的发展。

2014 年全球创业观察（GEM）研究发现，非洲经济体的国际化程度最低，至少有 70%的早期阶段创业者没有国外客户。但南非是特例，26%的早期阶段创业者，他们服务的国外客户超过了 25%。国际化水平（拥有超过 25%的国外客户）最高的早期阶段创业者分布在欧洲。一些欧洲经济体虽然都很小，但国际化水平特别高，如卢森堡（42%）、克罗地亚（38%）、比利时（33%）、爱沙尼亚（24%）。非欧盟经济体中，瑞士有 31%的创业者向外出口产品。

这些数据说明，无论大企业，还是中小企业，都不可避免地成为全球经济的一部分，国际化是一个必然趋势。不过，总体看来，当前我国中小企业的"走出去"实际上还处于起步阶段。

2. 家庭金融资产分布的全球化程度低

发达国家家庭的海外资产配置目前约为 15%，某些国家甚至更高，如新加坡的海外资产配置的比例高达 37%，主要是因为自身市场太小，资本市场又发达，足不出户就可以全世界投资。相比之下，我国家庭的海外资产配置目前仅为 4%~5%。也就是说大部分中国家庭是没有海外资产的。即便是中国的高净值人群，海外资产配置比例也并不高。

随着经济向好，考虑到多数富裕家庭的主要收入都来源于中小企业，说明我国家庭资产的全球化配置和资产保值增值也有巨大的空间。

3. "走出去"的中小企业竞争力分析

积极"走出去"是企业的市场行为，也是一项战略选择，政府政策也在不断创设一个促进的环境。不同企业有不同的问题和需求，国内国外要综合考虑，关键是要找到走出去的渠道与机会。刘迎秋等（2009）认为，竞争力是指出口绩效、对外直接投资绩效、跨国经营绩效和国内竞争基础。在分析了 705 家企业的数据后发现，多数中小企业普遍缺乏明晰的"走出去"战略和"走出去"模式；多数中小企业经营活动单一，出口的产品单一、地区集中，从而加大了中小企业参与国际竞争的风险。此外，就是政府服务体系的不健全。为此，通过"政府扶持中介，中介服务企业"的方式，鼓励并支持中介服务机构满足中小企业生产经营中的各种服务需求。

（三）中小企业参与"一带一路"投资建设优势

由于中小企业转型升级速度更快，在参与"一带一路"投资建设中具有得天独厚的优势。

1. 中小企业的创新时效优势

中小企业是市场主体的超大户，是市场经济中最活跃的主体。中小企业相比大型企业，运转灵活机动，对市场需求反应灵敏，更具创新时效的优势。中小企业能根据自身特点，充分结合项目的需要，致力于开发周期短、见效快的技术，能较快地获得经济效益。例如，世界上几乎所有的电脑技术一开始都是由中小企业发展的，几乎所有的电脑大公司都是由小公司通过技术创新发展而来的。因此，中小企业在创新时间和创新效率上优于大型企业，在对外投资的过程中更能适应国际市场上技术更新频率越来越快的趋势。

2. 中小企业的技术积累优势

全球市场竞争更加激烈，经济波动极大地影响了中小企业的发展。我国中小企业经过长期对外贸易的经验和技术积累，其在劳动密集型技术以及小批量制造技术和多功能的机器设备方面，在就地取材的技术方面以及引进发达国家先进技术和设备的基础上经过改造的技术和设备方面，具有技术优势，通常较为容易受到"一带一路"沿线国家偏好，易被接受。

3. 中小企业的人本效率优势

中小企业实施人本管理是制胜之道，要想在竞争中取胜，只有实施人本管理，才能留住人才，用好人才。对于中小企业来说，职工的主人翁精神可以和管理者的企业家精神相提并论，它可以直接影响员工的努力程度。但这种精神培养，必须使员工真正认识到他对企业和企业对他都是同等重要的。人本管理涉及企业全体员工思想与理念的提升，通常企业越小，员工人数不多，彼此都认识，员工行为对企业影响程度就越容易感知，同时，能够彼此相互监督，不存在吃"大锅饭"的土壤，员工在企业总劳动成果占的份额就越发容易显现，这样可以有效提高员工的工作效率，因此，在员工得到发展的同时，企业也会发展壮大。

4. 中小企业的管理效率优势

中小企业相对大企业显得简单而富有效率，可以更灵活地适应市场变化。中小企业的管理效率优势,主要体现在中小企业在参与对外投资过程中,由于资金来源都是经过多年的艰苦经营积累起来的,所以决策过程往往经过缜密的考虑,更能体现市场化。而且,中小企业的决策者具有更大的决策权,不用层层传递、层层节制,更能根据投资环境的改变及时地做出有利于企业发展的对外投资决策,对外投资决策效率更高。

(四)中小企业参与"一带一路"投资建设的策略

对中小企业来说,参与"一带一路"投资建设的愿望是强烈的,目的也是清晰的,就是要获得市场机会,但是需要采取适当的策略。

1. "借船出海"策略有利于中小企业快速发展

"借船出海"策略可以实现中小企业快速发展。鲨鱼是大海中一种非常强悍凶猛的鱼,许多鱼类都是它的攻击目标,但是有一种叫"䲟鱼"的小鱼却能与鲨鱼共游,鲨鱼非但不吃它,相反倒为它供食。䲟鱼的生存方式,就是依附于鲨鱼,鲨鱼到哪儿它就跟到哪儿。

在现实商业社会中,有一些企业类似于䲟鱼,它们找到与大行业或者大企业的共同利益,主动结盟,将强大的竞争对手转化为可以依存的伙伴,借船出海、借梯登高,以达到企业快速壮大的目的。中央企业"走出去"已成为主力军和领头羊,通过采取更加灵活实用的方式,实现大企业和中小企业精准对接,优势产品互补,带领一批中小企业开拓国际市场。

以商业零售为例,以沃尔玛等为代表的连锁企业是走出去的基本平台,现在电子商务的发展,阿里巴巴等可以成为中国中小企业走出去的新平台。阿里巴巴的国际化经历了以 B2B 为基础的跨国经营阶段;B2B 到 B2C 的开设淘宝海淘的多元化经营阶段;以资源和数据共享为主的阶段,以及全球化和一体管理的大阿里战略阶段。由于具有品牌、管理、金融支付、物流等方面的优势,是中小企业走出去的重要平台。

2. "抱团发展"策略有利于中小企业发展共赢

中小企业"抱团发展"策略,就是中小企业通过灵活多样的形式联合起来,资源共享,风险共担,克服和解决依靠单个企业的资源和能力无法克服的困难,实现企业发展共赢。尤其是在境外,单个中小企业的生存是非常困难的,因此,采取"抱团发展"策略是明智之举。

一旦中小企业走出去,在国际市场的投资或扩张速度就会非常迅速。而且,中小企业海外投资的羊群效应和扎堆效应非常明显,一旦有企业成功,它的示范效应就非常显著。不过现阶段海外投资中的信息不对称和信息成本高昂仍然是制约中小企业走出去的一个重要因素。

【案例】

农夫为什么慷慨地将种子分给邻居

美国南部的一个州,每年都举办南瓜品种大赛。有一个农夫的成绩相当优异,经常是首奖及优等奖的得主。他在得奖之后,总是毫不吝惜地将得奖的种子分给街坊邻居。有一位邻居就很诧异地问他:"你的奖项得来不易,每季都看你投入大量的时间和精力来做品种改良,为什么还这么慷慨地将种子送给我们呢?难道你不怕我们的南瓜品种超越你的吗?"这位农夫回答:"我将种子分给大家,帮助大家,其实也就是帮助我自己!"原来,这位农夫所居住的城镇是典型的农村形态,家家户户的田地都毗邻相连。如果农夫将得奖的种子分给邻居,邻居们就能改良他们南瓜的品种,也可以避免蜜蜂在传递花粉的过程中将邻近较差的品种传染自己的优良品种,这位农夫才能够专心致力于品种的改良。相反地,若农夫将得奖的种子私藏,他反而会在防范外来花粉方面大费周折、疲于奔命。

将优秀的种子送给大家,就可以避免自己的南瓜受劣质品种的影响,这实际上是在帮助自己。一方面来看,这位农夫和他的邻居们是处于互相竞争的形势;而从另一方面来看,双方又处于微妙的合作状态。

【评析】

对于企业或管理者来说,应该积极地面对我们的竞争对手。不管他是一个人、一个团队、一个组织还是一个企业,我们都应积极地结成联盟,采取"抱团发展"的方式,分享彼此的经验和成果,共同抵御风险,在合作中竞争,这样才能创造奇迹。

3. 产融结合策略有利于中小企业降低风险

产融结合是指企业结合产业和金融进行商业模式和发展模式的重构,推动企业扩张,促使产业升级和盈利能力提升,不断追求资本增值的过程。中小企业"走出去"需要金融支持,完善风险管理和资金融通,创新融资和担保业务品种。通过加大融资扶持力度,降低企业融资成本,拓展融资渠道和方式,帮助中小企业降低走出去的风险。

4. 全球产业链策略有利于中小企业转型升级

"一带一路"为中小企业重构提供了重要机遇。中小企业走进"一带一路",需要从全球的观念思考企业的战略定位,或者在全球范畴配置自身的产业链,或者从原来的做整体价值链,转向为某些"一带一路"的企业做好配套价值链的一个环节,促进中小企业转型升级。通常情况下,能够"走出去"的企业,一般都是具有产业优势、技术领先、在对外贸易与合作方面经验丰富的企业。事实上,鼓励中小企业走进"一带一路",并不是让所有的企业都走出去,也不可能所有企业都走出去。但要善于利用政策机遇,积极参与"一带一路"投资建设。

以汽车产业为例,汽车产业中以电动车和混合动力为代表的"电动化"、以辅助驾驶为标志的"智能化"正在全球汽车市场上掀起波澜,并成为整车厂、互联网公司、汽车零部件公司竞相争夺的焦点。对于我国汽车产业中的中小企业而言,产业变革将对传统零部件企业造成巨大的冲击,同时,大量的软、硬件生产企业也将面临难得的机遇。融入全球产业链并主动参与产业变革,有利于增强企业对未来发展趋势的认识,有利于提升应对产业变局的能力,防止对新的趋势缺乏了解而产生重大的决策失误。

(资料来源:杨丹."一带一路"与中小企业发展机遇,http://theory.gmw.cn/2015-08/08/content_16590695.htm)

四、北大方正集团"走出去"个案分析

(一)北大方正集团概述

1. 北大方正集团简介

北大方正集团由北京大学 1986 年投资创办。该集团坚持持续不断地技术创新,在中国 IT 产业发展进程中占据重要地位。目前,方正已经拥有 5 家在上海、深圳、香港及马来西亚交易所上市的公众公司,在海内外共有 20 多家独资、合资企业,员工 2 万多人。方正拥有并创造对中国 IT 产业发展和大规模应用至关重要的核心技术。与此同时,方正在 PC 制造领域连续 6 年稳居行业第二的地位,构筑起中国 IT 产业发展和大规模应用的制造基础。

2. 北京方正国际软件系统有限公司(以下称"方正国际")简介

北京方正国际软件系统有限公司(以下称"方正国际")是致力于向全球市场提供具备自主产权的信息系统的服务商,业务涉及情报处理、报业、出版、商业流通、系统集成、地理信息、智能交通和教育测评等众多领域。方正国际是方正集团拓展海外市场的重要战略力量,现已拥有超过 300 人专业技术团队,建有多处海外分支机构,并且与日本雅虎、IBM、三菱商社、惠普(中国)、欧姆龙、柯尼卡和美能达等众多国际大型公司建立了良好的合作关系,拥有广泛的海外销售渠道。

(二)方正国际"走出去"的情况

方正集团在日本的海外子公司从当年创始人携带着 50 万美元到日本发展,到现在已经是拥有 120 多名员工的集团。方正的海外业务,从最早的激光照排系

统发展到现在以方正 RIP（图像栅格化处理）软件为主要代表的一系列成熟的软件产品，业务范围从亚太地区发展到欧美等区域，这一切都凝聚着方正多年来的技术积累与市场探索。

如今，方正国际的汉字激光照排技术已占领 90%的海外华文报业市场；方正 Apabi 电子书系统被海外 50 多家图书馆采用；在原创核心技术基础上自主研发的日文照排系统已经占据日本 300 多种报刊；方正 RIP 软件在美、英、德、日等各国拥有近百家全球合作伙伴；2005 年 11 月，方正印捷连锁店已进军加拿大多伦多。现在，方正正在筹划德文、法文和西班牙文等西文印艺软件。

目前，方正国际的海外业务是在日本，加拿大和美国的业务加起来不足 10%，欧洲市场几乎为零。方正国际下一步的市场开拓目标是北美市场，重点准备积极开拓美国市场。此外，方正国际开拓加拿大市场也取得了一定成效，目前已经取得加拿大 CAD 公司在中国区产品的销售权。

（三）方正国际"走出去"的经验总结

1．如何"走出去"

1）最开始方正集团是通过展览会"走出去"的，当时依靠的是传统业务。

2）方正国际当初能够成功登陆日本市场，一个主要原因就是拥有技术优势。

3）在海外寻找合适的合作伙伴，吸引国外的资金参与项目，是成功的一条路径。

4）利用收购的方式直接进入国际市场，使公司可以较快地拥有现成的客户源。

5）在海外上市，找到了一条很好的融资途径。

2．"走出去"的过程中碰到的困难

1）软件行业是一个发展非常迅速的行业。方正国际"走出去"的时间比较晚，现在这个行业的技术已经同质化了，所以错失了技术上的优势。

2）产品本土化的问题。如中国产品经常是功能全面，但海外市场的消费者却认准定位明确的产品。所以，要打入海外市场，就要对产品进行改进，迎合当地市场消费者的需求。

3）产品服务化的问题。软件行业是一个比较特殊的行业，服务非常重要。如出版系统，就要求员工与客户一起工作，以便第一时间解决客户问题。要开拓一个海外市场就要求该市场配备相应的本地工作人员，才能适应市场的文化，这对资金和管理要求都比较高。

4）对海外市场缺乏了解。企业准备"走出去"时，不仅要从商业角度做详细论证和准备，还要懂得相关国家的法律、政治、人文环境及文化习俗等。对于处于境外投资初级阶段的企业来说，收集全面的各种信息有一定的困难。

3. 希望有关部门提供支持

1) 融资困难是北大方正集团开拓海外市场时碰到的最大障碍。银行提供贷款的方式缺乏弹性,不能根据具体项目采取具体的供款方式,也为企业的海外发展增加了困难。方正集团希望国内银行对资产和风险的评估方式有所改进,应该把企业的无形资产考虑到企业的资产中,采用更加科学的方式评估具体项目的风险收益情况,把这些都列入贷款审批的考虑因素。

2) 方正集团在招聘人才时碰到了户籍困难,无法保证为员工办理北京户口,这样就很难吸引人才、留住人才。

3) 随着业务的发展,在寻找国内软件外包商时发现,在国内软件业中通过国际软件认证的企业数量少,而且是大型企业。同时,软件行业里缺乏一套对软件企业资质的科学认证体系。

4) 希望政府可以支持同一行业相关联的企业一起"走出去"。

(四)方正国际"走出去"问题的分析

1) 方正国际所处的行业属于高新技术行业,很多资产是无形的,而银行贷款考察的通常是有形的资产,所以在贷款上可用于抵押的有形资产就比较少,出现融资困难的问题。同时,软件行业的项目运作与传统的制造业不同,即使是在国外开展的项目,软件的核心开发工作也是在国内进行的。有的项目前景很好,但由于缺乏资金而无法开展。所以,我国在鼓励企业"走出去"的同时,金融部门一方面有必要加强和完善金融监管体制,对贷款对象进行严格的资信审查,并促使银行增强风险意识和抵御风险的能力。另一方面也要根据不同行业的特征,采取不同的资产评估方法,根据具体的项目进行科学的风险收益评估,并建立一套企业的诚信体系。对信用级别高的企业,前景好的项目,在国际上同行业有比较竞争优势的企业,银行部门应该在贷款上积极支持。

2) 国家应重视通过提供信贷以增强跨国企业的国际竞争能力,对从事高新技术研究开发的海外项目可以考虑给予津贴支持,为企业对外投资前进行的调查与可行性研究提供资金津贴,为国家重点支持的海外项目提供贷款担保等。

3) 政府部门应完善对高新技术企业的各种支持政策,如员工的户口问题,便于企业吸引人才、留住人才。

4) 科技信息主管部门应完善国内软件行业的资质认证系统,借鉴国际通用的标准,尽快建立适合国内行业的标准。

5) 政府应投入资金,建立一个完善的海外投资企业服务网络,做重点地区重点行业的调研,为准备"走出去"的企业提供市场、政策法规、知识产权、产品如何本地化等方面的信息支持。

6）政府部门可以通过在海外创立产业集群，鼓励企业进行集约式投资。企业之间既相互独立又相互关联，通过分工与协作，可以最大限度地降低成本。

（资料来源：http://doc.mbalib.com/view/e8f41065002480a34388f19dd327d5da.html）

泛学习

我国中小企业"走出去"的主要特点

1."走出去"地域集中

我国中小企业对外直接投资体现出了较强的地域集中特点，众多中小企业在空间上不断集聚，形成了产业配套网络、研究与开发网络、市场交易网络、区域网络和全球网络等，通过与国外不同市场主体之间的资源传递和技术扩散，最终实现两种资源的有效利用和优化组合。其中以浙江省的、福建省的、江苏省的中小企业为最，如浙江省的中小企业联合在巴西、南非、苏联和东欧地区投资建立了多个中国商品市场或中国城。中小企业出口地区也相对较为集中，其中生产型境外投资中小企业主要集中在东南亚等周边国家；贸易型和研究开发型境外投资中小企业主要集中在少数发达国家，如美国。

2."走出去"动机多样

我国中小企业"走出去"的动机主要有以下几种：一是市场导向型动机，主要以巩固、扩大和开辟商品及服务的市场为目的进行海外投资，通常投资区域是基于本企业传统商品和服务的出口市场，同时辐射周边的国家和地区。二是降低成本导向型动机，主要是为了利用国外相对廉价的原材料和各种要素等，以降低企业的综合生产成本，提高经营效益，保持或提高企业的竞争能力。三是技术与管理导向型动机，主要是为了获取并利用国外先进的技术生产工艺，新产品设计和先进的管理知识等，尤其是可以通过在外国设立合营企业或者兼并与收购当地企业的方式获取。四是优惠政策导向型动机，主要是为了利用东道国政府的优惠政策以及母国政府的鼓励性政策。五是发挥优势导向型动机，主要是通过利用企业的独特垄断优势，在海外市场发挥其自身竞争力，扩大经营范围，提升整个企业的经营实力。

3."走出去"投资领域多元

我国中小企业对外直接投资领域从过去的以贸易领域和工程承包领域为主拓宽到包括资源开发、工业生产、交通运输、农业及农产品开发、餐饮、旅游、商业零售、医疗卫生、咨询服务、研发中心等行业在内的更广泛的产业领域；从传统产业向以信息传输、计算机和软件业在内的信息产业和包括批发、零售、贸易代表处在内的商业分销领域不断扩张。

4."走出去"投资方式多样

我国中小企业在"走出去"过程中主要采取了以下几种方式：一是以建立营销网络的形式"走出去"。主要是在境外设立贸易公司、办事处等组织。例如，江苏省中小企业政府管理部门在意大利、日本等国家设立办事机构，为企业"走出去"提供服务；浙江省中小企业在巴西、南非、俄罗斯等国创办特色专业市场。二是以建立加工贸易项目的形式"走出去"，如万向集团在美国投资汽车零配件生产项目，钱江集团与印尼合资组建摩托车生产企业，咸莱绢棉公司在乌兹别克斯坦投资设立丝加工厂等。三是以建立资源开发项目的形式"走出去"，如舟山一家中小房地产公司在俄罗斯启动森林开发项目，一些中小企业纷纷参与境外渔业、农业等项目。四是以建立研发中心的形式"走出去"，如华为公司在印度建立新研发中心、在墨西哥建立生产中心，以此为平台在全球推出产品；新科集团在美国硅谷、我国香港等地区建立了研发中心。五是以购并企业的方式"走出去"，如上海海欣集团收购了美国家用织物制造公司的纺织品工厂和商标专利，依托其在加拿大和美国的制造基地，使海欣公司的绒毛织物年产量增加了近 1/3；广东美的集团收购日本三洋电器公司的微波炉业务，并将相关业务和设备转移到该公司的中国生产基地。六是依托各种境外产业园区（见表2-1）"集群式"走出去，境外产业园区建立的目的在于促使广大中小企业能够集群式地"走出去"。集群式"走出去"的主要目的有两个：第一，可以减少"走出去"的成本，因为单个中小企业"走出去"都要重复调查了解国别情况，而且形不成合力；第二，产业是有产业链的，集群式"走出去"既有利于提升"走出去"中小企业的配套能力，也有利于我国政府对企业利益的集中保护。

表2-1　不同类型的境外产业园区功能特点

名　　称	功能和特点	典型案例
境外工业园	市场导向型，向境外转移产业，以投资替代贸易，规避东道国市场的贸易壁垒，为国内企业尤其是中小企业寻找发展机会	泰中罗勇中国工业园、新加坡苏州工业园、海尔美国工业园、巴基斯坦海尔工业园、中国-柬埔寨磅逊经济特区
境外出口加工区	出口导向型，带动产业的转移，利用东道国与欧美市场之间的贸易优惠政策，增加出口，规避贸易制裁措施	
境外科技园	研发导向型，规避发达国家的技术出口管制，利用和获取发达国家的最新技术，缩短新产品开发周期，加速国内产业升级，充分利用发展中国家的科技人才	莫斯科中俄科技园
境外经贸合作区	经贸合作型，境外产业转移，参与国际经济技术合作和竞争，资源利益共享，减少贸易摩擦，加大出口力度	海尔-鲁巴经济贸易合作区、中俄杜埃特经济合作区、中国-柬埔寨太湖国际经济合作区
境外自由贸易区	自由贸易型，充分利用海外关税、货物储存等优惠政策，通过投资带动货物流动，扩大对外贸易规模	中国-尼日利亚莱基自由贸易区、中国-东盟自由贸易区、中俄蒙自山自由贸易区

（资料来源：马强. 我国中小企业"走出去"特点、问题和展望[J]. 对外经贸实务，2010（2）：11-14）

第二章 中小企业创业环境

■ 复习思考

1. 简述我国中小企业的发展现状。
2. 简述中小企业在经济发展中的作用。
3. 简述中小企业的"一带一路"策略。

■ 实践训练

浙江安吉福浪莱公司由传统制造业进入生物产业

安吉福浪莱工艺品公司是浙江省湖州市一家从事竹制品生产的民营企业,现有职工600多人,产品以出口为主,年销售额约2 000万美元。该公司先后在美国投资设立两家公司,一家从事竹制品销售的传统业务,另一家在美国从事医用生物制品研发及销售业务。在初始阶段,医疗用品需要美国监管部门认证,市场开拓难度较大,前期投入远远大于利润,但该公司坚持以传统业务为支撑,走转型升级的道路。2012年,随着各项产品认证完成,该公司医用生物制品业务开始快速增长,产品先后打入中国、美国、欧盟、印度和非洲市场。据该公司测算,传统竹制品利润在15%左右,而生物科技产品毛利率在50%以上。因市场前景广阔、利润丰厚,该公司已经在国内投资2亿元人民币新建生物制品生产基地,以美国子公司为平台开拓国际市场,争取营业收入每年翻一番,走出一条由传统产业向高科技产业进军之路。

(资料来源:商务部驻休斯敦总领馆经商室. 我国民营中小企业在美投资成功案例及经验[J]. 国际商务财会,2013(7):7-8.)

思考题:
1. 简要分析安吉福浪莱公司的成功经验。
2. 简要概述中小企业"走出去"的政策支撑。

第三章

中小企业创业者学习模式

■ **学习目标**

1. 了解创业者概念，区分创业者、管理者和领导者。
2. 掌握企业家概念、企业家精神和企业能力构成要素。
3. 掌握基于创业者视角的创业学习模式。

■ **引导案例**

吴君：全球十佳网商的创业者

深圳创新佳集团董事长吴君，是深圳市电子商务商会会长、2012年全球十大网商、广东省电子商务商会常务副会长、深圳贸易协会副会长、泰国青年华人总商会海外顾问、浙江大学电商创业讲师。

他出生在广东湛江一个贫寒的农民家庭，1993年考上广东航运学校财务专业。1996年毕业后，吴君没有选择进入国营单位，而是一个人背着包、带着样品和报价单四处奔波，开始跑业务。他对待工作很努力、很拼命，中间遇到无数大大小小的困难都没有放弃。不久之后，他的足迹已经遍布广州、深圳等城市的每一个角落。

2005年，因业务往来关系结识了当时力佳制卡有限公司的老板（黄永健先生），其对吴君很是欣赏，此后他进入力佳制卡任业务经理，从事制卡业务。2007年，因为吴君个人业绩能力出色，做人诚信，原老板决定把公司转让给当时身上只有7万元的他。吴君以每月供还债务的方式买下力佳制卡，更名为"创新佳"，并在接手经营公司10个月后即还清全部债款。

2008年，阿里巴巴的销售人员找到了吴君推销"诚信通"。他了解到PVC卡企业触网尚为少数，立即决定进入。通过阿里巴巴诚信通，创新佳接下了500万张的英国电信卡订单，并通过优质品质赢得了英国电信的信赖，签下长期合作的订单。改变客户群定位、借力外贸平台，让吴君的创新佳跳出了国内市场的低利润价格竞争战场，获取了生存空间。

2010年夏天，吴君大学同宿舍的同学欧阳聪加入创新佳，正式成立了深圳市创新佳电子标签有限公司，公司从普通的制卡业转入电子标签高科技行业。这是深圳市第一家以"电子标签"为关键字注册的公司。

创新佳主要生产电子标签（TAG），系统方案中的阅读器（Reader）和其他厂家合作。目前创新佳研发生产的电子标签薄度在国内位于前列，主要应用在手机支付领域。2011年8月，创新佳与索尼达成合作，负责提供NFC手机标签，月订单70万张。

除了当企业家，吴君说自己最大的梦想是做一个优秀的讲师，培训人才。一个创新佳的员工从入职开始，最少要接受他亲自培训十次以上。在阿里巴巴马云的推荐下，吴君成为全球十佳网商，开始全国巡讲，怀抱梦想的他很享受站在台上演讲时受人瞩目的感觉，越分享越激情。

2012年，吴君加入深圳市电子商务商会之后，凭借出色的社交能力和演讲能力被选为会长。创新佳不断回馈社会，一直致力于公益建设，为湛江学子建设希望小学，捐款修建家乡水塔，积极帮助湛江农村进行现代化建设等，得到了家乡人民及社会各界的高度认可及评价。

（资料来源：http://a1.gdcp.cn/DocHtml/2390/2015/5/18/3066770231519.html）

【评析】

创业是一个多维度的复杂过程，创业者则是这一过程的发起者、执行者和领导者。尤其是在创业企业中，创业者既是企业创始人、所有者，又是管理者，创业者在企业中承担着多种管理角色。创业企业的发展是创业者才能作用的结果。

第一节　中小企业创业者与管理者、领导者

事实上，任何一个充满活力和竞争力的企业，在其前面都站着一位杰出的创业家。例如，通用汽车公司的强大得益于杰克·韦尔奇（Jack Welch）的改革才能；微软公司的兴盛得益于比尔·盖茨（Bill Gates）敏锐的洞察力；松下电器的辉煌则得益于松下幸之助杰出的领导才能等。创业者是创业活动的主体。

一、创业者是创业活动的主体

（一）创业者的概念

对创业者概念的理解，也是随着创业理论的发展而不断丰富的。

爱尔兰学者理查德·坎蒂隆（Kichard Cantillon）认为，创业者是理性的决策者，承担风险并管理企业。他于1755年首次将"创业者"一词引入经济学，认为创业者要承担以固定价格买入商品并以不确定的价格将其卖出的风险。1800年，法国经济学家萨伊首次给出了"创业者"的定义，他将创业者描述为将经济资源从生产率较低的区域转移到生产率较高区域的人，并认为创业者是经济活动过程中的代理人。

著名经济学家熊彼特（1934）最早强调了创业者在创新领域中的核心作用，并赋予创业者以"创新者"的形象，认为创业者的职能就是实现生产要素新的组合。"创业"和"发明"不是一个概念，创业最终实现需要创业成果在市场上实现。创业者的主要职能不是在于发明某种东西或创造供企业利用的条件，而是在于有办法促使人们去完成这些事情。他认为创业者通过建立新的资源组合来推动经济变革，其中包括新产品、新产品的生产方法、开拓新市场、发明新的原材料供应源、运行一个新组织等。

法国经济学家萨伊认为，创业就是要把生产要素组合起来，把它们带到一起，创业者就是生产过程的协调者和领导者。他指出，一个成功的创业者必须要有判断力、毅力和包括商贸在内的有关这个世界的广博知识以及非凡的管理艺术，把所有的生产资料组织起来，将其所利用的全部资本、支付的工资价值、租金和利息以及属于他自己的利润的重新组合都体现在产品的价值中。

英国经济学大师阿尔弗雷德·马歇尔（Alfred Marshall）赋予创业者（企业家）在企业中担任多重领导职能，如管理协调、中间商、创新者和承担不确定性等。他认为一个真正的创业者必须具备两方面的能力：一方面，他必须对自己经营的事业了如指掌，有预测生产和消费趋势的能力；另一方面，他必须有领导他人、驾驭局势的能力，善于选择自己的助手并信赖他们。

英国雷丁大学经济学教授马克·卡森（Mark Casson）认为，"创业者是擅长于对稀缺资源的协调利用做出明智决断的人"。奥地利学派的伊斯雷尔·柯兹纳（Israel Kirzner）认为，创业者具有一般人所不具有的能够敏锐地发现市场获得机会的"敏感"。也只有具备这种敏感的人才能被称为创业者。这种敏感使得创业者能够以高于进价的售价销售商品，他所需要的就是发现哪里的购买者的买价高、哪里的销售者的售价低，然后以比其售价略高的价格买进，以比其买价略低的价格卖出。

在欧美学术界和企业界，创业者被定义为组织、管理一个生意或企业并承担其风险的人。

有研究数据表明，哈佛商学院非常具有创业精神，50%的哈佛商学院毕业生在毕业后的20年里创办过自己的企业，培养了大量杰出的创业者。

（二）创业者与创业行为

创业者个体因素只有首先转化为创业者行为，进而创业者行为才能转化为创业活动的结果,因而创业者行为是连接创业者个体因素(经验、知识、技能、能力、认知、情绪和动机等)与创业活动结果(新企业是否创立成功、生存状态、成长状态)的必经中间环节,塑造和决定了从创业者个体因素转变为创业活动结果的过程及结果。

(三)创业者与经济增长的关系

创业者是创业活动的灵魂人物,也是创业活动的主体。那么,企业中的创业者可以从生产性和交易性两个方面来理解。一是从生产性来看,创业者首先是以经营企业为职业的人,主要是组织、协调企业生产活动,开展企业内部生产管理,挖掘和培养企业内人力资本,改革企业内部体制机制,主持进行企业组织再造等。二是从交易性来看,企业家作为企业的代表,是代表企业面对市场、面对企业管理中很多不确定性因素、面对企业诸多因素的所有者。他需要根据市场的变化,利用自身的人力资源做出判断性决策,通过与生产要素所有者签订契约,克服不确定性因素,从而减少交易成本,并承担风险,然后才能享受由此带来的收益。

熊彼特是最早研究创业者与经济增长动态关系的学者,他认为创业者通过创新,打破市场均衡,从而推动了经济增长;经济增长不是因为"生产扩张的外部因素",创业者对生产要素的重新组合才是完成这个过程的内在驱动力。创新是增长的灵魂,而创业者和创业精神则是"创新的原动力"(秦剑和王迎军,2008)。此后,以柯兹纳为代表的奥地利经济学派将创业视为一种市场过程,创业者作为推动市场过程的主体,利用异质信息导致的价格差异来获得创业利润,推动经济由非均衡走向均衡。美国经济学家哈维·莱宾斯坦(Harvey Leibenstein)则对熊彼特的创业与经济增长理论进行了补充,他认为由于市场的不完全和信息不对称,经济活动的运行发展主要依赖于创业者发现与评估市场机会、组合资源、提供管理与生产并承担最终风险的能力,承载人力资本和知识存量并富有创业精神的创业者是推动国家经济增长和社会发展的关键要素。

德鲁克在他的《创新与创业精神》一书中确认了创业拉动经济增长的趋势,并提出了"创业型经济"的概念,认为"创业型经济"主要是指以大量新创成长型中小企业为支撑的经济形态。实践中创业推动经济和促进就业的大量案例使创业与经济增长之间的关系成为经济理论研究的焦点和重点。

【案例】

穷人最缺少的是什么?

法国有位贫穷的年轻人,经过10年的艰苦奋斗,终于成为媒体大亨,跻身于法国50名大富翁之列。1998年去世,他将自己的遗嘱刊登在当地报纸上,说:我也曾是穷人,知道"穷人最缺少的是什么"的人,将得到100万法郎的奖赏。几乎有两万人争先恐后地寄来了自己的答案,答案五花八门。

一年后，他的律师公开了答案："穷人最缺少的是成为富人的野心！"这个谜底几乎得到所有富人的认可，说出了自己成为富人的关键所在。这里所说的"野心"，准确来说，应该是我们常讲的"雄心壮志或企图心"。

（资料来源：http://mt.sohu.com/20170309/n482852892.shtml）

【评析】

"野心"是创业者不可缺少的梦想。我们不难设想，一个心志不高的人，一个没有远大目标的人，连一张蓝图都没有的人，能够创造出什么奇迹？

二、创业者与管理者、领导者

哈佛商学院院长尼汀·诺里亚（Nitin Nohria）在他的著作《他们的时代——21世纪最伟大的商业领袖》中，把商业领袖划分为三种类型，分别是创业者、管理者和领导者。他认为，创业者是改变行业规则、创造全新事物的人，管理者是把企业从小做大、实现规模性增长的人，领导者是在企业遇到危机时将企业带向新生的人。诺里亚主要是从领导力的类型来区分三者，但是对一个领导者来说，这三种能力应该是结合在一起的。在企业发展的不同阶段，需要他更多体现或具备其中某种或全部这些能力。

（一）创业者与管理者、领导者的内涵

诺里亚把商业领袖划分为三种类型，其内涵如表3-1所示。

表3-1 商业领袖的三种类型

商业领袖的三种类型	内涵
创业者	创业者不会被他们所处的时代与环境所束缚，他们会给流程、业务，甚至整个行业带来革命性的改变。在这种变革中，他们会征服看似不可逾越的障碍和挑战，从而发现或创造全新的事物
管理者	管理者通常对他们身处的时代洞若观火。他们基于自己对时代与环境的深刻理解来占据优势，运营企业，从而塑造自己的业务，获得持续发展
领导者	领导者是那些当企业身处十字路口时，重振企业或整个行业的人。他们夯实业务，重塑产品和服务，重新调整组织架构与流程，让危机中的企业获得新生

（二）创业者与管理者

随着中小企业的发展壮大，经营管理过程是不可能只凭创业者的个人力量进行的。创业者应该认识到，创业活动和管理活动是不同的，管理需要主动谋划，并根据企业需要进行相应的调整，将全部或部分委托职业经理人进行经营管理，也就是要学会分权，企业的所有权和经营权分离，交由专业管理人员完成。

创业者和管理者是密切联系的。管理大师德鲁克认为,任何敢于面对决策的人,都可能通过学习成为一个创业者并具有创业精神。他将创业看成是管理,一个重要理由就是因为许多发明家虽然是创新者,但恰恰是因为不善于管理才成为不了将创新成果产业化的创业者。因此,创业者所从事的活动更多的是一种创造性行为,多少有些武断和冒险的选择。而管理者的行为是推理式的,更多地取决于客观的分析与研究。在企业中,创业者既是企业创始人、所有者又是管理者,创业者在企业中承担着多种管理角色。因此,创业者和管理者有着很密切的联系,很难在企业中将两者分离。

对成功企业家们的调查发现,一类是从创业者开始,当企业步入正轨后,他们的角色从创业者转变为管理者,成为具有创业精神、创业能力和管理能力的企业家,如比尔·盖茨、史蒂夫·乔布斯等,这种管理者是具有创业精神的企业家。另一类是从管理者走向创业者,他们在企业工作了一段时间,积累了行业经验、人脉和资源,离开了原来就职的企业,创办了新企业。

创业活动和管理活动是有所区别的。虽然创业活动和管理活动同时存在组织中,但有着本质的区别。其中,创业活动更加侧重挖掘、识别、探寻新的商业机会,是将创新行为商业化的领导活动。管理活动则更加侧重计划、指挥、协调和控制,注重资源和权利的分配。企业经营管理需要两类人思维的融合来跨越管理的障碍,并由此产生了对管理的需要。实践证明,如果创业者缺乏深厚的行业经验及企业管理经验,缺乏建立长寿企业的能力,新创企业在资金束缚、长期战略缺失的情况下很容易夭折,不能存活很久。因此,创业者在企业成长与发展的不同阶段需要具备不同的素质,如表3-2所示。

另外,创业者行为与职业经理人也是不同的。创业者通常是为个人目标而奋斗,实现个人的理想。而职业经理人往往是凭借个人专业为股东创造利润以换取回报,实现个人的价值。

表3-2 创业者素质要求

企业阶段划分	创业者素质要求
企业创建开始至3年为生存期	创业者的机会识别能力、冒险精神和外交能力显得尤为突出
4~10年的企业成长初期	创业者的管理工作明显加重,需要很强的组织能力和整合、协调各种资源的能力,如融资能力、个人关系网络的建立,销售、财务知识等,愿意让更多的人分享财富,能够有个人魅力留住核心员工等
10~15年以上的成熟期和稳定发展期	创业者具备如公司战略制订、公司控制权、建立公司治理结构、组织设计优化、财务控制等专业化管理知识和能力

创业者和管理者的角色与技能是逐渐演变的。在大多企业组织中，都有最高层次的管理角色，即企业的首席执行官（CEO），是管理者。创业者可以成为CEO，但CEO不一定是创业者。沃尔玛、微软和麦肯锡等公司的创始人就是经过数十年的努力达到创业者和管理者的融合。创业者要胜任职业经理人的角色，必须向职业经理人角色转变，或者聘请一个优秀的CEO，并赋予其应有权力和责任，才能有利于企业发展。

【案例】

领导者既要领导也要管理

事情发生在100多年以前，亨利·福特（Henry Ford）于1903年创建了自己的福特汽车公司，1908年推出了福特T型车。从1909年至1913年，福特的T型车在多次比赛中获胜，名扬全美。同时，亨利·福特将流水线引入工厂，从而极大地提高了生产效率。

在亨利·福特事业蒸蒸日上的时候，他也遭到了不少人的嫉恨，甚至还有人陷害他。在一起诬告福特的案子中，主审官充满偏见地质询道："尊敬的福特先生，我们知道您的公司取得了很大的成功，但是我有一个问题始终搞不清楚，您知道您的福特T型车一共用了多少个车锭吗？"

福特沉思片刻，不急不慢地回击说："哦，法官先生，这个问题我确实搞不清楚，但我可以告诉你，我非常清楚在我的公司应该是谁知道这个问题的答案。"

（资料来源：http://info.gongchang.com/guanli/1538059.html）

【评析】

我们可以从福特充满智慧的回答中看出什么来？事实上，福特机智的反驳已经道出了一个不言自明却总是被混淆的两个概念：领导与管理有着泾渭分明的权力边界，而这也隐约透露出领导力的核心所在——解放权力，释放能量。领导的核心在于影响力，在于善于激励别人，而不是单纯地利用职权去命令别人做事。这充分说明了领导与管理之间的区别与联系。

（三）管理者与领导者

现如今，企业迫切地需要管理者迅速向领导者转变，从而提高企业竞争力，以应对市场挑战。因为无论你今天在做什么、做得多好，每个领导者都需要每天问自己：我明天如何才能做得更好？如果只是重复昨天所做的事，明天你可能就落后了。这本质上都取决于领导者的核心能力，他对人、对公司的管理能力。所以不论商业模式怎样变，不论公司规模大小、处于何种发展阶段，领导力都是最核心的不变的东西。

被誉为"领导力第一大师"的哈佛商学院教授约翰·科特（John Cotter）说："管理者试图控制事物，甚至控制人，但领导者却努力解放人与能量。"实际上这句话已经阐述了领导与管理之间的辩证关系：管理和领导互不相同，管理的工作是计划与预算、组织及配置人员、控制并解决问题，其目的是建立秩序；领导的工作是确定方向、整合相关者、激励和鼓舞同仁，其目的是产生变革，显然，这也正是领导力的运行轨迹。

美国领导理论大师沃伦·本尼斯（Warren Bennis）在他的《成为领导者》一书中，阐述了领导者与管理者的主要区别。

首先，领导者负责创新，而管理者负责执行。领导主要是负责方向性的工作，起带领和引导作用，这意味着领导者需要提出经营理念和主张，并引领整个企业的前进。领导者必须注意不断开拓自己的眼界，制订新的战略措施。领导者需要了解当下最新的发展趋势、各种相关的研究成果以及先进技术。管理是日常性的、非决策性的工作，这就意味着管理者需要对现有的各种体系进行维护，时刻关注企业的经营底线，保持组织运转的可控度，管理者应防止其他混乱无序状况的出现。

其次，领导者依靠信任，而管理者依赖管控。领导者要鼓励他人发挥自己最大的潜能，并且了解如何为整个企业的运行设定合理的节奏和速度。领导力并非是指自己做了哪些工作，而是他人对你做出怎样的响应。管理者的工作就是通过帮助员工提升个人财富，保持对员工的控制力，并且让他们发挥最大的才干。为了能够有效达到这一目的，管理者必须了解一起工作的员工，了解他们各自的利益需求和情感需求。

再次，领导者是决策者，而管理者是执行者。任何一个企业，都必须既有领导者又有管理者。只有领导者而无管理者，则领导者的意图和目的往往比较难以实现；同样，如果只有管理者而无领导者，管理者的愿望和目的也难以达到。

现实中，创业者自己也需要随着企业的不断发展而成长和进步。成功的创业者会经历以下几个阶段：从企业的拥有者到企业管理者，再到企业领导者，最后成为教练。在这个过程中，创业者经常需要对自己做出调整，以摆脱"按我说的做"的管理方式。换句话说，他们必须学会放权，并且完全信任对方，这是创业者向管理者与领导者角色转变的原则。

第二节　创业者及企业家精神

关于创业者和企业家，国内外许多学者都进行了对比研究，前者是指企业的创办者，后者是指成型企业中负责企业经营决策的领导者。创业者和企业家都是企业的经营管理者，但创业者与企业家也存在诸多不同之处。

一、创业者与企业家的区别

（一）所处的事业阶段不同

创业者仅是事业发展的初期阶段，面临着更多环境的不确定性，创办的企业容易夭折；企业家的企业已经安全度过婴儿期，处于发展阶段或成熟阶段。相对于创业者，企业家会更多地关注内部管理的科学化。

（二）心理特征不同

创业者面临很多环境的压力，企业的兴衰和个人的命运、个人的声望紧密联系起来，他们心理和情绪的波动更大；而企业家已经经历了市场环境的洗礼，为人谦虚，心态也更加平和、成熟，积累了较多的经验，决策时较少会因为情绪波动而出现偏差。

（三）经营理念不同

创业者往往关注短期的直接利益，因为他们与投资人的利益结合在一起，投资人强调以最小的风险创造最大的利润，所以创业者容易短视；而企业家不仅创造财富，还创造价值，眼光长远，追求长期最大利益，所以他们更多关注影响企业长期发展的因素，愿意承担更多的社会责任，寻求各方利益相关者的平衡。

（四）职能不同

创业者准备随时发现机会、利用机会和创造机会，所以其职能主要是对外。他们非常擅长把握外部环境变化，其职能就是发掘、获取、分析、利用市场信息，利用其独特的洞察力和分析能力赢得成功。企业家的职能更加广泛，既有对外职能也有对内职能。与创业者相比，企业家更关注企业内部的责、权、利的治理。

（五）能力要求不同

创业者的能力主要局限在个人应对环境变化的能力以及资源整合能力；而企业家还需要更多的内部管理能力和战略能力等，他们处理的事务更广泛、更复杂，能力要求也更高。

二、商人不同于企业家

在一次采访中，阿里集团董事局主席马云对记者说："我不是商人，我是企业家！"企业家已经超越商人而变成一种图腾。商人与企业家，简单来说，商人追逐的是短期利益，完全是为了个人的得失，是个人的富有；而企业家是为了长远的利益，带社会责任感的利益，是团队的共同富裕，是带使命感和价值观的。

当商人的财富完全用作个人目的时，便注定了无法致远。当一个商人为个人财富而奋斗时，他只是个小商人。当一个商人说"我不做大，兄弟们便没有饭吃"的时候，他是一个大商人，但还不是企业家。当一个商人为某一长远的理想而奋斗，并用规范的商业行为和制度来代替商人的"混世"时，他才可能进化为企业家。

在一些成熟的商业国家，曾经产生了很多自觉的企业家。当他们决定从商的时候，就已经决定走企业家之路。就如当初的比尔·盖茨，他从一开始创业似乎就已经把让千万人都用到电脑软件作为目标；再如山姆·沃尔顿（Sam Walton），他发誓要建立一种既便利又廉价的商业形态，沃尔玛就成为他这一理想的道具。

企业家的内心中不仅仅有对自己企业的责任感，而且对社会甚至对人类的发展都充满责任。有人说企业的根本任务是使得利润最大化，这是一个误区，是一个对企业长远战略的错误认识。企业家不仅仅是一个智者，同时也是一个仁者。企业家的价值观形成于他一直以来对别人、对社会、对国家、对世界的宽容看法。企业家的目的不只是建立一个成功的企业，不只是为了得到某种利益，他是为了实现自己一直以来为之奋斗的梦想。这个梦想不仅仅是一个成功的企业，还是这个企业给他带来内心的宽慰和责任，他会为之快乐，甚至为之奉献自己的生命。

通用电气（中国）副总裁许正在《商人如何"转型"成为企业家》一文中认为，企业家在管理企业时，不只是在生意层面上运筹帷幄，更需要给这个企业持久地注入精神。也就是说，企业家要有能力建立企业的核心价值观，并以此为基础形成独特的、具有生命力的企业文化。这些价值观和文化可能并非完全来源于企业自身，但是能够成为企业克服困难、跨越成长的精神动力。要知道，企业家创造的核心价值观和企业文化，其生命往往比企业家本人还要长。

商人带给企业的是个人威望，企业家留给企业的是企业文化。企业文化不但已经直接反映成员工的价值取向、行为规范和言谈举止，还以企业精神的方式成为企业很重要的资产和遇到困难时的精神动力。

用德鲁克的话来说——"创造价值是真实的，利润不过是结果。"有一个造船厂有一句很有名的话："我们要做最好的船，顺便赚点钱。"这是企业家的思维方式。而对于一个商人来说，做鞋还是做裤子并不重要，只要能赚钱就行，把它们做好是为了赚更多的钱。

三、企业家和企业家精神

（一）企业家的概念

"企业家"一词是从法语中借来的，其原意是指"冒险事业的经营者或组织者"。到了20世纪中期，一个新的关于企业家的概念才建立起来。企业家最主要的行为特征是追求创新。熊彼特认为，所谓企业家无非是那些实现经济要素新组合的人，是经济发展的带头人，其作用在于创新，即实现新的组合。熊彼特关于企业家是从事"创造性破坏"的创新者观点，进一步凸显了企业家精神的实质和特征。奈特认为，企业家是在极不确定的环境中做出决策的人，必须自己承担决策的后果。卡森认为，企业家是专门就稀缺资源的配置做出判断性决策或非程序化决策的人。以上三种定义各有侧重，但其内核都是创新或创新决策，创新是企业家活动的典型特征，从产品创新到技术创新、市场创新和组织形式创新等。企业家追求创新是市场竞争的内在要求。

（二）什么是企业家精神

早期对企业家精神的研究，主要以中小企业为研究对象，探讨如何把握并利用机会创建新的企业，所以企业家精神就被理解为创业精神。

国内的研究多是从综合的角度出发，汪丁丁把企业家精神概括为三方面：首先是熊彼特所说的"创新精神"，其次是德国学者韦伯（Max Weber）所说的"敬业精神"，再次是美国经济学家诺斯（Douglass C. North）从新制度经济学里提出来的"合作精神"。高希均认为企业家精神有四个特质，即具创意、有胆识、敢投资和担风险。贾良定和周三多借用德国古典哲学"精神"概念的结构，认为企业家精神由知识素养（理论精神）、创新能力（实践精神）和伦理品质（自由精神）三个层次构成。

1. 企业家精神和概念

企业家精神与领导力紧密相连。成功的创业者或企业家能够静下心来专注地做某件事，敢于抵抗潮流的诱惑，遇到问题不会放弃自己的目标，在创业的整个过程中一直怀有执着的精神。他们方向明晰、有担当，同时有挑战现状、对传统理念说"不"的勇气，敢于提出自己的见解。在面对重大是非问题时，尤其是遭遇社会上的不公平、不公正的现象时，企业家不会选择回避，而是摆明自己的观点。遇到非诚信问题时，企业家坚持有一颗诚信的心。在企业内部，有一套明确的规章制度来激励员工，同时对犯错的员工也有严格的纪律约束，从而让企业有效地向前运转。

2. 企业家精神解读

比起经验和具体知识，创业者必须学习的一本"秘籍"是"企业家精神"。创业的动因源于企业家精神，企业家精神对于个人、组织和社会变得越来越重要。创业者对理想坚定不移，是原始动力；持之以恒，而后在领域内愈优愈精；达成目标，才能完成从创业到志业的转化。关于企业家精神的内容涉及广泛，主要可以概括为以下几方面。

1）冒险精神。一个企业经营者要想获得成功，成为一名杰出的企业家，必须要有冒险精神，主要表现在企业战略的制订与实施上、企业生产能力的扩张和缩小上、新技术的开发与运用上、新市场的开辟和领土上、生产品种的增加和淘汰上、产品价格的提高或降低上。

2）创业精神。企业家的创业精神就是指锐意进取、艰苦奋斗、敬业敬职和勤俭节约的精神，主要体现在积极进取、克服因循规守旧的心理、企业家的顽强奋斗、敬业敬职的职业道德、勤俭节省的精神风貌方面。

3）创新精神。创新铸就了企业家的灵魂。历史上由创新者、发明家发展成企业家的人比比皆是，如诺贝尔（Nobel）、爱迪生（Edison）、史蒂夫·乔布斯和比尔·盖茨。所以，对于企业家来说，不创新，毋宁死。对此，历史上不乏鲜活的例子。例如，柯达公司的创始人乔治·伊斯曼（George Eastman）就是一个一生沉迷于感光材料发明的创新者。他的发明创造"使摄影变成平常事物"，他本人也由此成为一个大富翁和企业家。但是当他成功和发财之后，他并没有为财富所羁绊，仍然不停地致力于新感光材料和技术的发明创造。到他古稀之年以后，又发明了35毫米的彩色电影胶片。

对于企业家而言，不仅要求自己有创新的能力，包括技术创新、管理创新和体制创新的能力；而且要有把自己所领导的组织变成一个创新组织的能力，即创造一个创新组织的能力。企业家的创新精神更侧重于后者。在构成现代社会的群体中，有科学家、工程师和企业家，企业家组织和创造社会需求并推动科技进步，科学家的发明和工程师的创造通过企业家变成了现实的生产力，变成了可以满足人们需要的商品，企业家以自己的天才创造了产业新秩序，成为经济增长的主要力量。

4）合作精神。合作是企业家精神的精华。阿尔伯特·赫希曼（Albert O. Hirschman）曾经说过，企业家在重大决策中实行集体行为而非个人行为。尽管伟大的企业家表面上常常是一个人的表演，但真正的企业家其实是擅长合作的，而且这种合作精神需要扩展到企业的每个员工。西门子就是一个例证，这家公司秉承员工为"企业内部的企业家"的理念，开发员工的潜质。在这个过程中，经理人充当教练的角色，让员工进行合作，并为其合理的目标定位实施引导，同时给予足够的施展空间，并及时予以鼓励。因此，西门子公司获得了令人羡慕的产品创新成绩。

随着经济全球化的发展，企业在日益激烈、复杂的竞争环境中实施合作竞争，也就是通过一定程度的合作及资源共享来寻求竞争优势，这已经成为21世纪企业竞争的主流。一个企业要想达到某个目标，单凭自身资源是远远不够的，还需要合作伙伴，以形成一种整合的资源优势。这样，不仅使目标实现的可能

（三）创业者应成为有企业家精神的管理者

企业家是企业发展的灵魂与核心，"有企业家精神的管理者"是创业者的理想目标，因此，要保证企业的持续成长，迫切需要具备企业家精神和专业化管理特征的创业者和管理者的融合，这是新时期企业对创业者的新要求。

第三节 中小企业企业家能力

不难发现，几乎所有的成功企业背后都有一位出色的企业家。可以说，一个企业如果没有一位好的带头人，要想获得成功是不太可能的。

企业家是中小企业成长与发展的关键因素，是促进企业经济持续增长、推动区域经济增长的动力源泉。面对越发激烈的市场竞争，企业家不仅需要合理有效地配置与利用资源、提高企业核心竞争力，还需要承担企业在运营管理过程中所面临的各种风险。因此，企业家能力不是单一能力，而是多种能力的集合。

一、企业家能力演变

（一）企业家能力的概念背景

有关企业家能力的研究起始于18世纪，主要针对能力与企业成长关系的探索，且对其的理解存在一定的差异。有关企业家能力的研究：一是出现在与能力概念相关的文献中，揭示了能力与企业创立的关系；二是出现在与企业家概念相关的文献中，探索了对企业生存及发展之间的关系。由于企业家能力对企业创立和企业成长的作用重大，因此逐渐发展成为研究的热点。关于企业家能力的概念，至今还没有一致的界定。美国学者大卫·曼恩（David Mann）认为，企业家能力不仅包括企业家性格、技能与知识、个人综合特质，还包括企业家在企业发展成功后进一步发现机会、挖掘组织能力、制订战略计划、发展外部关系和构造新的概念的能力。贺小纲认为，企业家能力是指通过对不确定环境的敏锐观察，挖掘具有市场价值的机会、获取资源，构建组织以利用环境中的机会。

（二）企业家能力的演变解释

有关能力理论的研究最早是由美国学者理查德·博亚兹（Richard Boyatzis）提出的，随后引入对企业家的研究。目前，多数研究基本上是围绕分层和构成来解释企业家能力要素演变的。

基于企业家个体视角的研究，开创了研究的领域，扩大了企业家精神的研究力。针对企业家的认知特点、行为特征等进行的研究，试图挖掘必备领导能力、分析其影响企业绩效的关系。如曼恩指出，机会能力、关系能力、概念能力、组织能力、战略能力和承诺能力构成了企业家能力的六方面特征。

基于过程和行为视角的研究，打开了研究视域，明确了创业行为就蕴涵着企业家能力，体现在企业经营决策活动中。如杨俊在分析有关创业行为过程与企业家能力的关系后得出，机会相关能力、战略相关能力、关系相关能力、组织相关能力、概念相关能力和承诺相关能力是基于创业行为的企业家能力的内涵。

基于多维与测量视角的研究，开始了实证探究，用于验证企业家能力与绩效的相关性。如贺小刚用定量分析的方法，设置了六个相关测项，进行了企业家能力与企业绩效的相互关系的验证。

综上所述，资源理论认为，企业是一些资源的集合体，如资产、技能和能力。但这些资源并不能就此给企业带来利润，还需要企业家在企业的经营、管理过程中进行配置整合，才能创造企业的利润，产生企业的价值。因此，企业家能力是一种整合能力，源于其多维的研究角度，是创业行为过程中识别、发展、完善资产过程的能力需求，与企业的成长、核心竞争力、绩效息息相关。

二、企业家能力与创业行为的价值关系

随着研究的不断深入，研究者们从创业理论的能力视角探讨创业与企业家能力的互动关系，发现其能力往往是通过嵌入创业行为而表现的，是变化和发展的。从层出不穷的创业研究成果中日益认识到创业能力就是蕴涵在创业行为中的企业家能力。因此，为了更全面地了解企业家能力理论框架，开始从创业行为过程出发，研究企业家能力在创业行为中的价值。

（一）创业精神与创业行为

企业家善于发现市场机会，能够用适当的策略去实现目标，能够创新盈利的机会等，这是企业家创业精神的核心。熊彼特提出，真正打破了经济平衡的是企业家的"创造性破坏"，这为创业者创造了更多的经济机会。在复杂的经济形势下，企业家在创业精神的指导下能够发现市场机会，并引导企业向盈利的方向发展。

（二）冒险精神与创业行为

企业家善于以先动的、创造性的活动在不确定的环境中开辟道路，能够承担风险，为创业行动注入活力、增加企业动力、增加企业利润。

（三）创新精神与创业行为

企业家是从事"创造性破坏"的创业者，突出体现在管理方式的创新和管理

方法的创新上。与管理者相比,企业家更应该创新,主要体现在机会识别和创新过程两方面。按照熊彼特的解释,企业家代表着创新,创新即为重新组合生产要素。当一个企业的创新性增强了,企业内的创业行动也会随之发起,从而实现这种"新组合",促进企业成长。

【案例】

"橙王"褚时健的逆袭:75岁重新创业 86岁成亿万富翁

75岁二次创业,85岁带着褚橙进京,褚时健的精神让众多名人敬佩不已。褚时健,中国最具有争议性的财经人物之一,曾经是中国有名的"烟草大王"。

巅峰落马坠低谷

1979年,52岁的褚时健成为玉溪卷烟厂厂长。当时的玉溪卷烟只不过是一个地区性的小企业,还远没有现在有名。当时,褚时健意识到新技术和新设备对企业的未来具有决定性的意义,所以冒险将全厂抵押给银行,最终引进了新设备。1986年,褚时健成为玉溪烟草公司经理和玉溪地区烟草专卖局局长。玉溪烟厂固定资产从几千万元发展到70亿元。此时的褚时健,俨然已经成为中国烟草行业教父级的人物。

不过,1995年2月,一封来自河南三门峡的举报信终结了褚时健的烟草生涯。1998年新华社报道称,褚时健亲属收受巨额财物。褚时健本人,后来被司法部门指控贪污和巨额财产来源不明罪。最主要的情节是,他把巨额公款直接划到自己的名下,其中一笔是174万美元,另一笔1156万美元。

最终,褚时健被判无期徒刑,剥夺政治权利终身。

老骥伏枥再创业

2002年,褚时健因为严重糖尿病,被批准保外就医。此时,褚时健已经是位75岁的老人。

这一年,褚时健承包了2400亩荒山,这些荒山刚经历过泥石流的洗礼,一片狼藉,当地的村民都说那是个"鸟不拉屎"的地方。诸多困难并没有阻住他的"疯狂"行为,他带着妻子进驻荒山,脱下西装,穿上农民劳作时的衣服,昔日的企业家完完全全成为一个地道的农民。

这一年,爱好爬山的王石来到了云南,特意抽时间专程去看望褚时健。王石当时感慨地说:"我非常受启发。褚时健居然承包了2000多亩地种橙子。橙子挂果要6年,他那时已经75岁了。想象一下,一个75岁的老人,戴一个大墨镜,穿着破圆领衫,兴致勃勃地跟我谈论橙子挂果是什么情景。2000亩橙园和当地的村寨结合起来,带有扶贫的性质,而且是环保生态。虽然他境况不佳,但他作为企业家的胸怀呼之欲出。我当时就想,如果我遇到他那样的挫折、到了他那个年纪,我会想什么?我知道,我一定不会像他那样勇敢。"

这些年,80多岁的褚时健每个月下地8~10天,管理果园非常细致、严格。

十年磨剑成"橙王"

6年后,第一批褚橙挂果,口感偏酸,并不好吃。褚时健并没有着急销售,而是四处寻找让橙子好吃的办法。

在四处求教和钻研书籍后,褚时健改善了种植方法。在褚时健看来,最好的橙子不应该仅仅只有甜味,还应该带有一丝微酸,果汁停留在嘴里的时候能够活灵活现地让人感到一种自然滋味,"水分也要充足,果皮也要能够用手剥开,这才是一个好橙子"。经过摸索,褚橙的酸甜比保持在符合中国人口味的"1:24"。

创造出中国口味的褚橙2010年上市,很快就风靡昆明大街小巷。当时有媒体报道称,"褚橙"十二三元一公斤的出厂价,比昆明市面上10元4公斤的普通橙子高出数倍,可是不出云南省就卖完了。这几年,云南市面上其他大小品牌的橙子,销售都会避开"褚橙"上市。

2012年和2013年,"褚橙"先后通过电商走进北上广三大城市,"励志橙"受到了众多网友的热捧,北上广更是上演着排队购橙的盛况。

(资料来源:http://www.qianzhan.com/investment/detail/317/131217-75a35bd3_2.html)

【评析】

衡量一个人的成功标志,不是看他登到顶峰的高度,而是看他跌到低谷的反弹力。"褚橙"背后的"励志故事",带给人们的感悟是人生的波折是一种常态,而企业家精神则是可以坚持的。"褚橙"不仅带动了别人致富,而且也诠释了做实业的社会价值和一位企业家的满足感。

三、企业家能力构成要素

创业是创业者的一种技能,表现为创业行为过程的企业家能力,是由对机会的敏锐感觉驱动的。

(一)企业家能力的本质

创业理论强调,企业家能力是指企业家在创建或经营企业的过程中所必需的能力总和。企业家能力是能力要素的一种集合,是完成创业过程工作、实现创业绩效所必需的条件。企业家能力蕴涵在新企业创建或经营企业的具体活动中,企业家担任的角色是多重的,需要具备机会感知、配置整合和利润创造等经营能力,涉及新创企业的诞生,关系企业生存和成长。

(二) 企业家行为过程要素

针对企业家的行为过程，通过收集与整理大量史料文献，得到影响其创业行为过程的关键要素。具体体现在：①宏伟梦想是企业家行为过程中的重要内在动力；②机会警觉是企业家的关键行动，需要他们在各个领域去洞察，去发现；③创新行动是企业家的核心职能，需要在各个领域去引发，去造就；④坚强意志力是企业家的重要特质；⑤学习活动是企业家在信息、知识或经验的传播过程中，不断观察和学习，并进行创造与传播，以支撑创办新事业；⑥行动策略是企业家的重要策略，需要不断地发展社会关系，确保组织内部运营；⑦推动现代化是企业家的社会使命，需要勇于承担起教育与慈善的责任，推动社会发展。

(三) 企业家能力构成要素

综合相关分析，在创办和经营企业过程中，创业者是否有综合能力成功地完成这一转变，需要具备一种独特的思考和行为方式，而这种特质构成了企业家能力的要素。企业家能力的构成要素主要有以下几种。

1. 发现机会能力

在初创企业中，企业家是机会价值的潜在发现者，这一点在创业行为中尤为突出。成功企业家拥有敏锐的发现机会的能力，这是一种最重要的能力。企业家发现机会能力包括搜寻、识别和评价能力三方面。发现机会能力强的企业家，对信息进行搜寻和处理是非常有效的，能够迅速辨别企业面临的潜在市场机会，继而对其进行评价，选择最适合企业发展的机会。这本身就是一种稀缺资源，对市场具有敏锐的市场捕捉能力是可以给企业带来收益的。

2. 战略管理能力

在企业管理中，企业家是新创企业的领路人，这一点在创业行为中尤为重要。成功的企业家拥有高瞻远瞩的战略决策能力，为企业提供经营活动的方向。战略管理能力能够及时调整战略目标与企业经营思路，在遭遇竞争环境变化时能够理性地做出判断并组合资源，使得企业获得竞争优势。

3. 资源配置能力

企业家的资源配置能力是企业家调动企业内外部的资源，将其投入最佳用途，得到最高回报。资源配置能力主要体现在产学研合作的战略框架下对企业的人、财、物的整合和配置，如构建管理团队、配置组织机构以及配置企业的资源等。

4. 组建关系能力

企业家是企业的管理者，其组建关系能力对企业具有正面影响以及至关重要的作用。企业家需要不断地接触员工、顾客和供应商，通过与政府沟通，协调好与竞争者之间的关系，为企业积累更多的社会资本，建立良好的关系网络。尤其是在创业初期，在没有现成产品、先进技术作支撑，缺乏团队经验和信誉，缺少长期的客户关系环境的条件下，能够通过关系网络活动，帮助企业获取发展所需的信息和资源，处理解决各种矛盾，减少利益冲突，从而打开销售渠道，实现产品市场化，使得企业在最有利的环境中获得成长。

5. 压力承受能力

企业家在创办企业或经营活动中经历压力和倦怠，遭遇挫折和打击是无法避免的，这几乎是一种常态。因此，成功的企业家要具备抗压能力，不因挫折和打击动摇目标与方向，并将挫折和打击转化为动力，能积极应对各种突发事件，使得自身和企业顺利化解危机，获得继续发展。

6. 创新能力

企业家是战略创新的灵魂，是创新活动的发起者和实施者，也是企业创新的主体。一个企业的发展离不开企业家的视野，其职能便是创新。这种创新能力体现在根据市场及经营状况，企业家所做出的调整，在新技术的创造、新产品的研发上充分挖掘新的资源，能够使企业在激烈的竞争中做到差异化，实现新市场的开拓，为企业创造更多的效益。与此同时，企业家通过创新理念和方法，改变企业的运作机制，培育企业创新文化，提高企业的创新能力。

7. 学习能力

学习能力是企业家的基本能力，对企业发展具有至关重要的作用。研究表明，创业过程的本质就是一种学习过程。企业家通过不断学习，获得知识的增加，技能的完善，改进企业经营策略，倡导企业文化建设，指导企业管理运作，这对企业发展具有积极作用，从而激发创业者有效提高创业能力。

第四节 基于创业者视角的创业学习模式

作为一种经济活动，创业过程的本质就是一种学习过程，这能够较好地解释创业行为，创业学习对新创企业成长具有积极作用，激发创业者有效提高创业能力。因此，创业学习是创业者能力提升的重要途径。

一、创业学习研究的发展演化

创业学习研究从20世纪60年代的"特质论"研究阶段开始，主要关注创业者与非创业者之间在特质方面所体现出来的性格特征的差异，但因缺乏经验研究的实践支持而落败。之后过渡到20世纪90年代的"创业过程"研究阶段，主要关注创业者行为与成功企业家之间,在经验的转化及创业知识的获得、如何成为成功企业家等方面进行研究。直到最近十几年的"创业学习"研究阶段,主要关注创业本身就是一个学习过程,应该从一切事物中进行学习,因而发展成为创业学习理论研究。因此,对于创业学习研究溯源,创业学习研究的先驱是熊彼特和柯兹纳。这两位学者最先从经济学视角发现了创业学习对创新和发现创业机会的作用。其后,创业学习概念开始被许多学者引用,成为创业研究理论中的新主题、新领域。

二、创业学习的概念界定

(一)基于经验视角的创业学习界定

基于经验视角的创业学习界定强调信息和经验的获取和转化,能够将已有知识有效地转化为新知识,继而提高知识的储量。这种观点认为,经验学习是创业学习最重要的形式。

(二)基于认知视角的创业学习界定

基于认知视角的创业学习界定,强调学习是对外部经验的重组,能够有效地将外部知识和结构转化为内部经验,继而提高信息的储量,如信息的获取和存储以及信息的记忆和提取等。这种观点认为,认知学习可以导致潜在行为的改变。

(三)基于行为视角的创业学习界定

基于行为视角的创业学习界定,强调创业学习是一个不断积累的动态过程。这种观点认为,创业者从产生最初的商业直觉到开发出成熟产品或新服务的整个过程即是学习。

三、创业学习方式及特征

目前关于创业学习的研究存在两种观点,一种观点认为创业学习是创业者的个体行为,还有一种观点认为创业学习是新创企业的总体行为。事实上,对创业学习的剖析,无论是从创业者还是从企业视角都极为相近。不过由于新创企业的组织结构不够完善,目前普遍认同的是创业者个体层面的学习。

根据曼恩的研究,他把创业学习看作创业者或者企业的一种核心能力。创业者通过创业学习获取并创造创业知识,它是一种专业知识,有利于拓展创业视野。创业者进行创业学习的目的是利用所学到的知识创建企业,并努力让其存活继而快速成长。至于实践学习,则是在经验学习和认知学习的基础上展开的。

四、创业学习作用机制分析

在创业学习研究的基础上,有关学者提出了构建创业学习模式的观点,试图发现其作用机制,为创业学习实践提供指南。

(一)创业学习与新创企业成长

创业学习是指获得开发创建和管理新创企业所需知识的过程,是企业获取竞争优势,提升新创企业成长绩效的基础,是培育新创企业核心竞争力的重要因素,反映了组织持续不断的应变能力。新创企业创办之初,创业者以经验学习为主,利用自身的先验经验,将已有的经验转化为知识,拓展创业知识体系。经验学习有利于创业者了解自身能力,综合分析外部环境,发现创业机会。企业发展到存活期,创业者以认知学习为主,利用交流和观察,综合外部市场环境变化,结合自身实际,模仿他人的行为方式,改造、更新、重构创业知识,开拓市场,从而打下进军新领域的基础。企业发展到成长期,创业学习关注促进企业成长,巩固并提高市场地位。创业者的主要学习方式是认知学习、实践学习,利用社会实践,嵌入创业的情景,借鉴同行优秀企业,对已有的经验、观点进行修正,衍生出新的创业知识。

(二)创业学习与机会识别应用

新创企业在成长过程中会遇到各种各样的难题,需要创业者不断创造并利用新机会来解决。然而,现有的机会识别研究领域,主要侧重于运用企业家的经验、知识、创造力和认知能力,通过信息的存储与利用以获取机会,对于信息获取和转化的研究比较缺乏,而创业学习理论则弥补了这一领域的不足。

机会识别是一个具有创造性的过程,包含准备、孵化、评估和细化四个阶段,体现不同创业学习的目的与方式。在准备阶段,主要是置身于机会识别中所需知识的收集过程,从而发现问题解决的方案。在孵化阶段,主要是置身于机会识别中所需观念的浮现过程,通过概念化、反思观察,从而形成整合归类优选方案。在评估阶段,主要是置身于机会识别中所需观念的评估过程,从而获取解决问题的方法。在细化阶段,主要是确定最终选择,从而组织资源、实施行动。

(三)构建创业学习模式框架

创业学习研究,对创业者在机会识别和资源获取方面具有重要的指导作用。创业者既可利用前人积累的经验,通过经验学习转变为新知识,发现新的可能结果,从而规避企业在创办成长过程中所面临的机会识别问题,规避陷入新困境;也可通过观察反思他人的创业行为,通过认知学习寻找创业直觉,从而找到问题解决的方法。这一系列过程可以通过创业学习更好地进行创业。因此,创业学习研究与创业知识、创业学习方式之间存在着相关性。蔡莉等人通过研究总结创业学习理论，基于三者（创业者、创业学习与创业环境）的作用关系，构建了创业学习模式框架，如图3-1所示。该框架阐释了在新创企业过程中，创业者开发机会和资源的作用机制。

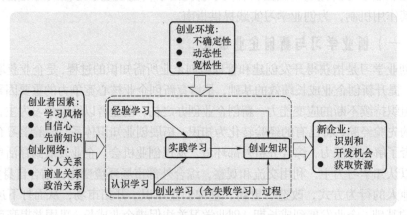

图3-1 创业学习模式框架

创业学习伴随新创企业的成长过程。创业者通过采取不同的创业学习方式，可以持续地获取并创造独特的创业知识，走出发展阶段创业困境，充分挖掘新机会，获取资源，有利于新创企业保持长期生存和成功。目前，已有学者从个体和组织等不同层面揭示了创业学习在新企业整个发展过程中的作用规律。创业学习研究对创业行为具有很强的解释力，对创业活动突显其有效性，是实现创业成功率的新思考。

哈佛商学院院长尼汀·诺里亚（Nitin Nohria）在接受《哈佛商业评论》中文版的专访中提到，面对今日之世界，人人都要具备创业者精神，都应该以创业者的姿态去面对21世纪所有的变化与挑战。这不是说人人都要去创办自己的企业，而是说即便身居大公司也需要以创业者精神去做事。即便是哈佛商学院，一旦我们丧失了创业者精神，也必将落后。所有牢固的百年大公司都需要以创业者精神面对竞争。

泛学习

企业家精神

什么是企业家精神？

创新是企业家精神的灵魂。熊彼特关于企业家是从事"创造性破坏"的创新者观点，凸显了企业家精神的实质和特征。一个企业最大的隐患，就是创新精神的消亡。创新是企业家活动的典型特征，从产品创新到技术创新、市场创新、组织形式创新等。

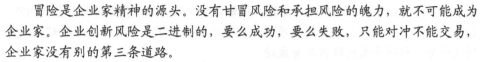

冒险是企业家精神的源头。没有甘冒风险和承担风险的魄力，就不可能成为企业家。企业创新风险是二进制的，要么成功，要么失败，只能对冲不能交易，企业家没有别的第三条道路。

合作是企业家精神的精华。正如阿尔伯特·赫希曼所言：企业家在重大决策中实行集体行为而非个人行为。尽管伟大的企业家表面上常常是一个人的表演，但真正的企业家其实是擅长合作的，而且这种合作精神需要扩展到企业的每个员工。

敬业是企业家精神的动力。对事业的忠诚和责任，是企业家的"顶峰体验"和不竭动力。

学习是企业家精神的关键。以系统思考的角度来看，从企业家到整个企业必须是持续学习、全员学习、团队学习和终生学习。

执着是企业家精神的本色。英特尔总裁葛洛夫有句名言："只有偏执狂才能生存"，这意味着只有坚持不懈持续不断地创新，以夸父追日般的执着，才可能稳操胜券。

诚信是企业家精神的基石。诚信是企业家的立身之本，企业家在修炼领导艺术的所有原则中，诚信是绝对不能妥协的原则。市场经济是法制经济，更是信用经济、诚信经济。没有诚信的商业社会，将充满极大的道德风险，显著抬高交易成本，造成社会资源的巨大浪费。

（资料来源：http://wiki.mbalib.com/wiki/企业家理论）

复习思考

1. 为什么说创业者是中小企业的灵魂？
2. 如何理解企业家精神？
3. 企业家如何寻找创新机遇？

实践训练

两个总经理的领导方式

某市建筑工程公司是一家大型施工企业，下设一个工程设计研究所、三个建筑施工队。研究所由50名高中级职称的专业人员组成；施工队有400名正式职工，除少数领导骨干外，多数职工文化程度不高，没受过专业训练。在施工旺季，还要从各地招收400名左右的农民工以补充劳动力。

张总经理把研究所的工作交给唐副总经理直接领导、全权负责。唐副总经理是一位高级工程师，知识渊博，作风民主，在工作中总是认真听取不同意见，从不自作主张，硬性规定。公司下达的施工设计任务和研究所的科研课题，都是在全所人员共同讨论、出谋献策、取得共识的基础上做出具体安排的。他注意发挥每个人的专长，尊重个人兴趣、爱好，鼓励大家取长补短、相互协作、克服困难。在他的领导下，科技人员积极性很高，聪明才智得到了充分发挥，年年超额完成创收计划，科研方面也取得显著成绩。

公司的施工任务，由张总经理亲自负责。张总是工程兵出身的复员转业军人，作风强硬，对工作要求严格认真，工作计划严密、有部署、有检查，要求下级必须绝对服从，不允许自作主张。不符合工程质量要求的，要坚决返工、罚款；不按期完成任务的，要扣发奖金；在工作中有相互打闹、损坏工具、浪费工料、出工不出力等破坏劳动纪律的，都要受到严厉的批评、处罚。一些人对张总的这种不讲情面、近似独裁的领导方式很不满意，背地里骂他"张军阀"。张总深深懂得，若不迅速改变职工素质低、自由散漫的习气，企业将难以长期发展下去，于是他亲自负责职工文化水平和专业技能的提高工作。在张总的严格管教下，这支自由散漫的施工队逐步走上了正轨，劳动效率和工程质量迅速提高，第三年还创建了全市优质样板工程，受到市政府的嘉奖。

张总经理和唐副总经理这两种完全不同的领导方式在公司中引起了人们的议论。

思考题：
1. 你认为这两种领导方式谁优谁劣？
2. 为什么他们都能在工作中取得好成绩？

第四章 中小企业商业模式

学习目标

1. 掌握企业商业模式概念及要素构成。
2. 掌握商业模式创新构建途径和方法。
3. 了解"互联网+"六大商业模式分析。
4. 掌握中小企业商业计划书的撰写。

引导案例

Roseonly：用"唯一"筑造商业模式

2013年1月4日，"一生只送一人"的网络高端花店项目正式推出，三天后就拿到了来自乐百氏创始人何伯权、创业家杂志社社长牛文文、时尚传媒集团总裁刘江、淡马锡和清华同方高管的天使投资。

2013年2月初，Roseonly官网上线，预售99盒情人节玫瑰，2月10日即销售一空。为了这初次试水，Roseonly创始人蒲易在春节前疯狂"扫荡"微信朋友圈，单枪匹马发微信推广Roseonly。他身处的时尚、互联网、电商、奢侈品品牌等圈子成了最直接的受众。很快，朋友的朋友中，明星成了传播主力。从情人节、白色情人节、母亲节到七夕，许多明星纷纷晒单。

明星、意见领袖在社交媒体上对Roseonly的热捧效果惊人，一举给Roseonly官方微博带去数万粉丝，还有对官方网站的巨大流量冲击。随之而来的是订单量的持续跃迁。3月份，Roseonly卖出玫瑰上千盒，销售额跃至百万元，获得时尚传媒集团的战略投资。节日之外的日常销售从每日20、30盒增长起来。空运厄瓜多尔玫瑰的班机从两周一班变成了一周两班，再到每天运送，提前预订天数也从15天缩短至5天、3天。

Roseonly上线6个月，一直处于爆炸式增长的状态。蒲易和他的团队不得不为此不要命地向前冲。七夕节前，预订请求达到数万人次，花店提前5天挂出售罄通告，最后销售玫瑰近5 000盒。"被逼出来的饥饿营销"，蒲易调侃道。

仅在2013年8月份，Roseonly的销售额就近1 000万元——这是Roseonly上线之初定下的2013年全年的销售目标。"今天的互联网上，产品好、服务好可以加速传播。"口碑传播效益之于Roseonly的意义是革命性的。除了战略投资方和渠道方的广告资源支持外，Roseonly几乎没有花钱做过推广。Roseonly的第一批用户就是最优质的人群。之后，Roseonly的产品和服务推动着用户如滚雪球般壮大。在Roseonly的场景中，玫瑰通常被要求送到办公室，引发办公室女孩的围观。收到花的女孩感受到被爱，愿意在微博、微信上分享，主动传播。其他女孩也会分享，还会让自己的男朋友、老公去买。口碑塑造的增速超乎了Roseonly团队的预计，蒲易有意控制速度甚至减速。因此，当全行业都在为七夕营销造势时，Roseonly不仅没有推出活动，还提前"打烊"，宣告售罄。

在外界看来，Roseonly从花到包装更多地呈现出标品特点。Roseonly不会涉足个性化商业模式。在他看来，样式丰富繁杂的设计、个性化定制、情感营销是小生意，Roseonly要做的是规模化、标准化，但对产品设计和生产水平又远高于规模化生产的产品。"我是抱着互联网的心态来做奢侈品的态度，以互联网的速度来做我们的产品的。"蒲易总结道。

在大爆炸式增长中，Roseonly保持盈利，没有失控。在高速奔跑中保有超一流的运营管理能力，蒲易透露这是一个不可复制的团队，"我们是经历过几次战火考验过来的"。

事实上，传播爱情是蒲易做Roseonly的初衷。这个看似缥缈的理念，却在后来成为Roseonly品牌成长的关键。蒲易琢磨，表达爱情通常通过花，男孩应该送心爱的女孩全世界最好的花。从这个初衷出发，一直有着创业梦的蒲易希望像苹果那样打造出极致的产品。

Roseonly模式开始运转。玫瑰采摘后48小时内通过空运进口，再通过联邦快递、顺丰快递在24小时内送达全国300个城市。预售模式+第三方配送使得Roseonly基本实现零库存。进口的纸材、花盒通过Roseonly的设计，成为产品的一部分。蒲易在第一时间为Roseonly花、花盒、外观等设计申请了专利。蒲易强调，Roseonly最与众不同之处，是Roseonly在世界上首创了"爱情唯一、一生只送一人"的理念。

蒲易了解到，国内鲜花市场总额有1 200亿元，但是没有品牌。星巴克进入我国前，大家没有把咖啡店当作品牌，"我们有点像鲜花中的星巴克"。在培育Roseonly品牌的过程中，对爱情唯一的坚持，使蒲易选择放弃了做团购的机会，放弃B2B礼品生意，放弃将Roseonly拓展成爱情以外、送给亲戚朋友的产品。"在日益浮躁，物欲横流的社会，大部人开始放弃对爱情的坚持，"蒲易说，"我们放弃了很多在别的领域发展的机会，专注在爱情唯一的理想的追求和传递上，一路上我们受到了很多鼓励和认可，我们今天销售的火爆增长也是我们坚持的回报。"

（资料来源：http://www.iyiou.com/p/353/）

【评析】

从"爱情唯一"切入市场，Roseonly 填补了鲜花品牌的空白。Roseonly 确立了这样的模式：整合海内外资源，将厄瓜多尔、高加索以及叙利亚等地的玫瑰，荷兰的花盒等原材料，进口至国内设计、包装、销售。Roseonly 不花钱做推广，物流配送交给第三方，而是抓住创意、品牌和产品。采取预售模式+第三方配送，使得 Roseonly 基本实现零库存，做到极致。

第一节 中小企业商业模式概述

"商业模式"这一名词最早是在 20 世纪 50 年代出现的，但直到 20 世纪 90 年代末才受到广泛关注。这与 20 世纪 90 年代末互联网的广泛应用、电子商务的兴起有着直接联系。随着微软、谷歌和戴尔等伴随互联网成长起来的企业获得巨大成就，"商业模式"备受瞩目，成为中小企业整体运作体系的核心部分。透过商业模式，可以大致掌握企业是如何赚钱并实现盈利的。

一、商业模式的概念和内容

（一）商业模式的概念

现代管理学之父彼得·德鲁克说过："当今企业之间的竞争，不是产品之间的竞争，而是商业模式之间的竞争。"那么，什么是商业模式呢？采用不同研究视角，国内外的专家学者和学派对商业模式也有着不同的解释。德鲁克认为，商业模式是一种关于组织（或公司）的经营理论。美国经济学家帕特里克·博尔顿（Patrick Boulton）等人则强调商业模式要把企业的有形资产和无形资产结合起来而为企业创造价值。瑞士洛桑大学学者马格利·杜波森（Dubossonal）等人认为，商业模式是企业为了进行价值创造、价值营销和价值提供所形成的企业结构及合作伙伴网络，以产生有利可图且得以维持收益流的客户关系资本。美国北卡罗来纳州立大学教授迈克尔·拉帕（Michael Lopa）认为，商业模式就是指做生意的方法，是一个公司赖以生存的模式，一种能够为企业带来收益的模式。商业模式规定了公司在价值链中的位置，并指导其如何赚钱。荆林波认为，商业模式是指一个企业为了满足顾客需要而进行盈利活动的战略组合。翁君奕将商业模式定义为核心界面要素形态的有意组合，核心界面包括客户界面、内部构造和伙伴界面。罗眠认为，商业模式是为了实现战略创新、组织构建和制度安排，而对所有利益相关者进行整合的活动。商业模式是一个企业建立以及运作的那些基础假设条件和经营行为、手段和措施。

总体来看，关于商业模式的基本定义都在关注企业通过何种方式来赚钱。商业模式就是企业向顾客传递价值、使顾客进行购买并实现利润的方式。通俗来讲，商业模式就是企业通过什么途径来赚钱。

【案例】

商业模式的本质到底是什么？

2003年，苹果公司推出iPod与iTunes音乐商店。这场便携式娱乐设备的革命，创造了一个新市场，并使苹果公司成功转型。短短三年内，iPod-iTunes的组合为苹果公司赢得了近100亿美元，几乎占到公司总收入的一半。苹果公司的股票市值一路飙升，从2003年的50亿美元左右升至2007年的1 500多亿美元。

其实，苹果并非第一家把数字音乐播放器推向市场的公司。但最后获得成功的为什么是iPod，而不是竞品Rio或Cabo 64？

（资料来源：http://business.sohu.com/20161207/n475147524.shtml）

【评析】

这是因为苹果公司不仅仅为新技术提供了时尚的设计，而是把新技术与卓越的商业模式结合起来。而且，苹果公司真正的创新是让数字音乐下载变得简单便捷。为此，苹果公司打造了一个全新的商业模式，集硬件、软件和服务于一体。这一模式以全新的方式对产品价值进行了定义，并为客户提供了前所未有的便捷性。商业模式创新改变了很多行业的整个格局，让价值数十亿元的市场重新洗牌。

（二）商业模式的内容

要简单明了地说明一个商业模式，可从以下三方面的问题入手。

1. 明确卖的是什么？

要清楚你卖的到底是什么，你独特的价值、客户价值是什么，在所有的同行中你跟别人卖的有什么不一样，主要瞄准哪种潜在的市场，能抓住其他哪部分需求。有顾客才会有收入，有收入才会有盈利，这是商业模式能否成功首先要考虑的问题。客户价值有多重要？"客户价值将决定企业未来的品牌价值，而品牌价值又将决定企业的生存与发展。"

2. 如何规避别人使用同一个商业模式进行竞争？

要清楚为什么是你卖而不是别人卖，因为如果这个价值是非常有前景的，大量的公司都会涌上来沿着这个路径走。所以很多的公司,尤其是一些新创公司,在他们刚刚成立的时候的确找到了一种市场上还不存在的能够满足客户的独特需求的商业模式,但是很快就由于大量的大小企业的跟进,使得自己从先驱变成先烈。所以必须要找到独自擅长的能力和独享的资源。如果没有,你可能是在帮助后面的企业来培育市场、启迪智慧、教育市场,最后有一定的社会价值,但是没有创造商业价值。

3. 如何从这种客户价值创造中寻找到另一种盈利模式?

要能清楚地回答你如何从这种客户价值创造当中寻找到一种盈利的方程式。也就是说,比如你修建了一条高速公路,如果出口太多又不建收费站,那么这条公路就永远是一项公益事业而不是商业。如果盈利模式不建立起来,商业模式就是不成功的。

二、商业模式的要素及其关系

(一)商业模式的要素

商业模式画布九大要素,如图 4-1 所示。

图 4-1 商业模式画布九大要素

1)价值主张,即企业通过其产品和服务所能向消费者提供的价值。
2)客户细分,即企业经过市场划分后所瞄准的消费者群体。
3)渠道通路,描绘企业用来接触、将价值传递为目标客户的各种途径。
4)客户关系,阐明企业与其客户之间所建立的联系,主要是信息沟通反馈。
5)收入来源,描述企业通过各种收入流来创造财务的途径。
6)核心资源,概述企业实施其商业模式所需要的资源。
7)关键业务,描述业务流程的安排和资源的配置。
8)重要伙伴,即创业同其他企业为有效提供价值而形成的合作关系网络。
9)成本结构,即运用某一商业模式的货币描述。

(二)九大要素间的逻辑关系

一个有效的商业模式不是各要素的简单罗列,要素之间还存在着有机联系。我们可以用商业模式画布这一工具来描述,如图 4-2 所示。

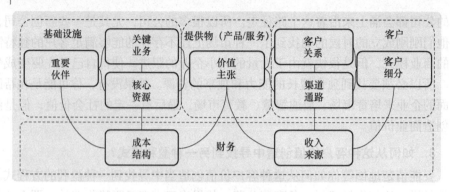

图 4-2 商业模式九大要素间的逻辑关系

根据九大要素间的逻辑关系，商业模式的设计可以分以下四步进行。

第一步，价值创造收入：提出价值主张、寻找客户细分、打通渠道通路、建立客户关系。

第二步，价值创造需要基础设施：衡量核心资源及能力、设计关键业务、寻找重要伙伴。

第三步，基础设施引发成本：确定成本结构。

第四步，差额即利润：根据成本结构、调整收益方式。

值得注意的是，因为客户关系决定于价值主张和渠道特性，核心资源和成本结构往往是关键业务确定后的结果，所以九大要素中的客户关系、核心资源和成本结构三个要素难以形成商业模式创新。

（三）基于画布模型的O2O商业模式要素案例分析

O2O 最早由美国商人亚历克斯·兰佩尔（Alex Rampell）于 2011 年 8 月提出，他认为这种模式让线下市场与线上受众对接，形成了一个从线上到线下的商务模式。因此，他将这种模式定义为"线上—线下"模式（Online to Offline），简称"O2O"模式。下面基于商业模式画布模型，结合饿了么的实际案例，对 O2O 企业的九大核心要素进行分析。

1）客户细分。饿了么的用户分为两大类，一类是商户，另一类是用户。从用户的视角出发，饿了么将其用户主要分为三个群体：白领用户群、学校用户群和社区用户群。从商户的角度看，饿了么早期主要是整合中小商户，而后期自建配送体系后逐步转型品牌餐饮。

2）价值主张。从用户的视角来看，饿了么的价值主张是要解决懒人、忙碌人群的送餐上门需求。从商户的角度来看，饿了么的价值主张是解决商户拓展营业空间的需求，扩大商户的品牌知名度。

3）渠道通路。饿了么的渠道通路主要包括校园代理、战略平台引流。

4）客户关系。饿了的客户关系主要通过以下几种方式来进行客户关系的维系：优惠促销活动；会员首单优惠；线上支付优惠；会员制度；客户问题反馈；强大的线下推广团队；数据挖掘和处理团队；配送体系。

5）收入来源。餐厅缴纳的定额服务费；对于月流量到达一定等级的商户，收取每年的定额服务费用；品牌商户的推荐广告；商户或用户的充值；会员服务。

6）核心资源。信息系统平台；NAPOS 餐厅管理系统。

7）关键业务。这一部分要素主要包括产品信息服务、购买业务、支付业务、监督审核餐户、会员定制业务等。

8）重要伙伴。主要有合作的商家、第三方支付平台以及大众点评、阿里巴巴等合作平台。

9）成本构成。饿了么的主要成本构成包括信息系统建设及维护费用、推广费用、优惠活动费用、数据信息处理费用及监督审核费用等。

三、商业模式的特征

（一）成功的商业模式要能提供独特价值

成功的商业模式可以向客户提供额外的价值，要么使得客户能用更低的价格获得同样的利益，要么用同样的价格使得客户获得更多的利益。例如，美国的大型连锁家用器具商场 HomeDepot，就是将低价格、齐全的品种以及只有在高价专业商店才能得到的专业咨询服务结合起来，作为企业的商业模式。

（二）商业模式是难以模仿的

例如，直销模式（仅凭"直销"一点，还不能称其为一个商业模式），人人都知道其如何运作，也都知道戴尔公司是此中翘楚。而且每个商家只要它愿意，都可以模仿戴尔的做法，但能不能取得与戴尔相同的业绩，完全是另外一回事。这就说明，好的商业模式是很难被人模仿的。

（三）成功的商业模式是脚踏实地的

脚踏实地就是实事求是，就是把商业模式建立在对客户需求的准确理解和把握上。现实中的很多企业，不管是传统企业还是新型企业，对于自己的钱从何处赚来、客户为什么看中自己企业的产品和服务等都不甚了解。这样不切实际的"商业模式"，在互联网狂热的时代，简直数不胜数。

四、商业模式的类型

一种商业模式，是对一个组织如何行使其功能的描述，是对其主要活动提纲挈领的概括。它定义了公司的客户、产品和服务，还提供了有关企业如何组织以及创收和盈利的信息。商业模式与企业战略共同主导了公司的主要决策。为了适应不同的社会经济发展背景，商业模式也发生着快速变化。尤其是在互联网经济兴起之后，商业模式更是层出不穷。一般来说，商业模式可以分为以下两大类。

（一）运营性商业模式

运营性商业模式重点解决企业与环境的互动关系，包括与产业价值链环节的互动关系。运营性商业模式创造企业的核心优势、能力、关系和知识，主要包含以下几方面的内容。

1）产业价值链定位：企业处于什么样的产业链条中，在这个链条中处于何种地位，企业结合自身的资源条件和发展战略应如何定位。

2）赢利模式设计（收入来源、收入分配）：企业从哪里获得收入，获得收入的形式有哪几种，这些收入以何种形式和比例在产业链中分配，企业是否对这种分配有话语权。

（二）策略性商业模式

策略性商业模式是对运营性商业模式的扩展和利用。应该说，策略性商业模式涉及企业生产经营的方方面面。

1）业务模式：企业向客户提供什么样的价值和利益，包括品牌、产品等。

2）渠道模式：企业如何向客户传递业务和价值，包括渠道倍增、渠道集中/压缩等。

3）组织模式：企业如何建立先进的管理控制模型，比如建立面向客户的组织结构，通过企业信息系统构建数字化组织等。

【案例】

Mobike（摩拜单车）的商业模式

Mobike（摩拜单车）是共享经济在自行车出行领域的典型代表，即共享经济的单车模式，2016年4月22日在上海正式上线。Mobike定位于社会单车的共享，属于典型的重资产运营模式。自行车由摩拜科技公司统一研发生产，车体装配有GPS定位、移动互联网设备、电子锁和二维码。

具体来说，线上用户通过Mobike平台发布用车需求，平台会定位用户的位置和周围闲置的车辆，用户使用手机自主解锁附近闲置的Mobike车辆，并以小时为单位进行付费。同时，Mobike还建立一套信用制度，征信机构会对用户的信用进行监管，减少违规行为。Mobike借助互联网、GPS定位以及移动支付等技术实现了自行车的共享。

Mobike 作为一种 B2C 租赁式共享经济,由企业向用户提供自行车租赁服务,线下用户之间共享摩拜单车。Mobike 通过押金制的方式将重资产成本转嫁给消费者,将聚集的押金、融资获取的资金用于摩拜单车的快速生产和扩张。从本质上来讲,用户既是消费者,也是生产者,Mobike 是产销合一的共享经济模式,具体的商业模式如图 4-3 所示。

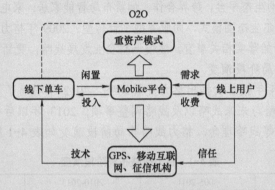

图 4-3　Mobike 的商业模式

(资料来源:仲梦,樊一阳. 共享经济驱动下的出行行业商业模式研究——基于 Mobike、Uber 案例分析[J]. 科技和产业,2017,17(4):48-51)

【评析】

随着"互联网+交通"的迅速发展,共享经济的发展模式已经为人们的出行带来了极大便利,渗透到更广泛的行业,使得闲置和过剩资源得到有效利用和合理再分配。共享经济的商业模式以"闲置资源+价值+相应回报"为基础,由交易主体、交易对象和第三方交易平台这三个要素构成。简单来说,就是由作为交易主体的供给方和需求方通过第三方交易平台交换和共享线下资源的使用价值,这也是共享经济下出行行业的一般商业模式。

第二节　中小企业商业模式创新

商业模式创新是中小企业转型升级的有效途径。商业模式诠释了公司价值的来源,是企业的主动选择。激烈的市场竞争不仅是产品或单个企业之间的比拼,而且是不同商业模式之下企业种群之间的较量。商业模式创新成为中小企业应对市场竞争、实现持续成长的重要战略手段。

【案例】

格力商业模式创新

2006年,格力提出"百年格力"的发展目标,以掌控核心技术形成企业独有的核心竞争力,凭借强大的实力从2012年销售收入突破千亿元,到2014年突破1 400亿元,缔造格力发展的辉煌时期。但在家电行业产能严重过剩与互联网经济浪潮的推动下,传统家电制造企业纷纷谋求转型。小米与美的达成战略性合作事宜,借助小米的互联网生态平台,跨界合作,加紧布局智能家居;家电业巨头海尔成立U+平台,打造海尔生态圈模式,向服务型平台转型。2009年格力萌发转型思想,但到2014年才开始落实相关事宜,缓慢调整企业发展战略,更新商业模式。

格力战略布局阶段演变

格力2009年年报首次提出格力发展战略,2012年明确了发展战略内容,涉及企业当前战略与未来战略以及战略调整事项;2013年以后格力提出自动化战略、能源战略等战略理念。格力战略布局阶段演变如表4-1所示。

表4-1 格力战略布局阶段演变

时间	2005—2011	2010—2013	2014—
战略布局阶段	产品战略	聚焦战略	多元战略
贯穿战略		创新战略	
典型战略	精品战略创新战略	信息化战略	自动化战略能源战略
企业发展模式	产品与创新中心模式	信息化模式	多元发展模式

在战略转变的过程中,由局部战略向整体战略演进,格力始终以创新战略为支撑,形成"贯穿战略+战略布局调整"的双重战略主线模式,配合企业整体转型,布局智能化产业、制造装备产业与新能源产业。

格力商业模式创新分析

价值主张重构:制造服务化和服务产品化是传统企业转型过程的重要路径,实现商业逻辑从商品主导向服务主导的进化。同时,意味着企业价值主张观念的重构。

渐进式价值创造与价值传递创新:传统组织通过多种方式追求增长,包括重视产品研发,生产具有创新性的产品;注重消费行为的深层次逻辑,提供更好的新服务以满足客户需求;通过收购、转型进入新的市场或相邻市场,专注于战略规划的成长。

通过对创新资源与能力整合,格力形成了三种创新模式:以全员培养的人才价值创造创新是提升个人能力与增强企业整体创新能力的互利创举;以掌握核心技术为理念的技术价值创造创新;以多元化产品体系产品价值创新。通过内部创新资源整合,格力形成了"人—技术—产品"三位一体的价值创造创新的逻辑体系。

> 如何更好地将企业创造的价值传递到用户手中？格力对渠道尤其是专卖店进行转型升级，由外延式拓展到内涵拓展，并将工作重点转移到顾客身上，实现厂、商与顾客互利共赢，并在 2014 年构建综合性电商平台。渠道整合与线上平台结合，将格力由传统的线下销售渠道为王的做法转型为线上与线下结合的互联网商业模式。
>
> （资料来源：夏清华，方琪. 制造业转型与商业模式创新的路径研究——基于格力和美的的双案例分析[J]. 学习与实践，2017（4）：31-41）
>
> 【评析】
> 从整体发展看，需要对企业整体运营模式进行调整与革新，变革商业模式。转型过程中的商业模式创新是整体性创新，应重视技术创新与商业模式创新协同发展。格力以独具特色的创新模式与强大的创新能力推动格力整体转型发展。

一、商业模式创新的现实意义

商业模式是企业市场价值的实现模式。随着全球化、信息化、市场化的不断深入，传统商业模式受到了前所未有的挑战，创新商业模式势在必行，具有重要的现实意义。

（一）商业模式创新是中小企业整合资源、提升自身竞争力、保持竞争优势的重要途径

商业模式创新从企业全局出发，通过研究企业各个要素之间的有效整合，提升企业价值，创造效益与竞争力。商业模式创新从一开始就是站在有效整合企业全部资源、提升所有运作环节和运作流程效率、更加有效地创造价值这一全局性的出发点，通盘考虑企业内部与外部的有效沟通与交换问题。因此，中小企业可以凭借自身规模小、组织结构简单紧凑、管理层次少、能与市场保持直接而紧密的接触、具有较灵活的运作空间等优势侧重于商业模式创新，并根据客户需求的最新变化及时调整商业模式，从而有效地为客户创造价值和实现价值增值。

（二）商业模式创新是中小企业适应环境变化、参与市场竞争应当具备的关键能力

一般来说，判断商业模式是否最佳的标准主要看企业是否有韧性，是否有能力继续生存。商业模式是个性化的，中小企业不能简单模仿照搬已经成熟的商业模式，而应具备较强的资源整合能力和创新能力。如果商业模式有缺陷，仅靠完善战略、提升管理和计划执行力，企业就无法获得预期的成功。在经济全球化时代，中小企业围绕企业核心竞争力进行资源整合，并根据环境的变化进行商业模式变革。因为对处于转型升级期的中小企业来说，商业模式变革比技术创新更重要，这是中小企业参与市场竞争必须具备的关键能力。

(三)坚持商业模式创新,中小企业才能具有属于自身的发展机会

在我国,中小企业发展初创期的商业模式是以"游击队"的作战方式为主,周期长、过程艰难,如果成功,企业就具备了持续不断发展的资本;部分企业实行"正规军"的作战方式,通过对成功商业模式的不断研究和尝试,注入巨额资金,周期短、效果好。上述商业模式把盈利放在第一位,并不看重企业自身的承受力和发展力,虽然可以取得成功,但却浪费了大量资源。中小企业只有寻找适合自己的商业模式,才能找到属于企业自身的发展机会。尤其是企业在面临经营环境发生较大变化时,主动进行商业模式变革是最好的选择。

只有坚持商业模式创新,企业才有属于自身的发展机会。企业在不同成长阶段,创新重点是不同的。客户价值创新是初创期、成长期中小企业商业模式变革的重点;成本结构和利润保护模式创新是成熟期中小企业商业模式创新的主要方向。商业模式应具有可持续性,可以把商业模式做到最简化、成本最低。

二、商业模式创新的动力来源

中小企业与大企业之间在规模、运作结构和功能框架上都存在差异,中小企业商业模式创新的动力来源有以下三点。

(一)企业家精神

在中小企业中,企业家个性对于企业管理执行方式和企业战略行为有直接影响,通常表现为强烈的企业家导向和创新精神,进而创造独特的商业模式。企业家导向的企业相对于保守企业,在创新上更加大胆、敢于承担风险,更加容易导致突变式创新。企业家精神是由丰富复杂的多种精神要素组成的,企业家精神伦理是企业家精神的核心组成部分,世界观、价值观、理想、信念、意志和思维方式等精神要素对企业家精神的构成产生重要影响。企业家精神系统与整个社会生态和人文环境紧密联系,辨证互动,社会整体环境在总体上影响和制约着企业家精神的生成和演化。

(二)战略执行的坚定推进

我们应该知道,即使有了创造性的企业家创业构思,空想式的企业商业模式创新也是毫无意义的。企业应该积极以企业商业模式创新为出发点,制订企业战略,并保证战略执行的有效性和商业模式创新的可行性。中小企业商业模式创新中,技术研发和网络拓展是企业战略得以坚定执行的结果。在战略制订过程中,企业要针对公司、业务和职能等各个层面制订具体的战略执行内容,保证围绕价值创造来构建价值支撑要素。

第四章 中小企业商业模式

（三）地方政府的政策支持

地方政府的政策对中小企业商业模式创新起到非常重要的作用。首先，政府部门可以通过资金贷款优先、税收优惠等政策支持中小企业进行商业模式创新。其次，地方政府廉洁高效的工作环境可以有效减少寻租和腐败现象，为中小企业进行商业模式创新创造良好的外部环境。

三、商业模式创新的基本思路

中小企业实行商业模式创新的基本思路是在提高中小企业对商业模式创新重要性认识的基础上，帮助中小企业在商业经营和发展中找到关键的核心竞争力，找出适合自身特点的可持续商业模式，以不变应万变，实现中小企业的转型升级。

（一）坚持能使企业发挥自身优势的细分市场来进行专业化经营，促进企业持久发展

只有专业化，企业才能持久发展。在市场激烈竞争的环境中，只有专业化，找到核心竞争力，企业才能有竞争优势，才能持久发展。企业创立之初应该是专业化的，但是经过一定时期，市场成熟后就可以多元化。细分市场是通过对客户需求差异予以定位，从客户需求、动机和购买行为的多元性和差异性来划分市场的。中小企业专注于市场细分后的子市场经营，有利于选择目标市场和制订市场营销策略，一旦需求发生变化，迅速改变策略，可以提高企业的应变能力和竞争力；有利于企业发掘市场机会，集中人力、物力投入目标市场，争取局部市场的优势，适应瞬息万变的市场和消费者追求个性化、潮流化的要求。随着市场的成熟，细分越来越细，单个企业的营销能力对整体市场来说都是有限的，中小企业更应发挥市场细分优势、选择目标市场。

（二）培育商业模式创新的动力机制，营造良好的外部环境

动力机制来源于企业家创新精神、战略执行的坚定推进和地方政府的政策支持。一是促进企业家精神激发式的商业模式创新。通过激发敢于开拓创新、力求务实高效的企业家精神，带动企业商业模式的创新，走出片面争夺优惠政策和扭曲竞争的困境。企业家导向是战略管理和企业家精神两个领域的重要概念。企业家导向反映了企业对机会的识别和利用能力，是影响中小企业成长的重要因素。企业家及企业家导向战略在企业商业模式创新中具有核心作用。企业家在权、责、利上的一致性和自主性会提升中小企业的企业家导向；丰富的企业家经验、充足的金融资源是中小企业的企业家导向提升的重要推动力；稳定的经营环境也会强化我国中小企业的企业家导向。二是促进企业提高战略执行力，确保商业模式创新的可行性。在企业价值创造的大方向明确的前提下，如何实现以及保障战

略目标的实现成为重中之重。中小企业要针对各个层面制订具体的战略执行项目，还要打造高效的战略执行团队，要让战略执行成为商业模式创新的有力保障。同时，要在中小企业营造执行力的企业文化，注重承诺、责任心，强调结果导向。三是加大财税扶持力度，使中小企业商业模式创新具备良好的外部环境。

（三）促进中小企业电子商务向国际化、专业化与纵深化方向发展

电子商务是一种新兴的商业模式，发展电子商务对促进中小企业商业模式创新意义深远。电子商务时代在为企业提供无限机遇的同时，也为企业商业模式带来了前所未有的挑战。电子商务具有全球化、方便快捷、成本低、效率高和选择性强等优点，传统中小企业做电子商务首要面对的问题是战略远见和战略决心。中小企业通过成为某些知名电子商务平台会员，可以用较小的投入取得较快成效；自建网站建立企业自己的电子商务平台，为中小企业开拓国际市场、利用国内外各种资源提供了机遇。

四、商业模式创新的构建

从各国的成功经验来看，通过选择能使企业发挥自身优势的细分市场来进行专业化经营，走以专补缺、以小补大、专精致胜的成长之路，是众多中小企业在激烈竞争中获得生存与发展的有效途径之一。尤其是随着人们越来越突出个性的消费需求，消费品生产已从大批量、单一化转向小批量、多样化。因此，中小企业以其经营方式灵活、组织成本低廉等优势，更能适应当今瞬息万变的市场和消费者追求个性化、潮流化的要求。几种商业模式创新的构建方法，如图4-4所示，下面逐一简单介绍。

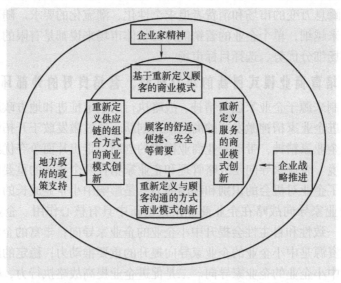

图4-4 中小企业商业模式创新的构建方法

（一）重新定义顾客的模式创新

重新定义顾客意味着中小企业需要根据企业的特点，对企业产品和服务所在的细分市场的目标顾客进行不断确认，这种确认是动态的而非静态的，是随着环境的变化而不断发生改变的。在准确定义了自己的目标顾客以后，企业要做的是换位思考：如果我是顾客的话，我真正需要的是什么？影响顾客需求的产品属性是什么？如何才能更好地实现顾客的愿望？中小企业应该明白，顾客需求的变化是常态，顾客需求的变化往往受到多种因素的影响，如社会、文化、经济、心理、个人消费习惯和行为以及竞争对手产品的干扰等，这给企业预测顾客需求带来了困难。这正是创新的风险，也是企业实现价值创造的机会所在。而且在实际操作中，企业也并不总是被动的，企业常常会创造顾客的需求，引导顾客产生新的需求。因为在很多时候，顾客其实并不是很清楚自己的需要，企业应从消费者的隐性需求入手，对顾客进行有意识的引导是非常重要的。例如，20世纪90年代初期，手机的更新换代速度非常快——从蓝屏变成彩屏，从通话功能到上网功能，从录音功能到照相功能、卫星定位功能等，大部分细分市场都是企业引导出来的。

（二）重新定义服务的模式创新

这种创新的特点是基于中小企业满足顾客个性化需求而提供的产品和服务方面的创新，并由此出发来进行整个企业商业模式的创新设计。任何一种产品和服务在市场中都有一定的生命周期，都要经历"诞生、成长、成熟、衰亡"的生命历程。尤其在知识经济时代，知识经济使产品的外延与内涵发生了巨大变化，顾客要求产品中的知识含量提高了。因而，衡量产品价值的标准产生了变化，即由传统的以物质为基础进行衡量转为以知识含量为基础进行衡量。重新定义意味着对现有细分市场中的产品和服务进行替代，重新定义后的产品和服务体现了对现有顾客价值的提升。重新定义后的产品和服务主要包括：对现有产品和服务的生产方式和所包含的技术信息进行重新规划，实现与既有产品和服务在价值上的区别，在同质化竞争严重情况下依靠服务而不是价格来获取竞争优势。

（三）重新定义中小企业与顾客沟通的模式创新

与顾客的沟通涉及中小企业的产品和服务如何送达顾客、企业与顾客之间如何进行信息的传递与交流等问题，建立完善的沟通渠道使中小企业更能为目标客户进行贴身服务，从而充分体现企业的特色，尤其是在那些不具有明显有形特性或容易被竞争者产品替代的服务中，如服务性行业，服务提供者与顾客间的有效沟通就更为重要。企业与顾客之间可以采用不同的方式进行接触与沟通，如采用人工应答客户来电、利用网络进行客户问卷调查、应用网络聊天工具、应用电子邮件和网络为客户提供网页自助服务、利用自动语音导航、语音识别系统等方式为顾客提供个性化的沟通模式。但是,"越互动、越直接、越频繁"的沟通意味着企业需要付出越昂贵的沟通成本,即使在互联网技术的支持下也是如此。因此,顾客接触方式的选择和创新目标使顾客接触效果不断提高的同时也做到了合理的成本控制。

(四)重新定义供应链组合方式的模式创新

随着竞争的加剧,中小企业参与市场竞争越来越依靠产品和服务的价值,通过供应链联盟来增强企业整体竞争实力已成为企业经营变革的主要方向。在供应链组织方式上,中小企业面临供应链组织如何选择、供应链如何连接、信息如何集成和分配、供应链活动如何协调等问题。一般可以采取以下两种方式:一是企业通过外包方式,企业仅掌握核心的产品技术,辅助性的产品和服务外包给其他企业,这种协作可以共享或相互转让专有知识,以此达到更大的协同效应,其极端的方式是企业全部将产品和服务外包,只保留品牌营销和产品设计;二是主体企业通过一种虚拟的动态联盟,将具有技术、资金、市场和管理等资源的其他企业联合起来,这种联合不是实体的结合,而是资源的结合,这些企业通过专业技能或专有知识的共享或相互转让,使各企业在生产制造、市场营销或其他领域获得新的或更好的运作手段。

第三节 "互联网+"六大商业模式分析

"互联网+"商业模式主要分为六种。

一、"互联网+"商业模式之一:工具+社群+商业模式

互联网的发展使信息交流越来越便捷,志同道合的人更容易聚在一起,形成社群。同时,互联网将散落在各地的星星点点的分散需求聚拢在一个平台上,形成新的共同需求,并形成了规模,解决了重聚的价值。

如今,互联网正在催熟新的商业模式,即"工具+社群+电商/微商"的混合模式。微信最开始就是一个社交工具,先是通过各自工具属性/社交属性/价值内容的核心功能过滤到海量的目标用户,加入了朋友圈点赞与评论等社区功能,继而添加了微信支付、精选商品、电影票、手机话费充值等商业功能。

为什么会出现这种情况呢?简单来说,工具如同一道锐利的刀锋,它能够满

足用户的痛点需求，用来做流量的入口，但它无法有效沉淀粉丝用户。社群是关系属性，用来沉淀流量；商业是交易属性，用来变现流量价值。三者看上去不同，但内在融合的逻辑是一体化的。

二、"互联网+"商业模式之二：长尾型商业模式

长尾概念由美国《连线》杂志主编克里斯·安德森（Chris Anderson）提出，这个概念描述了媒体行业从面向大量用户销售少数拳头产品到销售庞大数量的利基产品的转变。虽然每种利基产品相对而言只产生小额销售量，但利基产品的销售总额可以与传统的面向大量用户销售少数拳头产品的销售模式相媲美。通过C2B实现大规模个性化定制，核心是"多款少量"。所以，长尾模式需要低库存成本和强大的平台，并使得利基产品对于兴趣买家来说容易获得。例如，豆瓣网Web 2.0时代的"长尾"模式。

三、"互联网+"商业模式之三：跨界商业模式

互联网"预言帝"美国人凯文·凯利（Kevin Kelly）说："不管你们是做哪个行业的，真正对你们构成最大威胁的对手一定不是现在行业内的对手，而是那些行业之外你看不到的竞争对手。"

马云曾经说过一句很任性的话："如果银行不改变，那我们就改变银行。"于是余额宝就诞生了，余额宝推出仅半年规模就接近3 000亿元。小米做了手机，做了电视，做了农业，还要做智能家居。

互联网为什么能够如此迅速地颠覆传统行业呢？互联网颠覆实质上就是利用高效率来整合低效率，对传统产业核心要素的再分配，也是生产关系的重构，并以此来提升整体系统效率。互联网企业通过减少中间环节，减少所有渠道不必要的损耗，减少产品从生产到到达用户手中所需要经历的环节来提高效率，降低成本。因此，对于互联网企业来说，只要抓住传统行业价值链条当中的低效或高利润环节，利用互联网工具和互联网思维，重新构建的商业价值链就有机会获得成功。

四、"互联网+"商业模式之四：免费商业模式

小米科技董事长雷军说："互联网行业从来不打价格战，它们一上来就免费。"传统企业向互联网转型，必须深刻理解这个"免费"背后的商业逻辑的精髓到底是什么。

"互联网+"时代是一个"信息过剩"的时代，也是一个"注意力稀缺"的

时代。怎样在"无限的信息中"获取"有限的注意力",便成为"互联网+"时代的核心命题。注意力稀缺导致众多互联网创业者开始想尽办法去争夺注意力资源,而互联网产品最重要的就是流量,有了流量才能够以此为基础构建自己的商业模式。所以,互联网经济就是以吸引大众注意力为基础,去创造价值,然后转化成赢利。

很多互联网企业都是以免费、好的产品吸引到很多用户,然后把新的产品或服务提供给不同的用户,在此基础上再构建商业模式,如360安全卫士、QQ等。

【案例】

奇虎360

奇虎360于2005年一创立,就以免费的互联网安全服务风靡全国,一举奠定中国互联网安全市场的老大地位。先后赢得鼎晖创投、红杉、Matrix等风投的青睐,直接吸收数千万美元资金,并于2011年3月登陆纽约证券交易所挂牌交易。

奇虎360立足于网络安全,占据了浏览器近30%的市场,建构了杀毒、防火墙等系列产品;在浏览器市场之上,独创了PeopleRank搜索引擎技术,并发布了具备"自学习、自进化"能力和发现用户最需要的搜索结果的第三代搜索引擎。

商业模式:免费+有偿增值服务。公司主要依靠在线广告及互联网增值业务创收。

【评析】

互联网颠覆传统企业的常用方法就是在传统企业用来赚钱的领域免费,从而彻底把传统企业的客户群带走,继而转化成流量,然后再利用延伸价值链或增值服务来实现盈利。奇虎360公司于2006年7月17日推出,使当年活跃的诺顿、卡巴斯基、瑞星、江民和金山等公司逐步淡出,或者被迫转型。

五、"互联网+"商业模式之五:O2O商业模式

移动互联网的地理位置信息带来了一个崭新的机遇,这个机遇就是O2O,二维码是线上和线下的关键入口,将后端蕴藏的丰富资源带到前端,O2O和二维码是移动开发者应该具备的基础能力。

从狭义的O2O就是线上交易、线下体验消费的商务模式,主要包括两种场景,一是线上到线下,用户在线上购买或预订服务,再到线下商户实地享受服务,

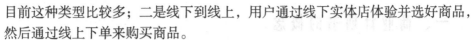

目前这种类型比较多；二是线下到线上，用户通过线下实体店体验并选好商品，然后通过线上下单来购买商品。

广义的O2O就是将互联网思维与传统产业相融合，未来O2O的发展将突破线上和线下的界限，实现线上线下、虚实之间的深度融合，其模式的核心是基于平等、开放、互动、迭代、共享等互联网思维，利用高效率、低成本的互联网信息技术，改造传统产业链中的低效率环节。

O2O的核心价值是充分利用线上与线下渠道的各自优势，让顾客实现全渠道购物。线上的价值就是方便、随时随地，并且品类丰富，不受时间、空间和货架的限制；线下的价值在于商品看得见、摸得着，且即时可得。从这个角度看，O2O应该把两个渠道的价值和优势无缝对接起来，让顾客觉得每个渠道都有价值。

六、"互联网+"商业模式之六：平台商业模式

互联网的世界是无边界的，市场是全国乃至全球。平台型商业模式的核心是打造足够大的平台，产品更为多元化和多样化，更加重视用户体验和产品的闭环设计。

张瑞敏对平台型企业的理解就是利用互联网平台，企业可以放大。其原因有：第一，这个平台是开放的，可以整合全球的各种资源；第二，这个平台可以让所有的用户参与进来，实现企业和用户之间的零距离接触。在互联网时代，用户的需求变化越来越快、越来越难以捉摸，单靠企业自身所拥有的资源、人才和能力很难快速满足用户的个性化需求，这就要求打开企业的边界，建立一个更大的商业生态网络来满足用户的个性化需求。通过平台以最快的速度汇聚资源，满足用户多元化的个性化需求。所以，平台商业模式的精髓在于打造一个多方共赢、互利的生态圈。

对于传统企业而言，不要轻易尝试做平台，尤其是中小企业不应该一味地追求大而全、做大平台，而是应该集中自己的优势资源，发现自身产品或服务的独特性，瞄住精准的目标用户，发掘用户的痛点，设计针对用户痛点的极致产品，围绕产品打造核心用户群，并以此为据点快速地打造一个品牌。

第四节　中小企业商业计划书

商业计划书是企业发展到一定阶段后，为了寻求外界支持特别是资金支持而准备的一份重要文件，所以商业计划书是提高中小企业能力融资的关键工具。

一、商业计划书的概念

商业计划书是按照通用的标准文本格式形成的项目建议书,是全面介绍公司和项目运作情况,阐述产品市场及竞争、风险等未来发展前景和融资要求的书面材料。

撰写商业计划书的目的就是获得投资人的投资,同时阐明投资人想要了解的内容。

1)干什么(愿景、产品、服务)。
2)怎么干(生产工艺及过程)。
3)消费者群(市场细分,精准定位)。
4)竞争对手(市场分析)。
5)核心团队。
6)股本结构(有形资产、无形资产、股东背景)。
7)营销安排(计划、里程碑)。
8)财务分析(利润点、风险、投资回收期)。

二、商业计划书的作用

商业计划书即商业模式的可行性报告,同时也是对自身所从事商业行为的说明书。

(一)达到企业融资的目的

一份好的商业计划书是获得贷款和投资的关键因素之一。一份质量高且内容丰富的商业计划书,将会使投资者更快、更有效地了解投资项目,将会使投资者对项目充满信心并投资参与该项目,最终达到为项目筹集资金的作用。

商业计划书是争取项目融资投资的敲门砖。投资者每天会接收到很多商业计划书,商业计划书的质量和专业性就成为企业争取投资的关键点。企业家在争取获得风险投资之初,首先应该将商业计划书的制作列为头等大事。

(二)全面了解你的企业

通过制订相应的商业计划书,你会对自己企业的各个方面有一个全面了解。它可以更好地帮助你分析目标客户、规划市场范畴形成定价策略并对竞争性的环境做出界定,在其中开展业务以求成功。商业计划书的制订保证了这些方面的考虑能够协调一致。同样地,在制订商业计划书的过程中往往能够发展颇具竞争力的优势,或是商业计划书本身所蕴藏的新机遇或是不足。只有将商业计划书付诸纸上,才能确保提高你管理企业的能力。你也才可以集中精力,抢在情况恶化之前解决商业计划书中出现的任何偏差。同样,你也才能有足够的时间为未来打算,做到防患于未然。

(三) 向合作伙伴提供信息

商业计划书可以为业务合作伙伴和其他相关机构提供信息。在编撰商业计划书的过程中,最重要的目的是找到一个战略合作伙伴,以期待企业更加充满活力,达到多方共同发展。

(四) 取得政府和相关机构的支持

在我国,中小企业创业活动离不开政府和相关机构的支持。政府每年都会在科技奖金、财税政策等方面选择支持一些有发展潜力的项目。要想获得政府的支持,必须借助公共关系和商业计划书来展现创业活动所具有的社会意义,让政府充分了解企业的创业思路和所需的具体支持。

三、商业计划书的主要内容

商业计划书的内容包括商业计划书摘要、公司概述、公司的研究与开发、产品或者服务、管理团队、市场与竞争分析、生产经营计划、财务分析和融资需要、风险因素和风险投资的退出方式等。商业计划书的作者是创业者,读者是投资人,核心内容是"你把钱投到我这个项目上肯定赚钱"。常规商业计划书的写作提纲如下所述。

(一) 商业计划书摘要

商业计划书摘要是风险投资者首先想要看到的内容,它浓缩商业计划书之精华,反映商业计划书之全貌,是商业计划书的核心之所在。它必须让风险投资者有兴趣,并渴望得到更多信息。具体内容有:

1) 公司概述。
2) 研究与开发。
3) 产品或服务。
4) 管理团队和管理组织情况。
5) 行业及市场。
6) 营销策略。
7) 融资说明。
8) 财务计划与分析。
9) 风险因素。
10) 退出机制。

(二)公司概述

公司概述主要介绍公司过去的发展历史、现在的情况以及未来的规划。具体内容有：

1）公司概述（包括公司愿景、公司名称、地址和联系方式等）。
2）公司的自然业务情况。
3）公司的发展历史。
4）对公司未来发展的预测。
5）本公司与众不同的竞争优势或者独特性。
6）公司的纳税情况。

(三)公司的研究与开发

公司的研究与开发主要介绍投入研究开发的人员和资金计划以及所要实现的目标。主要内容有：

1）研究资金投入。
2）研发人员情况。
3）研发设备。
4）研发产品的技术先进性及发展趋势。

(四)产品或者服务

创业者必须将自己的产品或服务创意向风险投资者做一个介绍。主要内容有：

1）产品的名称、特征及性能用途。
2）产品的开发过程。
3）产品处于生命周期的哪一阶段。
4）产品的市场前景和竞争力如何。
5）产品的技术改进和更新换代计划及成本。

(五)管理团队

这部分内容要全面介绍公司管理团队的情况，公司的管理机构、主要股东、董事、关键的雇员、薪金、股票期权、劳工协议、奖惩制度及各部门的构成等情况都要以明晰的形式展示出来。重点要展示你公司管理团队的战斗力和独特性，以及与众不同的凝聚力和团结战斗精神。

(六)市场与竞争分析

1. 目标市场的阐述，应解决以下问题

1）你的细分市场是什么？

2）你的目标顾客群是什么？
3）你的5年（3年）生产计划、收入和利润是多少？
4）你拥有多大的市场？你的目标市场份额有多大？
5）你的营销策略是什么？

2．行业分析，应解决以下问题
1）该行业的发展程度如何？
2）现在的发展动态如何？
3）该行业的总销售额有多少？总收入是多少？发展趋势怎么样？
4）经济发展对该行业的影响程度如何？
5）政府是如何影响该行业的？
6）是什么因素决定了行业的发展？
7）竞争的本质是什么？你采取什么样的战略？
8）进入该行业的障碍是什么？你将如何克服这些障碍？

3．竞争分析，要解决以下问题（SWOT）
1）你的主要竞争对手是谁？
2）你的竞争对手所占的市场份额和市场策略是什么？
3）可能出现什么样的新发展？
4）你的策略是什么？
5）在竞争中你的发展、市场和地理位置的优势所在？
6）你能否承受竞争所带来的压力？
7）产品的价格、性能、质量在市场竞争中所具备的优势？

4．市场营销
这是风险投资家十分关心的问题，你的市场营销策略应该说明以下问题（4P）：
1）营销机构和营销队伍。
2）营销渠道的选择和营销网络的建设。
3）广告策略和促销策略。
4）价格策略。
5）市场开拓计划。
6）市场营销中意外情况的应急对策。

（七）生产经营计划

生产经营计划主要阐述创业者的新产品的生产制造及经营过程。这一部分非常重要，风险投资者从这一部分要了解生产产品的原料如何采购，供应商的有关情况，劳动力和雇员的情况，生产资金以及厂房、土地的安排等。内容要详细，细节要明确。这一部分是以后投资谈判中对投资项目进行估值的重要依据，也是风险创业者所占股权的一个重要组成部分。

生产经营计划主要包括以下内容：

1）新产品的生产经营计划。
2）公司现有的生产技术能力。
3）品质控制和质量改进能力。
4）现有的生产设备或者将要购置的生产设备。
5）现有的生产工艺流程。
6）生产产品的经济分析及生产过程。

（八）财务分析和融资需要

财务分析资料是一个需要花费相当多的时间和精力来编写的部分。风险投资者将会期望从财务分析部分来判断一个公司的未来经营的财务损益状况，进而从中判断能否确保自己的投资获得预期的理想回报。财务分析包括以下三方面的内容：

1. 过去三年的历史数据，今后三年的发展预测

主要提供过去三年的现金流量表、资产负债表、损益表以及年度的财务总结报告书。

2. 投资计划

1）预计的风险投资数额。
2）风险企业未来的筹资资本结构安排。
3）获取风险投资的抵押、担保条件。
4）投资收益和再投资的安排。
5）风险投资者投资后双方股权的比例安排。
6）投资资金的收支安排及财务报告编制。
7）投资者介入公司经营管理的程度。

3. 融资需求

1）资金需求计划：为实现公司发展计划所需要的资金额、资金需求的时间性以及资金用途（详细说明资金用途，并列表说明）。
2）融资方案：公司所希望的投资人及所占股份的说明，资金其他来源（如银行贷款等）。

（九）风险因素

详细说明项目实施过程中可能遇到的风险，提出有效的风险控制和防范手段。风险的种类包括技术风险、市场风险、管理风险、财务风险以及其他不可预见性风险。

（十）风险投资的退出方式

股票上市：依照商业计划的分析，对公司上市的可能性做出分析，对公司上市的前提条件做出说明。

1）股权转让：投资商可以通过股权转让的方式收回投资。

2）股权回购：依照商业计划的分析，公司实施股权回购计划应向投资者说明。

3）利润分红：投资商可以通过公司利润分红达到收回投资的目的，按照本商业计划的分析，公司就实施股权利润分红计划应对投资者进行说明。

四、商业计划书样本示例

本商业计划书样本示例为清华大学创业大赛一等奖的获奖作品，特此表示感谢（为避免篇幅过长，编者对其中部分内容做了删减）。收到本案例者应妥善保管，未经本人同意，不得向第三方公开商业计划书涉及的本公司秘密。

商业计划书样本示例：

商业计划书
目 录

1 执行摘要 94
   1.1 公司概况 94
   1.2 业务模式 95
   1.3 市场机会 95
   1.4 投资与财务 95
2 公司介绍 95
   2.1 公司简介 95
   2.2 发展战略 95
   2.3 交易流程 96
   2.4 商业模式 96
   2.5 组织结构 97
   2.6 管理团队 97
   2.7 经营选址 97

2.8 部门/岗位职责 97
3 市场分析 98
　　3.1 目标顾客描述 98
　　3.2 SWOT 分析 98
4 市场营销计划 98
　　4.1 主要销售渠道 98
　　4.2 宣传推广 99
5 竞争分析 99
　　5.1 竞争者主要优势和不足 99
　　5.2 我方优势分析 99
6 投资与财务分析报告 99
　　6.1 资金需求 99
　　6.2 经营设备和办公家具 99
7 风险分析与防范措施 100
8 退出机制 100
9 企业愿景 100
附录 101
　　附表 1 101
　　附表 2 101
　　附表 3 102

1 执行摘要

1.1 公司概况

公司名称	协和在线科技有限公司
公司性质	□ 个体工商户　　□ 个人独资企业　　□ 合伙企业 □ 股份合作制企业　　■ 有限责任公司　　□ 其他
注册地址	略
公司宗旨	本公司属于电子商务公司。我们的目标是通过建立一个在线服务的交易平台，为服务提供商和消费者提供一个良好的在线交易环境。随着公司交易平台的完善和技术水平的提高，打造一批虚拟公司，最终成为全球最大的在线服务提供商，为解决当前社会的就业问题做出一定贡献。公司倡导"服务之心"的理念，通过对服务提供商的资质审定和规范，确保为消费者所提供的各类服务在较高的水平
主要经营范围	C2C 类电子商务网站，主要从事在线服务的交易，如 logo 设计、网页设计、网站建设、软件外包、专业在线咨询服务等。服务提供商分为四类：第一类是优秀服务商，如 IBM、HP、麦肯锡咨询等；第二类是普通服务类公司，主要为中小企业和个人提供在线服务；第三类是提供服务的个体；第四类是服务类的高校创业公司（占高校创业公司总数的 80%以上）
市场定位	本公司主要通过网站由服务提供商向网络用户提供各类服务，服务范围比较广，从企业到个人；服务种类比较多，小到 logo 设计大到专业咨询和其他在线交易。公司为服务类的高校大学生创业公司提供免费的平台使用服务，配合国家政府倡导的"以创业带动就业"的方针，借助媒体、网络和群众的宣传力量来提高网站的访问量

1.2 业务模式

产品或服务	新颖性、独特性和可行性
1. 优秀服务商	中期为其提供服务柜台，用来展示公司、招揽业务和进行售后服务；后期随着公司技术的发展为其提供虚拟经营服务，降低企业的运营成本
2. 普通服务类公司	为其提供在线交易的平台，从交易额中抽取15%～20%的佣金作为公司的利润来源
3. 服务个体	为其提供在线交易的平台，从交易额中抽取15%～20%的佣金作为公司的利润来源
4. 大学生创业公司	通过当地政府的推荐和认证，本公司与其签约后，完全免费使用交易平台，直到创业公司有了持续成长的能力；随着本公司业务的发展，还可以代理本公司完成服务提供商的一些认证和审定工作
5. 免费服务	由服务提供商提供，主要是一些小的生活类信息咨询

1.3 市场机会

互联网的本质目的在于信息的共享和传递。当前信息的发展已经非常发达，信息容量也很大，但是存在信息泛滥的现象，信息的质量不高。很多人能搜索到的信息局限于一些通用类的常识，专业性和针对性的信息还很难找到。在某种程度上，这就需要一批有专业技能的人士为用户解决某些通过互联网就能解决的问题。

在线服务可以通过收费，激励有专业知识的服务提供商为客户提供专业的、高水平的服务，从而远程解决客户的某些难题。

当前，威客类网站（以猪八戒为例）就是这样一个解决模式，通过客户发布需要解决的问题来招标，有服务能力的个人就可以竞标，得标者可以获得佣金。但是威客类网站也面临一个问题，就是竞标的激励性不足，因为成百上千人参与竞争，最后只有一个人胜出，其余的竞标者就要承担失去佣金的风险。从而导致僧多粥少、服务水平参差不齐。

就目前的电子商务公司所经营的业务范围来看，大部分都集中于实物交易，如京东商城、亚马逊、淘宝网等，这些公司的竞争已经很激烈，利润空间也越来越小。提供在线交易的平台就威客类网站猪八戒比较成熟和成功，市场还有很大的拓展空间。此外，由于是服务，定价权也偏向于服务提供商，利润空间很大。

国内最大的C2C网站淘宝网不允许商家发布服务类的信息，因为这样很容易造成该公司信用评价系统的不易控制和广告类信息的泛滥。

有鉴于此，本公司就将这两种模式相结合，兼容并包、取长补短，并参照欧洲最大的域名交易商sedo.com的模式，通过对服务提供商的资质审定以及对交易双方的认证，确保在线交易的诚信度和高水平。

1.4 投资与财务

总投资	200万元（RMB）	投资收益率	
预期收入（RMB）			
第一年	第二年		第三年
90万～150万元	250万～400万元		600万元以上

2 公司介绍

2.1 公司简介

公司简介

公司秉持"服务之心"的经营理念，通过严格规范的运营体制，不断提高服务提供商的服务水平和服务保证能力，不断为客户提供更专业、更满意的服务，共享高品质的服务生活。随着公司业务的不断拓展和运营能力的增强，我们还将为高校新创办的服务类公司提供约三年的平台免费使用权限和服务指导，为大学生创造更多的就业机会，在当前经济危机的情况下，为社会的和谐与繁荣做出应有的贡献。

2.2 发展战略

短期目标（1年）	建立和健全整个在线交易的系统，培植一批优质的服务提供商
中期目标（2～3年）	在原有的基础上扩充服务市场，提高交易平台的服务水平，初步筹建一批虚拟公司并试运营

2.3 交易流程

1）客户操作流程：

2）前台交易流程：

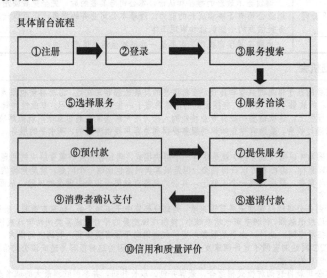

3）后台工作流程：

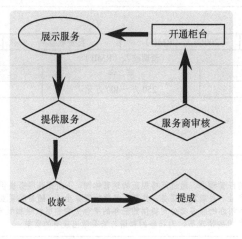

2.4 商业模式

1. 优秀服务商的服务柜台出租费（中期），预定1万元/年×家，限制在200家左右，可获利200万元/年。
2. 从普通服务商和个体的服务交易额中抽取15%～20%作为佣金，构成公司长期的基础盈利模式。
3. 免费服务信息链接里的广告收入、电子优惠券等的销售收入。

2.5 组织结构

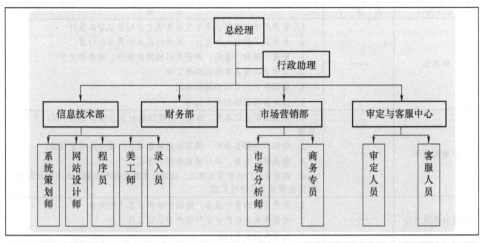

2.6 管理团队

姓 名	年 龄	职 务	学 历	主 要 经 历	工资预测
……					
……					
……					

备注：其余待招聘

2.7 经营选址

地 址	面 积	费用或成本	选择该地址的主要原因
高校科技园区	150平方米	低于5.11万元/年	政府优惠，适合公司经营

2.8 部门/岗位职责

部门/岗位	负 责 人	职 责
总经理	……	1. 提出公司的业务规划、经营方针和经营形式，并组织实施 2. 全面负责经营管理工作，规范内部工作流程 3. 组建公司的基本团队，确定部门职能、人员分工及薪酬待遇 4. 检查、督促和协调各部门的工作进展，召开公司会议 5. 审核签发以公司名义发出的文件、报告，签署合作协议
行政助理	……	1. 协助总经理落实工作任务并检查结果 2. 负责起草相关文件、信函和合同 3. 负责会议安排并整理会议纪要 4. 负责对外联络及公共关系维护 5. 办理公司所需各项证照 6. 制订招聘计划及流程，负责员工的入职、考勤、调岗、离职等工作 7. 制订岗位职责说明书和工作岗位要求 8. 搜集公司重要信息，并在整理分析后归档
信息技术部	……	1. 主要负责网站的策划、建设、维护、更新等 2. 随业务发展的需要开发相关的软件产品 3. 整个网络技术层面的运行和管理

(续)

部门/岗位	负责人	职 责
财务部	……	1. 负责组织和编制公司年度财务收支计划并监督其执行 2. 负责款项的收入和支付,并进行成本和费用的计算 3. 整理、编制、呈报、保管及归档相关凭证、报表和文书 4. 负责公司税务申报和纳税工作 5. 管理员工的各项保险和福利 6. 拟定公司薪酬制度及标准
市场营销部	……	1. 组织编制公司年度、季度、月度销售计划及销售费用预算,并监督实施 2. 组织市场调查分析,撰写市场调查报告,提交公司管理层 3. 洽谈销售业务,做好销售合同的签订 4. 调查各部门物资需求情况,确定公司需采购产品/服务的类别和价格,经总经理批准后进行采购
审定与客服中心	……	1. 负责客户的售后服务,协调和维护与客户的关系 2. 对服务提供商的审定和客户的认证工作 3. 处理各类交易纠纷

3 市场分析

3.1 目标顾客描述

	目 标 客 户	主 要 客 户
基本情况	需要各类服务的企业和个人	互联网用户
社会特征	生活和消费水平较高	社会中上层阶级
消费习惯	消费需求弹性大	直接在线消费

3.2 SWOT 分析

优 势 (Strengths)	1. 平台的可扩展性强,市场拓展空间比较大 2. 对顾客的服务保证能力比较高 3. 网站运营成本比较低 4. 盈利模式多样
劣 势 (Weaknesses)	1. 前期的专业人才比较缺乏 2. 竞争对手(威客类网站)的基础比较牢固 3. 网站推广方面资金相对短缺 4. 经济萧条时期,服务市场萎缩
机 遇 (Opportunities)	1. 市场的供给面比较广,供给弹性和价格弹性比较大 2. 商业模式新颖,差异化竞争力强,可持续成长性好 3. 国家政策对创业的扶植力度比较大,经营成本比较低 4. 互联网用户数量增长快,市场需求旺盛
威 胁 (Threats)	1. 竞争对手调整速度快、资本雄厚、市场相对成熟和完善,不利于公司竞争 2. 顾客容量大,但是需求变幻莫测,服务价格不好把握 3. 服务提供商和顾客对网站运营模式的认可和适应需要一段时间

4 市场营销计划

4.1 主要销售渠道

授权各地的高校大学生创业团队对当地的服务提供商进行审定和提供支持,通过网络推广、网络技术改进和服务市场拓展来提高公司网站的访问量和成交量。

4.2 宣传推广

推广方式	主要内容	成本预测
广告宣传	移动传媒	5万元
公关活动	与各地大学生创业团队结盟，通过新闻媒介宣传	5万元
网络推广	网络广告、电子邮件、流量推广等	30万元
合计		40万元

5 竞争分析

5.1 竞争者主要优势和不足

1. 竞争对手（威客类网站）先有顾客需求，再由威客提供服务，且价格由客户来定，对顾客非常有利，但对威客造成不确定性，即每次中标的概率不高（成百上千人竞标同一个任务，只有一人或几人中标），有效激励不足。
2. 竞争对手是先有多样性的顾客需求，再产生多样性的威客供给；本网站先有多样性的供给，再满足顾客的多样性需求，价格可由双方协商，但不得恶性竞争。

5.2 我方优势分析

1. 通过对服务提供商的资质审定确保较高的服务水平。
2. 服务提供商可根据市场价与客户进行协商，使双方都获得较满意的价格。
3. 服务提供商凭交易额可以获得相应的积分，用于兑换本网站内的广告推广服务或出售给有需要的广告发布商。
4. 服务提供商可以通过交易业绩的展示，赢得更多的顾客和市场。
5. 顾客可获得相应的积分和信用，在今后的服务交易中享受优惠。
6. 通过与一些服务类网站结盟，共同开辟互联网在线市场。
7. 顾客可以在本网站免费获得一些服务类信息。

6 投资与财务分析报告

6.1 资金需求

筹资渠道	资金提供方	金额	占投资总额比例
自有资金	政府资助	不定	
其他融资	风险投资、天使投资	200万元	100%
总计		200万元	100%

6.2 经营设备和办公家具

名称	数量	单价（元）	费用（元）
电脑和电脑桌椅	10台	3 500	35 000
饮水机	2部	120	240
办公用品		2 000	2 000
其他		2 000	2 000
合计			39 240

7 风险分析与防范措施

风险类别	风险内容	防范措施
财务风险	市场交易量过低带来的预期收入过低	1. 确立财务分析指标体系，建立长期财务预警系统 2. 重视市场交易量，以市场为主导
市场风险	1. 前期市场拓展不开，网站访问量小 2. 顾客对交易方式的可接受性低 3. 交易纠纷处理问题	1. 加大网站的各种推广方法 2. 对客户的培养循序渐进、步步为营 3. 客服中心对交易处理制度的完善
管理风险	1. 管理者的管理经验 2. 团队的协作效率	1. 管理者加强自身的管理技能和领导才能 2. 管理者充分协调团队的运作
政策风险	1. 电子商务交易税务问题 2. 电子商务法律改变	1. 给予适时的、充分的关注预测研究 2. 根据新出台政策做出相应的调整

8 退出机制

公开上市	通过在我国香港地区和美国等创业板直接上市（IPO），此为风险投资退出最佳途径
收购兼并	公司被其他企业兼并或收购时，风险投资公司将所持股份转让给其他投资者
回购	风险投资公司可根据预先商定好的条件，由本公司将风险投资所持的股份购回

9 企业愿景

企业愿景体现了企业家的立场和信仰，是企业最高管理者头脑中的一种概念，是这些最高管理者对企业未来的设想，是对"我们代表什么""我们希望成为怎样的企业？"的持久性回答和承诺。

企业使命体现了企业家自觉认识的社会责任、企业责任和顾客责任等应尽的职责和义务。企业目标是企业家或组织所期望的成果、梦想、理想。鼓舞人心的愿景是成功企业文化的核心力量源泉。理念是企业文化建设的核心，而愿景又是理念的核心。在实践中，我们分析过大量难以贯彻的企业文化理念，发现最核心的问题就是愿景失败。鼓舞人心的愿景必须是感性与理性良好平衡的结果。企业文化建设在某种程度上说就是"心理战"，用理性的规划及感性的表达保证愿景的成功。理性规划考虑的是企业整体效益及价值最大化，感性引导的是员工最关心的福利提升及个人发展问题。因此，在撰写商业计划书时，应注意以下几点关键步骤，使企业文化理念能够迅速深入人心，有效驱动企业发展。愿景不是"文字游戏"，鼓舞人心的愿景是理性把握战略关键及感性引导员工的良好平衡的结果。在企业制订愿景时，创业者不仅仅需要具备管理学知识、较好的文采，还需要对传播学进行较深入的研究，这样才能够有效制订出鼓舞人心、易于贯彻的愿景。另外，在实施过程中，还需要创业者"以身作则"，保证愿景深入人心。

第四章 中小企业商业模式

附录

附表 1　第一个经营年的月销售额预测

（金额单位：元）

产品或服务＼月份	1	2	3	4	5	6	7	8	9	10	11	12	总计
月销售额预计	10 000	15 000	30 000	45 000	60 000	75 000	75 000	90 000	105 000	120 000	135 000	150 000	910 000
销售成本和费用共计	40 000	40 000	40 000	40 000	40 000	40 000	40 000	40 000	40 000	40 000	40 000	40 000	480 000
月销售毛利	−30 000	−25 000	−10 000	5 000	20 000	35 000	35 000	50 000	65 000	80 000	95 000	110 000	430 000
备注	销售成本和费用主要为网站推广费和销售人员薪酬，按 40000 元/月预算												

附表 2　第一个经营年的月固定成本费用和纯收入

（金额单位：元）

产品或服务	月份	1	2	3	4	5	6	7	8	9	10	11	12	总计
	月销售收入	10 000	15 000	30 000	45 000	60 000	75 000	75 000	90 000	105 000	120 000	135 000	150 000	910 000
月固定成本或费用	场地租金	2 500	2 500	2 500	2 500	2 500	2 500	2 500	2 500	2 500	2 500	2 500	2 500	30 000
	人员固定薪酬	30 000	30 000	30 000	30 000	30 000	30 000	30 000	30 000	30 000	30 000	30 000	30 000	360 000
	用品及耗材	800	200	100	100	100	100	100	100	100	100	100	100	2 000
	水、电、交通费	400	400	400	400	400	400	400	400	400	400	400	400	4 800
	设备折旧													20 000
	网站推广费用													400 000
固定成本/费用共计														816 800
企业纯利所得														93 200
所得税预计														0
企业税后净收入														93 200
备注	1. 产地租金可能为零，因自有的创业园区内政府有 150 平方米全额补助的优惠 2. 部分地区大学生创业所得税等可享受政府 3 年优惠												

附表3 第一个经营年的现金流量计划

(金额单位：元)

项目		月份	1	2	3	4	5	6	7	8	9	10	11	12	总计
现金流入		月初现金	1 000 000	897 260	839 260	796 260	768 260	755 260	757 260	759 260	776 260	808 260	855 260	917 260	9 929 860
		销售收入	10 000	15 000	30 000	45 000	60 000	75 000	75 000	90 000	105 000	120 000	135 000	15 000	910 000
		股东投入现金	0	0	0	0	0	0	0	0	0	0	0	0	0
		其他现金收入	0	0	0	0	0	0	0	0	0	0	0	0	0
		现金流入合计	1 010 000	912 260	869 260	841 260	828 260	830 260	832 260	849 260	881 260	928 260	990 260	1 067 260	10 839 860
现金流出		采购/进货	39 240	0	0	0	0	0	0	0	0	0	0	0	39 240
		流转税和销售费用	40 000	40 000	40 000	40 000	40 000	40 000	40 000	40 000	40 000	40 000	40 000	40 000	480 000
		场地租金	2 500	2 500	2 500	2 500	2 500	2 500	2 500	2 500	2 500	2 500	2 500	2 500	30 000
		人员固定薪酬	30 000	30 000	30 000	30 000	30 000	30 000	30 000	30 000	30 000	30 000	30 000	30 000	360 000
		日常营销费用	800	200	100	100	100	100	100	100	100	100	100	100	2 000
		设备、用品及耗材	400	400	400	400	400	400	400	400	400	400	400	400	4 800
		水、电、交通费	0	0	0	0	0	0	0	0	0	0	0	0	0
		其他现金支出	0	0	0	0	0	0	0	0	0	0	0	0	0
		现金流出合计	112 940	73 100	73 000	73 000	73 000	73 000	73 000	73 000	73 000	73 000	73 000	73 000	916 040
		月底现金余额	897 260	839 260	796 260	768 260	755 260	757 260	759 260	776 260	808 260	855 260	917 260	994 260	
备注			1. 净现金流量过大，主要是因为在运营中还存在其他未知成本没扣除 2. 高现金流量可以根据需要随时调整市场营销等的投入												

投资备注：
1. 服务器约购买：www.域名.com（约12万元），即保守估计的话，第一年可能收回不了投资（亏20万元），第二年将加大系统改善和市场面的投入。
以上合计约需10万元/年。
2. 域名购买：www.域名.com，即保守估计，主要用于公司运行和网站推广。
欲投投资：200万元（RMB），备选域名。
公司股份：发行1 000万股，前期投资约占20%，另80%先由本人持有，团队组建日运营后，再逐渐考虑配股给优秀员工。
财务说明：上述财务预测属保守估计。因为商业模式尚属蓝海，市场需求难以把握，不确定性因素多等，所以在运营中只能循序渐进，步步为营，以达到风险最小化的目的。

大数据下的七种商业模式

移动互联网时代，大数据爆发后带来大量流量，运营商将经营重心从话务量转向流量，运营商手中拥有着庞大数据。除了常规的年龄、品牌、资费、入网渠道、终端的 IMEI、MAC、终端品牌和终端类型等基础信息外，互联网、移动互联网、物联网和云计算的兴起以及移动智能终端的快速普及，运营商的网络正在被更完整的用户数据所填充。例如，何时何地上网、上网的内容偏好、各种应用的驻留时间、手机支付信息等。

1．客户关系管理

对中小客户来说，专门的 CRM（客户关系管理）显然大而贵。微信充当了不少小商家的初级 CRM 来使用。比如把老客户加到微信群里，在群里、朋友圈里发布新产品预告、特价销售通知、完成售前售后服务等。运营商可以在此基础上，推出基于大数据分析后的客户关系管理平台，按行业分类，针对不同的客户采取不同的促销活动和服务方式，提供更好和更有针对性的服务，再将线上支付通道打通，形成闭环，就是一个特别实用和便捷的客户关系管理系统。

2．数据存储空间出租

利用存储能力进行运营，满足企业和个人面临海量信息存储的需求。具体而言，可以分为个人用户文件存储和企业用户文件存储两大类。主要是通过易于使用的 API（应用程序编程接口），用户方便地将各种数据对象放在云端，然后再像使用水电一般按用量收费。目前已有多个公司推出相应服务，如亚马逊、网易、微软等。运营商也推出了相应的服务。前者如中国移动和彩云业务，后者如传统的 IDC（互联网内容提供商）业务。

3．企业经营决策指导

运用成熟的运营分析技术可以有效改善企业的数据资源利用能力，让企业的决策更为准确，从而提高整体运营效率。如某店卖牛奶，通过数据分析，知道大量顾客在本店买了牛奶以后常常会再去另一家店买包子，那么，这家店就可以与包子店合作，或是直接在店里出售包子。

4．建设本地化数据集市

运营商所具有的全程全网、本地化优势，会使得运营商在其所提供的平台上可以最大程度地覆盖本地服务、娱乐、教育和医疗等数据，典型的应用是中国移动"和生活"（"中国移动无线城市"）。以"二维码+账号体系+LBS+支付+关系链"的O2O闭环体系推动，带给本地化数据集市平台多元化的盈利模式。

5．个性化精准推荐

"垃圾短信"是客户最为厌烦的。通过对用户行为数据进行分析后，可以给需要的人发送他需要的信息，就成了有价值的信息。如在日本麦当劳，用户在手机上下载优惠券，去餐厅用运营商 DoCoMo 的手机钱包优惠支付。运营商和麦当劳搜集相关消费信息，如经常买什么汉堡、去哪个店消费、消费频次多少，然后精准推送优惠券给用户。

6．数据搜索

数据检索是一个并不新鲜的应用，然而随着大数据时代的到来，实时性、全范围检索的需求也就变得越来越强烈。商业应用价值是将实时的数据处理与分析和广告联系起来，即实时广告业务和应用内移动广告的社交服务。运营商掌握的用户网上行为信息，使得所获取的数据"具备更全面维度"，更具商业价值。

7．创新社会管理模式

对运营商来说，数据分析在对政府服务市场上更是前景广阔。美国已经使用大数据技术对发薪日、体育项目、降雨天气和假日等变量进行分析。在我国，运营商也可以在交通、应对突发灾害等工作范围中使大数据技术发挥更大的作用。

（资料来源：http://www.raincent.com/content-10-648-1.html）

复习思考

1. 什么是商业模式，它由哪几个要素构成？
2. 如何理解商业模式创新的构建途径与方法？
3. 简述商业计划书写作的内容框架。

实践训练

商业模式变革过程

三达膜科技（厦门）有限公司创建于 1996 年，是新加坡三达国际集团发展中国及亚太地区事业的核心企业，专业提供与分离纯化、清洁生产相关的工艺技术开发和综合解决方案，满足客户的高度差异化需求，业务领域集膜软件开发、工程设计、设备制造、系统集成、现场安装与售后服务为一体。作为最早进入中国市场从事工业膜分离应用的公司之一，三达公司以领先的分离技术作为核心竞争力，坚持以市场的技术难题作为科研课题，整合上下游工艺为客户量身定制分离纯化及清洁生产技术，为客户量身定制分离纯化及清洁生产综合解决方案。

三达公司自主研发出一系列适合中国传统产业改造升级的膜应用技术与工艺（先后开发出 300 多项膜分离技术工艺，拥有多项自主知识产权），成为中国最大的工业膜分离技术提供商，为超过 200 家企业提供数千套膜分离设备，解决了中国企业传统生产工艺效率低、质量差、能耗大、污染重、成本高等技术问题。目前，三达公司以全面的膜分离技术、齐全的膜资源、丰富的工程经验、过硬的设备质量、优秀的服务支持、卓越的创新能力获得了客户的认同与良好的口碑，

第四章 中小企业商业模式

成功占领中国医药领域及染料领域膜应用市场的半壁江山,是中国工业流体分离膜应用市场的第一品牌。

三达公司商业模式的变革过程如下:

① 膜软件销售,即为企业提供技术咨询和流程设计。

② 膜硬件和软件打包销售,即膜工程与工艺解决方案。

③ "膜材料—膜设备—膜软件—膜应用",产业链布局完成。

至此,三达公司实现了从"点"到"线",再到"面",进而到"立体"的转变,其产业链构成如图4-5所示。

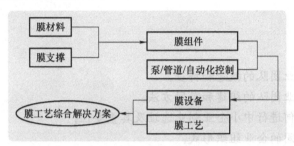

图4-5 三达公司产业链构成

思考题:

1. 简述三达公司商业模式的创新路径。
2. 简述创新对提高企业竞争力具有的重要作用。

第五章 中小企业创业路径

学习目标

1. 了解创业团队的概念和特征。
2. 掌握创业团队的组建和激励方法。
3. 明确如何进行中小企业创业选址及其重要性。
4. 掌握不同的企业组织形式。

引导案例

包头稀宝博为公司的创业路径

包头稀宝博为医疗系统有限责任公司（以下简称"稀宝博为公司"）是由包钢稀土（集团）高科技股份有限公司与河北新奥集团共同出资设立的专业生产稀土永磁核磁共振产品的高科技企业。

公司成立于2010年4月29日，注册资本5亿元，位于高新区稀土工业园区，占地面积12.43公顷。公司定位于生产高端医疗影像诊断设备——医用磁共振成像仪（MRI）的研发与制造。公司于2010年开工建设，2011年8月建成全球最大的一体化永磁核磁共振成像仪器生产基地，2012年正式生产，产品从研发到质量控制，都具有自主知识产权。

稀宝博为公司的研发团队由归国人员领衔，博士和硕士占50％以上。公司是全球最大的稀土生产企业和磁性材料生产基地。自创业以来，公司创业团队充分利用包头稀土产业集群的优势，将资源、政策、技术和资金等优势转化为企业发展的动力和条件，逐步建立起了核心竞争优势。稀宝博为公司现已具备生产多款世界先进水平的永磁核磁共振设备的能力，正进入持续、快速、国际化的发展阶段。特别是在市场开拓方面，稀宝博为公司一方面与美国GE集团开展合作，为GE量身定做产品，贴牌销售，同时借助集团的销售渠道，在全球市场销售公司产品。

目前，该公司产品已经在超过 50 个国家和地区完成注册，销往欧洲、美洲、非洲和东南亚等地区的 20 多个国家，自主销售的国家有 5 个。

（资料来源：康秀梅. 基于产业集群的中小企业创业路径研究——以包头稀宝博为公司为例. 科学管理研究，2014.12）

【评析】

稀宝博为公司在创业之初，由归国科学家发起，形成强大的创业团队，通过挖掘、整合包头稀土高新区的创业要素，充分利用资源优势，采取技术创新与战略联盟相结合的创业路径，取得成功。这对中小企业创业具有重要的现实意义。

第一节 创业团队组建

现如今，创业活动已经不是一种纯粹追求个人英雄表现的行为。相反，成功的创业个案大都与是否能有效发挥团队合作密切相关。许多调查显示，团队创业成功的概率比个人独资创业高出许多。创业团队组建在中小企业发展中的作用日益凸显，进而决定企业的生存和发展。

一、创业团队的概念

不同的学者从不同的角度界定了团队的定义。圣卢西亚经济学家刘易斯（William Arthur Lewis）认为，团队是由一群认同并致力于达成一个共同目标的人所组成，这一群人相处愉快并乐于一起工作，共同为达成高品质的结果而努力。在这个定义中，刘易斯强调了三个重点：共同目标、工作相处愉快和高品质的结果。美国学者盖兹贝克（Katezenbach）和史密斯（Smith）认为，一个团队是由少数具有"技能互补"的人所组成，他们认同于一个共同目标和一个能使他们彼此担负责任的程序。盖兹贝克和史密斯也提到了共同目标，并提到了成员"技能互补"和"分担责任"的观点，同时还指出团队是个少数人的集合，保证相互交流的障碍较少，比较容易达成一致，也比较容易形成凝聚力、忠诚感和相互信赖感。团队是以达到一个既定结果为最终目标，共同的目标是团队区别于群体的重要特征。因此，团队可以定义为：是由少数具有技能互补的人组成，他们认同一个共同目标和一个能使他们彼此担负责任的程序，并相处愉快，乐于一起工作，共同为达成高品质的结果而努力。团队是一种特殊类型的群体，它是由具有相互补充技能的人组成的群体，团队中的成员彼此承诺为他们共同负有责任的绩效目标而努力。

（一）什么是创业团队

创业团队是指由少数具有技能互补的创业者组成的团队，创业者为了实现共同的创业目标和一个能使他们彼此担负责任的程序，共同为达成高品质的结果而努力。共同创业有利于分散创业的失败风险；通过团队成员之间的技能互补可提高驾驭环境不确定性的能力，从而降低新创企业经营失败的风险；更为重要的是，共同创业具有更强的资源整合能力，能同时从多个融资渠道获取创业资金等资源，保证创业企业的成功。

（二）创业团队组成要素

创业团队需要具备五个重要的团队组成要素，称为5P。

1．创业目标

没有目标，团队就没有前进的方向。创业团队应该有一个既定的共同目标为团队成员导航，知道要向何处去。没有目标，这个团队就没有存在的价值。在创业企业的管理中，目标以创业企业愿景、战略的形式体现。

2．创业人员

人是构成创业团队最核心的力量，创业目标必须经由团队成员才能实现。一般认为，三个及三个以上的人就形成了一个群体，群体有共同奋斗的目标就形成了团队。在一个创业团队中，人力资源是所有创业资源中最活跃、最重要的资源。在创业过程中，应充分调动创业者的各种资源和能力，将人力资源进一步转化为人力资本。确定的目标是通过人员来实现的，所以人员的选择是组建创业团队中非常关键的一个环节。在一个团队中，每个人的分工不同——有人出主意，有人制订计划，有人负责实施，有人组织协调开展工作，还有人负责监督创业团队工作的进展、评价创业团队最终的贡献，不同的人通过分工来共同完成创业团队的目标。在人员选择方面，要考虑人员的能力如何、技能是否互补以及人员的经验如何等因素。

3．创业团队的定位

1）整个创业团队的定位。创业团队在中小企业中处于什么位置，由谁选择和决定团队的成员，创业团队最终应对谁负责，创业团队采取什么方式激励下属。

2）个体（创业者）的定位。作为成员在创业团队中扮演什么角色，是制订计划还是具体实施或评估。是大家共同出资，委派某个人参与管理；还是大家共同出资，共同参与管理；或是共同出资，聘请第三方（职业经理人）管理。这体现在创业实体的组织形式上，是合伙企业或是公司制企业。

4．权限分配

在一个创业团队当中，领导者的权力大小与其团队的发展阶段和创业实体所在行业相关。一般来说，创业团队越成熟，领导者所拥有的权力相应越小。在创业团队发展的初期阶段领导权相对比较集中，高科技实体大多实行民主的管理方式。

5. 创业计划

计划是为实现目标而做出的安排，包含以下两层含义。

1）目标能否最终实现，需要一系列具体的实施方案，可以把计划理解成达到目标的具体工作程序。

2）按计划进行可以保证创业团队的进度。只有按照计划执行相关操作，创业团队才会一步一步地贴近目标，从而最终实现目标。

二、创业团队的特征

创业团队本身应该具有哪些显著的特征呢？研究表明，创业团队本身应在心理、行为、知识和能力等方面具备显著特征，才有可能最终成功。

（一）心理特征

从成就动机理论出发对成功创业团队特征进行分析可以发现，那些拥有创业心理特征的人员比不具备创业心理特征的人员具有更高的实施创业行为的倾向。作为成功的创业团队，一般应具备成就需要、控制欲、自信、开放的心态、风险承担倾向和创业精神等六大心理特质。

1. 成就需要

创业团队希望把事情做好，主要是为了达到个人内在自我实现感觉的满足。创业团队希望承担决策的个人责任，在解决问题、确立目标和通过个人的能力达到这些目标时个人负有责任；喜欢具有一定风险的决策；对决策结果感兴趣，不喜欢单调的重复性工作。

2. 控制欲

控制欲是指人们相信他们自己能够控制自己人生的程度。研究表明，创业团队相信通过自己而不是他人来决定自己的命运，他们经常有很强的控制欲，对生活中的事件过程有一定的影响，总是希望把命运掌握在自己手中。创业团队往往喜欢独立思考和行动，渴望独立自主。

3. 自信

创业团队不仅相信自己，而且相信他们正在追求的事业；不仅能在失败之后振作起来，而且还能从失败中吸取教训，以增加下一次成功的机会。坚信自己的创业团队有能力在激烈的竞争中获得胜利，以坚韧不拔的毅力和满腔的热情去争取成功。因为新创企业在发展过程中肯定会出现各种危机和困难，越是危急关头就越需要他们付出更大的热情和勇气，自我勉励，坚持下去，闯过难关。成功的创业团队普遍都有很强的自信心，有时甚至会表现出咄咄逼人的气势。他们相信自己的判断，相信自己的决定，他们以积极的心态充满活力地不断创新。自信对创业者非常重要，因为他们走的是其他人不敢走或者没有走过的路。只有足够自信，才能顶住压力，坚持自己的目标，最终取得创业成功。

> 【案例】
>
> 自信赢得信任
>
> 曾经有记者问搜狐的张朝阳："你在IT产业的成功，让中国的年轻人看到了实现从一无所有到拥有巨大财富的梦想的活生生的典范。当年，你能说服美国风险投资家把美金押在你这样一个名不见经传的'小卒'身上，你认为是你身上什么样的东西打动了他们？"张朝阳回答说："自信，对自己的成功有坚定的信念，使他们对我和我的商业计划产生了信任。"自信让张朝阳获得美国风险投资家的资金支持，也是他之后创业一步一步走向成功的基石。
>
> 张朝阳获得美国风险投资家的资金支持，一个重要的原因在于他的自信，在于他对自己的成功有坚定的信念。因此，一个创业者，要想获得成功，首先必须树立自信，才能获得投资者的信任，进而获得资金支持。

4. 开放的心态

创业团队要能认识到自己的局限性和改进的必要性，意志坚定但不拒绝改变，意识不僵化，必要时勇于变革和敢于承担责任。现代社会新事物层出不穷，开放的心态可以使我们有更多的机会发现机遇，产生创业的冲动。

5. 风险承担倾向

由于创业团队希望在同行业中脱颖而出，很多工作是自己以前没有经历过的，创业征途中充满了各种风险。创业团队要有冒险精神，要能承受风险和失败。只有敢于承担风险，创业团队才能大胆创新，甚至"铤而走险"，实现自己的创业梦想。创业需要冒险，但冒险有别于冒进。无知的冒进只会使事情变得更糟糕，而且会浪费时间和财力。

6. 创业精神

创业要发扬创业精神，没有创业精神的创业不会成功，也不能称之为创业。创业精神是创业团队集体的精神状态和对事业所持的态度。组织不论规模大小，归属哪个经济部门，创业精神始终与某些普遍适用的行为特性相关联。创业精神主要表现为耐心和牺牲精神、开拓精神和敬业精神、气度和包容精神、创新精神等。

（二）行为特征

创业团队在行为方式上，主要有执着、勤学好问、灵活应变、吃苦耐劳、脚踏实地、雷厉风行、有良好的商业道德和责任感等特点。

第五章 中小企业创业路径

1. 执着

执着是指对自己的创业目标和信念坚持不懈,永不放弃。因为在创业的领域没有捷径可走,只有专心致志、锲而不舍,才能克服成功道路上的危机和障碍。著名的发明家爱迪生指出,成功等于99%的努力和1%的灵感之和。他认为,连续的失败是不断尝试错误的探索性实验,是成功创新的过程之一。因此,执着的信念是创业成功的关键因素。

2. 勤学好问

创业团队不满足于现状,经常意识到他们能将事情做得更好,渴望并从不放弃学习和改进的机会。现代社会需要学习型的企业,创业团队在创业初期更需要学习行业内的领先企业、标杆企业。创业团队成员也需要学习精神。学习是保持先进性的重要手段,学习为企业的发展提供了源源不断的智力源泉。只有不断地学习,才不会落后于社会。

3. 灵活应变

灵活应变指的是创业团队对创业方法和路径的选择,要一切从实际出发,根据环境的变化对创业活动做出相应的调整。创业团队如果只是一条道走到黑,肯定无法成功。所以,灵活应变对创业路径选择很重要。

4. 吃苦耐劳

吃苦耐劳是创业成功的必备精神之一。创业的成功需要坚忍不拔的品格、顽强的毅力、吃苦耐劳的执着精神、甘于奉献的精神。只有具备吃苦的精神,创业团队才能挺过创业的艰辛,取得创业的成功。否则,就会半途而废。创业的起步阶段往往最需要吃苦耐劳的精神,否则创业团队无法坚持到最后。

5. 脚踏实地、雷厉风行

创业团队有好的创业理念,但只有通过实际行动才能变成现实。巴顿将军曾经说:"一个好的计划现在就去执行要比下周执行一个完美的计划好得多。"也有人说:"千金点子,万金落实。"如果只有好的创业点子而没有行动,一切都是空中楼阁。因此,创业团队有了一个创业计划后,就应该脚踏实地、雷厉风行地去执行每一步计划,这样才能获取成功。

【案例】

录音机畅销市场的故事

1949年的一天,井深大到日本广播公司办事,偶然看到一台美国制造的磁带录音机。当时这东西在日本还不普遍,但井深大和盛田昭夫马上意识到这种产品潜在的巨大市场,就立即买下了产品专利。对他们来说,录音机的电子技术并不复杂,但磁带需要自己制造。经过他们的勤奋努力,仅仅用了一年的时间,他们就推出了自己的新产品。然而,起初的市场销售状况不好。但井深大和盛田昭夫在困难面前继续坚持,改进产品并积极推销。他们走遍了日本的各所中小学,耐心向老师讲解录音机的使用方法和好处。最后功夫不负有心人,录音机成为人们生活中的重要部分,井深大和盛田昭夫也获得了创业成功。

（资料来源：http://gs.eywedu.com/article/html/4574.html）

【评析】

井深大和盛田昭夫创业的成功在于,当他们有了灵光一闪的创业念头时,就踏实地执行自己的创业计划,在困难面前继续前进,诚然,脚踏实地、雷厉风行的作风使他们获得了创业成功。

6. 良好的商业道德

诚信、诚实、诚恳是一个企业生存和发展的根基,是创业团队的道德要求。没有良好的品德,而时刻只为自己的个人利益,肯定不会创立起企业;即使能够创立企业,最终也难免昙花一现,生命力不会长久。企业只有对顾客、对社会、对员工诚信,顾客、社会和员工才会为企业的发展锦上添花,企业的发展才有土壤。

7. 责任感

把承诺变成行动就是责任,责任就是坚定不移的信念。负责任是一种态度,态度决定一切。责任感使他们认识到其他人带给企业的价值,意识到自己对其他人的责任,给其他人提供做好工作所需要的支持;责任感也能使他们正确地行使权力和对待金钱。创业企业的责任感主要体现在向社会、向顾客提供满意的产品或者优质的服务,重视环境保护,重视员工的成长和发展。随着社会的进步和人类文明的发展,企业的社会价值是企业发展的高级目标,社会责任也成为企业的道德标准。优秀的创业团队应该有很强的社会责任感,在创业的同时回报社会。

（三）知识特征

投资创业就是创业团队想在某一行业中脱颖而出,但如果没有厚实的知识基础就等于建造空中楼阁。所以,作为一个创业团队,应该具备相应的基础知识和专业知识。

1. 坚实的基础知识

创业团队知识素质的好坏关系创业者分析问题、判断问题、解决问题的能力大小和企业的发展前途。知识贫乏的创业团队,必然心胸狭窄、目光短浅。如果没有渊博的知识,就不能适应时代新潮流的长期需要;不用新知识、新观念武装自己,就不可能成为真正成功的创业者。创业团队应该主动学习的基础知识主要有管理学、经济学、会计学、统计学、组织学、法学、心理学、人才学、计算机应用和逻辑学等。这些基础知识可以为创业者正确分析企业的内外环境和自己的优、劣势以及预测行业的发展趋势奠定基础，是创业活动开展的必备智力条件。

2．广博的专业知识

创业团队要想取得成功，把企业做强做大，还应具备其他专业知识，如人力资源管理、市场营销管理、财务管理、战略管理、生产管理、质量管理、经济核算、领导科学及决策论等专业知识。如果缺乏战略管理知识，创业团队在企业发展到一定规模后就不能正确处理企业的短期目标和长期目标关系、核心竞争力和多元化关系，盲目进行多角化、盲目扩张，进入很多自己陌生的行业，而自身资金、人力资源等方面又缺乏支撑，使企业迷失了发展的方向。例如，掌握了人力资源管理方面的知识，创业团队就知道如何有效激励员工、管理员工，帮助他们成长，并给予他们足够的舞台空间，让他们真正能有"当家做主"的责任感，使之产生与企业同命运、共呼吸的使命感，从而真正塑造出忠诚于企业的人才，让员工在实现企业发展的同时实现自我的成长和发展。市场营销管理知识能使创业者正确分析产品的行业特征，细分市场，对产品正确定位，找到产品的目标市场，利用产品的生命周期不断推陈出新，为企业创造现金流。总之，专业知识可以为创业企业的正常运转、赚取利润、获得长远发展提供保障。

3．知识的及时更新和完善

创业团队中的每一个人不可能具备上文提到的所有知识，这就需要通过组建优势互补的创业团队来实现。另外，创业团队各成员可以通过学习来弥补自己缺乏的知识。通常，学习知识的主要途径有以下几种。

1）大量阅读。书籍是先行者智慧的结晶，创业团队通过大量阅读可以迅速地扩大自己的知识面，减少摸索的时间。创业团队可以根据自己工作中发现缺乏的知识来选择阅读的素材。

2）参加学习班。目前社会上有很多种学习班，创业团队可以通过参加学习班迅速弥补知识上的缺陷，特别是参加高水平的培训班。

3）与成功创业人士交流。如参加各种形式的俱乐部，从他们那里学到经验教训，以便自己少走弯路。这些成功人士在某些方面比较优秀，创业团队可以从他们身上学到很多有益的东西，他们成功的事例能不断地激励创业者前进。另外，他们的某些失误又可以为创业者提供反面教材，在以后的创业中可以避免犯同样的错误。

4）实践。实践出真知，通过实践可以增强自己对事物的感性认识，并在实践中检验理论，提高自己的实际操作能力。在实践中，最好将自己的体会与他人交流，因为这样既可以加深印象，同时自己又可以得到他人的指教。

（四）能力特征

创业团队要成功创业需要多种能力，主要有经营能力、管理能力和人际关系能力等。

1．经营能力

经营能力是创业成功的关键。要做创业团队，首先要做一个出色的经营者，其次要有浓厚的经营兴趣。对经营有兴趣不仅是做经营者的先决条件，而且是经营中始终应该具备的素质。兴趣激发工作热忱，而热忱几乎等于成功的一半。有了经营兴趣，即使再累再苦都能轻松应对。经营活动是将创业计划变成现实的手段。创业的成功在于把创新思路及计划付诸实践，最后转化为现实。实施能力是创业团队实现创业梦想的手段。

2．管理能力

管理能力主要包括战略管理能力、营销管理能力和财务管理能力等。战略管理能力指整体考虑企业经营与环境，理解如何适应市场，如何创建竞争优势的能力。创业团队需要根据企业的优势、劣势并结合外部环境的机会、挑战，正确地制订企业发展的战略目标。只有确定了正确的战略目标，企业才能走得更远。营销管理能力是指洞察企业提供的产品和服务及其特性，理解它们如何满足顾客的需要和如何使顾客认识其吸引力的能力。财务管理能力是指管理企业资金，能够保持跟踪支出和监控现金流，以及根据其潜力和风险评价投资的能力。投资创业必须会理财，"有钱无计划，花钱如流水"不是创业团队的品格。创业团队必须要有基本的财务知识，懂得如何融资理财，具备资金的时间价值观和机会成本意识。

3．人际关系能力

创业团队需要与客户、商家、合作者等相关利益者打交道，因此必须懂得如何处理人际关系。人际关系能力包括激励能力、沟通能力以及谈判能力等。激励能力是指唤起人们的热情，使他们全身心地投入其正在进行的工作的能力；沟通能力是指运用口头和书面等语言表达思想和传递信息的能力，当今信息社会，随着电子商务的推广和信息技术的普及，网络成为沟通的重要形式；谈判能力是指能够权衡利弊、随机应变，能够确认双赢方案和同对方达成协议的能力。以上对成功的创业团队的素质要求，单个的创业者难以完全具备，每个创业团队成员也不可能都具备。这表明了组成创业团队的必要性和重要性，也表明了在选择创业团队成员时要考虑其是否具备这些素质，特别是团队成员之间要具有互补性。

三、创业团队的组建

(一) 组建创业团队的基本条件

要组建一个健康、有战斗力的创业团队,应具备以下条件。

1. 树立正确的团队理念

1) 凝聚力。拥有正确团队理念的成员相信他们处在一个命运共同体中,共享收益,共担风险。团队工作,即作为一个团队而不是靠个别的"英雄"工作,每个人的工作相互依赖和支持,依靠事业成功来激励每个人。

2) 诚实正直。诚实正直是有利于顾客、公司和价值创造的行为准则,它排斥纯粹的实用主义或利己主义,拒绝狭隘的个人利益和部门利益。

3) 为长远着想。拥有正确团队理念的成员相信他们正在为企业的长远利益工作,正在成就一番事业,而不是把企业当作一个快速致富的工具。没有人打算现在加入进来,而在困境出现之前或出现时退出而获利,他们追求的是最终的资本回报及带来的成就感,而不是当前的收入水平、地位和待遇。

4) 承诺价值创造。拥有正确团队理念的成员承诺为了每个人而使"蛋糕"更大,包括为顾客增加价值,使供应商随着团队的成功而获益,为团队的所有支持者和各种利益相关者谋利。

2. 确立明确的团队发展目标

目标在团队组建过程中具有特殊的价值。首先,目标是一种有效的激励因素。如果团队中的各成员能够看清团队的未来发展目标,并能够认识到努力实现目标可以从中分享到很多利益,那么他就会把这个目标当成是自己的目标,并为实现这个目标而奋斗。从这个意义上讲,共同的未来目标是创业团队克服困难、取得胜利的动力。其次,目标是一种有效的协调因素。团队中各种角色的个性、能力有所不同,但是"步调一致才能得胜利"。孙子曰:"上下同欲者,胜。"只有真正目标一致、齐心协力的创业团队,才会得到最终的胜利与成功。

3. 建立责、权、利统一的团队管理机制

1) 创业团队内部需要妥善处理各种权力和利益关系。主要包括以下两种关系:①妥善处理创业团队内部的权力关系。在创业团队运行过程中,团队成员要分工合作,各司其职,做到人岗相适,以使能力和责任的重复最小化。②妥善处理创业团队内部的利益关系。这与新创企业的报酬体系有关。一个新创企业的报酬体系不仅包括诸如股权、工资和奖金等金钱报酬,而且包括个人成长机会和提高相关技能等方面的因素。每个团队成员所看重的并不一致,这取决于其个人的价值观、奋斗目标和抱负。有些人追求的是长远的资本收益,而另一些人不想考虑那么远,只关心短期收入和职业安全。因此,要认真研究和设计整个企业生命周期的报酬体系,以使之具有吸引力,并且使报酬水平不受贡献水平的变化和人员增加的限制,即能够保证按贡献付酬和不因人员增加而降低报酬水平。

2)制订创业团队的管理规则。无规矩不成方圆。要处理好团队成员之间的权力和利益关系,创业团队必须制订相关的管理规则。团队创业管理规则的制订,要有前瞻性和可操作性,要遵循先粗后细、由近及远、逐步细化、逐次到位的原则。这样有利于维持管理规则的相对稳定,而规则的稳定有利于团队的稳定。

企业的管理规则大致可以分为三方面:①治理层面的规则。大致可以分为合伙关系与雇佣关系。在合伙关系下大家都是老板,大家说了算;而在雇佣关系下只有一个老板,一个人说了算。除了利益分配机制和争端解决机制,还必须建立进入机制和退出机制。没有进出机制的游戏规则是不完整的,因此要约定以后创业者退出的条件和约束,以及股权的转让、增股等问题。②文化层面的管理规则,主要解决企业的价值认同问题。企业章程和用工合同解决的是经济契约问题,但作为管理规则它们还是很不完备的。经济契约不完备的地方要由文化契约来弥补。③管理层面的规则,主要解决指挥管理权问题。最基本的有三条:一是平等原则,制度面前人人平等,不能有例外现象;二是服从原则,下级服从上级,一切行动听指挥;三是等级原则,不能随意越级指挥,也不能随意越级请示。这三条原则是秩序的源泉,而秩序是效率的源泉。

(二)组建创业团队的模式

创业团队投资是一种创业性投资活动。创业团队投资由于投资时机、投资对象选择,以及资本额的大小、对投资收益的期望值等原因而具有较高的风险,因而对于这类投资活动采取何种组织形式,对于投资本身及其成效具有重要影响。一般来说,创业团队在创业投资时可采用的组织形式主要有公司制和合伙制两种,两种组织形式各有其特点。

1. 公司制

创业投资采用公司制形式,即设立有限责任公司或股份有限公司,运用公司的运作机制及形式进行创业投资。采用公司制的优势主要体现在以下几方面:一是能有效集中资金进行投资活动;二是公司以自有资本进行投资有利于控制风险;三是公司可以根据自身发展将投资收益做必要扣除和提留后再进行分配;四是随着公司的快速发展,可以申请对公司进行改制上市,使投资者的股份可以公开转让而以套现资金用于循环投资。有限责任公司是由两个以上的创业投资者共同出资,每个投资者以其认缴的出资额对公司承担有限责任,公司以其全部资产对其债务承担责任的企业法人。股份有限公司是指全部资本由等额股份构成并通过发行股票筹集资本,股东以其认购的股份对公司承担责任,公司以其全部资产对公司债务承担责任的企业法人。

2. 合伙制

合伙制是指依法在中国境内设立的由各合伙人订立合伙协议，共同出资、合伙经营、共享收益、共担风险，并对合伙企业债务承担无限连带责任的营利性经营组织。创业团队投资采取合伙制，有利于将创业投资中的激励机制与约束机制有机结合起来。合伙人执行合伙企业事务，有全体合伙人共同执行合伙企业事务、委托一名或数名合伙人执行合伙企业事务两种形式。全体合伙人共同执行合伙企业事务是指按照合伙协议的约定，各个合伙人都直接参与经营，处理合伙企业的事务，对外代表合伙企业。委托一名或数名合伙人执行合伙企业事务是指由合伙协议约定或全体合伙人决定一名或数名合伙人执行合伙企业事务，对外代表合伙企业。

（三）创业团队的组建过程

创业者在有了创业点子后，可以采用以下方法组建创业团队。

1. 撰写出创业计划书

通过撰写出创业计划书，进一步清晰自己的思路，也为后来合作伙伴的寻找奠定基础。

2. 优劣势分析

认真分析自我，发掘自己的特长，确定自己的不足。创业者首先要对自己正在或即将从事的创业活动有足够清醒的认识，并使用SWOT分析法（优劣势分析法）分析自己的优缺点、性格特征、能力特征、拥有的知识、人际关系以及资金等方面的情况。

3. 确定合作形式

通过第二步的分析，创业者可以根据自己的情况选择有利于实现创业计划的合作方式，通常是寻找那些能与自己形成优势互补的创业合作者。

4. 寻求创业合作伙伴

创业者可以通过媒体广告、亲戚朋友介绍、各种招商洽谈会、互联网等形式寻找自己的创业合作伙伴。

5. 沟通交流、达成创业协议

通过第四步找到有创业意愿的创业者后，双方还需要就创业计划、股权分配等具体合作事宜进行深层次、多方位的全面沟通。只有前期的充分沟通和交流，才不会导致正式创业后迅速出现创业团队因沟通不够而解体的情况发生。

6. 落实谈判、确定责权利

在双方充分交流达成一致意见后，创业团队还需要对合伙条款进行谈判，谈判完成后才能组建创业团队。

第二节 中小企业团队激励

人力资源是第一资源，知识资本成为中小企业创造效益的推动力。尤其在当今社会，离开人才，企事业单位都将寸步难行。目前，中小企业的人力资源管理还处于粗放配置状态，而人力资源管理的核心战略是以人为本。人才流动快，成本消耗大，企业竞争激烈，成为当前中小企业发展滞后的主要原因。研究表明，有效的人才激励机制是中小企业人力资源管理部门管好人和用好人的一把利器，可以统一员工的思想、观念和行为，激励员工奋发向上，共同为本企业的发展贡献力量。因此，建立科学的激励机制是突破局限于员工绩效评估所带来的种种制约因素的关键，也是人力资源管理理论与实践的基础，体现了中小企业绩效管理的现代化含义。

一、激励机制

激励机制是指通过特定的方法与管理体系，将员工对组织及工作的承诺最大化的过程。中小企业运用激励机制的现状不容乐观，主要表现为激励机制的运用方式较单一，忽视企业人才激励的多样性，不注重人才的长期激励，激励的随意性强、没有制度保障并且薪酬体系均较单一等特点。例如，管理者在对中小企业管理的过程中，常常采用正激励来提高员工的工作绩效水平，而忽略了负激励的互补效应等。目前，我国中小企业运用的主要激励机制形式如下。

（一）物质激励

物质激励是指运用物质的手段使受激励者得到物质上的满足，从而进一步调动其积极性、主动性和创造性。物质激励主要通过物质刺激的手段鼓励员工，其主要形式包括工资、奖金和津贴等。研究表明，中小企业在物质激励手段上缺乏系统性和多样性，在报酬形式上多采用"底薪+奖金"的报酬方式，年薪、股票期权、利润分成等物质激励方式应用较少。实践证明，合理的薪酬制度是基本条件，是直接影响员工切身利益的重要因素，薪酬分配得合理、公平与否直接影响员工的积极性。

（二）目标激励

目标激励就是通过目标设置来激发人的动力、引导人的行为，使被管理者的个人目标与组织目标紧密地联系在一起，以激励被管理者的积极性、主动性和创造性。组织目标是通过各个群体以及个体的共同努力来实现的，目标具有引发、导向、激励作用。企业管理者可以通过将组织的总目标按阶段分解成若干子目标，以此达到调动员工工作积极性的目的。但是，运用目标激励时还应注意以下几点：目标设置得合理、可行，与员工个体的切身利益密切相关；难度要适当；内容具体明确，有定量要求；既有近期的阶段性目标，又有远期的总体目标，使员工感到工作的阶段性、可行性和合理性等。

（三）信任激励

信任能唤起人们最宝贵、最有价值的忠诚度和创新动力，信任激励则是激励主体用自己的信任、鼓励、尊重和支持等情感对激励对象进行激励的一种模式，是最持久、最深刻的激励方式之一。实践证明，管理者一个期待的目光、一句信任的话语、一次真诚的帮助，都能使员工自信起来，走上成功之路。员工能否勤奋努力、坚持不懈地工作，与管理者的信任程度有密切关系。管理者只有信任每一位员工，帮助员工树立自信心，才能最大限度地发挥员工的积极性和创造性，提升员工的绩效水平。

（四）情感激励

情感激励就是通过强化感情交流沟通，协调领导与员工的关系，让员工获得感情上的满足，激发员工工作积极性的一种激励方式。在具体的操作过程中可谓是"因企而异"，可以通过加强和员工之间的对话、提高员工在企业管理过程中的参与程度等来完成这个项目。情感是影响人们行为最直接的因素之一，任何人都有各种情感诉求。因此，企业领导者要及时了解并主动关心员工的需求以建立起正常、良好、健康的人际关系、工作关系，从而营造出一种相互信任、相互关心及支持、团结融洽的工作氛围，使被管理者处处感到自己得到了重视和尊重，以增强员工对本企业的归属感。

（五）行为激励

情感常常会受到他人行为的支配，进而使自己的行为受到影响。研究表明，树立企业员工榜样有利于企业形象的提升。比如通过宣传优秀员工或模范员工的行为，能激发其他员工的情绪，引发员工的"内省"与共鸣，从而起到强烈的示范作用，引导其他员工的行为。

（六）奖罚激励

奖罚激励是企业管理活动中一种常用的激励方法，在中小企业中常被运用。比如表扬、赞赏、晋级和批评、处分、开除等，都分别是奖励和惩罚的一些常见形式。研究表明，赞赏是一种由外在动力转化为内在动力的较好形式，不受时间、地点、环境的限制，管理者给员工的一个极小的赞许，都会激励员工以饱满的精神状态投入工作。实践证明，奖罚措施应用得当，将会发挥较大的激励效应；但是一旦应用不恰当，就会引起员工的不满和怨恨，以及行为上的消极对抗。

（七）竞争激励

竞争激励是将优胜劣汰原则引进企业工作，使企业活动具有某种集体强化的自觉机制。竞争激励不是自上而下压过来的，而是竞争对手间相互的强化激励；它不是外部诱因的刺激，而是内心激奋的结果。采取竞争激励要注意控制竞争沿着正确的方向发展，保证竞争在公平的基础上进行，最后对竞争结果也要做出一定的判断。竞争激励是企业管理者鼓励进步、鞭策平庸、淘汰落后的关键环节。美国哈佛大学的心理学家戴维·麦克里兰（D.C. McClelland）提出：人不仅具有权利需要、关系需要，还有成就需要。在中小企业中，不乏高成就需要的人，对胜任和成功有强烈的要求意识，管理者合理运用竞争激励机制，让具有成就需要的人全身心地投入工作，并在竞争中获得成就感，将有利于企业的创新和兴旺发展。

（八）危机激励

随着竞争的日益激烈，中小企业面临的环境更加多变。作为企业的管理者，必须适时向员工灌输危机意识，让员工意识到企业面临的生存压力以及由此可能对员工的工作、生活等方面带来的不利影响，以此有效激励员工自发地努力工作。

（九）薪酬激励

针对不同工作性质和处于企业组织不同层次、不同岗位的人才，中小企业应采取不同的评价标准和方式来评价人才的绩效和确定"奖金"的数额。但在薪酬激励方面，中小企业应抓住三个主要环节，即合理、公平和频率。所谓合理，就是员工付出的劳动能得到相应的薪酬。实践证明，动态结构工资模式，使企业利益的分配合理，即企业和职工个人所得与其各自付出的努力与劳动投入大体相当，形成了能够调动员工积极性的利益激励机制，解决了鞭打快牛、苦乐不均等问题，从而发挥了利益机制对企业行为的积极鼓励和约束作用。所谓公平，是指工资分配是否公平。员工对自己的工资报酬是否满意，不仅受收入的绝对值影响，也受相对值的影响。每位员工总是把自己付出劳动所得的报酬，同他人做比较。若结果相等，即同等投入获得同等报酬，认为公平，从而心情舒畅、努力工作。否则，就会影响工作的积极性。所谓频率，是指工资增长和调整的频率。由于员工的劳动投入是变化的，因此与之相适应的工资分配也应随之相应变动。巧妙地运用工资额度、级别的调整和升降，可以起到激发员工工作劲头的作用，使员工工作有盼头，这是优秀企业的共同经验。

(十) 员工激励

从员工的需求方面分析，根据美国心理学家马斯洛（Maslow）的生理需要、安全需要、爱和归属的需要、自尊需要和自我实现的需要五层次理论，不难看出人的需要是复杂的，并且随着不同的发展阶段、生活条件和环境而改变。员工在企业的生活中也会不断地产生新的动机和需要。所以中小企业管理者在引导员工的思想方面，要合理地根据每位员工或者不同的小群体的不同需要，对其实施不同的激励组织和控制，或者将多个激励方式联合运用。

二、团队激励的作用

随着宏观经济环境的改善，中小企业面临着新一轮巨大的发展机遇。同时，伴随着经济开放程度的提高，中小企业面临的竞争也迅速加剧。人才已成为企业确立竞争优势，把握发展机遇的关键。"重视人才，以人为本"的观念已颇受关注。因此，中小企业的管理者不仅要依靠企业规章制度进行人力资源管理，也应该因地制宜、合理地运用激励机制，根据内外环境的实际情况不断改进、完善和调整激励机制的方式，使企业在一个良好的轨道内运行。

从中小企业内部选拔、外部选聘人才方面分析，借人之才，用人之力，注重人才的柔性激励，有利于吸引、开发和留住人才。古人云："他山之石，可以攻玉。"管理者若能把握好激励机制运用的时效性和度，将会吸引优秀的人才，将其智慧和力量为己所用，使其聪明才智对企业的发展和进步起到良好的促进作用。与此同时，管理者的精力也将从繁杂的日常事务中解脱出来，思考和解决更重要的问题。否则，管理者就会被淹没在一些琐碎的事务中，即使殚精竭虑也难以成功完成企业的管理工作。

三、中小企业团队激励模式的改进

(一) 团队激励应体现多样化的特征

1. 物质利益和精神利益相结合

中小企业在资金方面很难与大企业抗衡，如果仅靠物质方面的激励，不足以维持企业对团队成员的吸引力，这时就要结合不同团队成员的特征，给予精神方面的激励，如进修学习、参与管理决策和工作轮换等。

2. 长期激励和短期激励相结合

中小企业的产权一般比较明晰，机制灵活，所以针对高层管理者以及核心员工，可以把期权激励作为经济激励的一项重要内容来实施，把传统的以现金为代表的短期经济激励和以期权为代表的长期经济激励结合起来，体现人力资源的价值。

3. 整体激励和个别激励相结合

对于以团队为主体的中小企业，进行激励应该以团队为基本单位，同时对于优秀的团队成员则给予单独激励。团队整体激励以经济激励为主，与团队业绩直接挂钩；团队成员单独激励以精神激励为主，比如荣誉称号、休假和晋升都是很好的选择。

（二）团队激励要有存在价值和个体差异

对团队成员的非经济激励一定要处理好提拔和干好本职工作的关系，要让成员知道获得职业上的成功并不仅仅是当上了团队领导，而且并不是每一个业务突出的成员都适合当领导。成功可以有很多途径，最重要的是让每个团队成员感到自我存在的价值。同时，团队激励还要体现出个体差异：例如，在年龄方面，一般20~30岁之间的员工自主意识强，对工作条件等各方面要求比较高，"跳槽"现象较为普遍，而31~45岁之间的员工则因为家庭等原因比较安于现状，相对而言比较稳定；文化方面，有较高学历的人一般更注重自我价值的实现，更看重的是精神方面的满足，而学历相对较低的人则首要注重的是基本需求的满足。因此，企业在制订激励机制时一定要考虑到企业的特点和员工的个体差异，这样才能收到最大的激励效果。

第三节 中小企业创业选址

一、中小企业创业选址的基本理念

中小企业将大量资金投资于生产设施、仓库、实验室、研究机构或者运营中心，其主要目的是为了满足某种需求、获得利润、服务市场、为某项专利权出资或者销售某种产品。创业选址研究的目的是在最优条件下确定企业计划运营或投资得以开展的区域与位置，从而实现货币收益最大化，并使未来出现问题的概率最小化。

二、创业选址的重要性

根据有关统计，在众多创业不到两年就关门的中小企业中，由于选址不当所导致失败的数量占据了总量的一半以上。选择正确的创业地址是创业成功的首要条件，好的选址等于成功的一半。创业的地址就像战场上的阵地，占据有利地形，虽不能完全保证战斗的胜利，可是拥有固若金汤的城池总会多一些胜算。因此，企业选址很重要。一个企业经营项目，如果选错了地址，小则可能影响生意兴隆，大则还可能导致"关门大吉"。

创业选址工作是创业者需要面对的一个难题，有的创业者对选址工作几乎不知从何入手。创业选址时应该注意市场、商圈、物业、区域、价格等因素，提供全面的选址信息，全方位、多角度地比较各个创业地点的优势和劣势，使创业者在创业之初就建立一座通往胜利的"凯旋门"。因此，创业选址对创业成功非常重要。

三、选址的区域

一般来说，中小企业创业选址应当考虑的因素有以下几项。

（一）政府的服务水平

北大商业评论曾对中国最适合企业发展的城市进行了一项调查，评选范围包括港澳台在内的中国47座主要城市，调查的对象涉及国内2 881家企业。从调查结果来看，中国企业在选择投资创业的地点时最看重政府服务水平，但政府服务水平却是企业家评分最低的一项。政府服务水平主要包括办公效率、灵活变通性以及政策透明度等。

（二）区域发展趋势

一般来说，国家会以区域为单位制订发展战略和政策，如"上海自贸区""粤港澳大港区""雄安新区""海南自由贸易试验区"等，其市场规律也会使得发展的界限突破城际的范围而扩展至其他地方。所以，中小企业创业选址时应综合考虑以下因素：①人口状况；②居民收入增长；③区域的投资增加情况；④区域的商业氛围。

（三）靠近市场的程度

当运输成本相对成品价值较高时，选择接近目标市场的创业地址对生产型企业至关重要。靠近顾客是保持竞争力的必要条件，服务型中小企业往往发现接近顾客对公司是必不可少的。假如中小企业创业的行业是从事修理某一特定行业的机械设备时，就应该靠近该行业集中的地方。在选址决策中，靠近市场至关重要，越靠近市场成本越低，利润才可能会越大。

（四）原料产地集中地

在考虑体积或重量因素的情况下，接近供应商可以加速物流速度和减少仓储成本。成品和原材料的价值、运输成本及其独特功能这三个因素相互作用，共同决定中小企业到底需要离原材料供应地多近。

（五）劳动力市场供给充足的地区

中小企业创业团队在选址时要知道该区域有多少潜在的劳动力以及有多少

劳动力符合本企业的知识和技能要求。具有特殊技能的劳动力是公司要重点考虑的因素，这些劳动力需要中小企业花费更大的成本和精力才能够获取。一些地方政府为了招商引资的需要，而夸大宣传本区域的劳动力供给状况，创业团队要避免受到具有倾向性的招商资料的影响。

四、中小企业零售行业与服务行业的选址

中小企业零售行业和服务行业创业成功的基础是拥有稳定的客流量。因此，这些中小企业在选址时，必须考虑目标消费者的便利和偏好。以下是这些行业的中小企业在选址时需要考虑的重要因素。

（一）顾客的数量和质量

通过商圈调查，对商圈内顾客的消费能力和商业动向予以分析。零售商与服务商考虑潜在经营场所时，最为重要的标准也许就是在营业时间内经过该地段的潜在消费者的数量。该类型创业选址，家庭和人口的消费水平是由其收入水平决定的。因此，商圈人口收入水平对地理条件有决定性的影响。中小企业创业选址，应以处于青年和中年层顾客、社会经济地位较高、可支配收入较多者的居住区域作为优先选址。

（二）交通状况

企业选址必须调查交通情况，要考虑距离车站的远近、道路状况、车站的性质、交通联结状况、搬运状况及流动人员的数量和质量等。一些高档的消费场所也需要调查物业及周边是否包含足够数量的停车位，这也是很多消费场所失去顾客的无奈因素。

（三）周边的商业氛围

中小企业在选址时也需要考虑周边地区是否有同类或配套的消费场所，有时候消费场所的共同扎堆就形成了一个圈子，能够利用集群的优势来吸引大批量的顾客，而配套的消费场所的存在则是方便消费者的重要因素，这也正是一些大型购物中心的优势所在。当然，也有些消费场所需要与其他竞争者进行隔离以创造另外的消费环境，这都是根据消费的类别来进行安排的。

五、中小企业制造行业的选址

（一）自然条件

中小企业创业选址时，应尽量满足对用地的面积、地形、工程地质、水文地质条件，用水的数量、质量，供水、供电、运输、协作等方面的特定要求。满足

了以上条件，对后期建设和投产以及环境都有很大的影响。

（二）交通情况

中小企业制造行业选址时要特别注意交通状况，假如大批量地购买原材料会产生规模经济，那么选址应该设在接近铁路、公路、交通枢纽中心等地。甚至需要驳船运输时，还要选择在通航便利的港口附近设址，这样便于运输，减少运输成本。

（三）国家和政府相关要求

中小企业创业选址应符合国家和政府在国防、安全、卫生、防震和防火等方面规范的要求。应避开自然目标显著、带有指示方位的地物；应避免布置在谷地、窝风地带；应设址在沿河的码头、桥梁、船泊修造厂及其企业等下游一侧。

（四）重点考虑对周边环境的影响

企业选址时，应充分结合自然地理特点，尽可能选择在能进行大片绿化的地方，以便构成大片绿色空间，以利于消除污染、改善环境，防止和减弱人为和天然的灾害。

（五）土地利用因素

企业选址时应充分注意节约用地，尽量利用荒地、薄地，少占或不占良田。在同一个工业园区，企业之间在留有必要的卫生防护地带外，应尽可能集中紧凑地配置，以节约用地和厂外工程管线的投资，并便利企业之间的生产协作。

【案例】

对中小企业创业选址的建议——以上海市为例

创业者寻找店铺最好避开闹市区，选择一些初具规模但尚未形成热点的区域，这样才能有效降低创业成本，走稳关键的第一步。

创业园区：这是为创业者度身定制的创业场所，配套设施齐全，还有政府优惠政策支持。上海现有不少创业园区，如普陀区网上创业园、长宁区加工工业创业园、杨浦区五角场高科技创业园、黄浦区珠宝钻石创业园和长宁区青年科技园区等。这些创业园的定位各不相同，创业者可根据自己的创业方向选择。

大学园区：最近几年，市区大学向郊区分散，松江、南汇、闵行和宝山等地的大学城初具规模。随着学生的大批进入，这些大学城及其周边区域充满了商机。此外，市区的五角场地区聚集着复旦大学、同济大学等一批名校，也是不错的创业之地。

城镇商业中心：根据上海一市九镇的开发计划，城镇配套商业蕴藏着丰富的商机。因此，宝山罗店、新江湾城、嘉定安亭、闵行七宝、松江新城、松江九亭、环淀山湖地区和南汇洋山等地都极具发展潜力。

国际化居住区：上海现在已经形成了古北、龙柏、碧云、联洋和滨江等一批涉外高级住宅区，对有意涉足高层次服务领域的创业者来说，这些地区都有着诸多商机。

平价房开发区：普陀真如地区、徐汇古美地区、浦东三林地区等平价房、动迁房集中区域，由于居民不断迁入而成为新的人口聚集地，在日常生活服务、零售、餐饮、教育等领域为创业者提供了大量机会。

街道商铺：各区街道有不少物业闲置房，其实也是不错的创业场所，租金低廉，特别适合从事社区服务项目的创业者。

大型开发区：嘉定汽车城、漕河泾高新技术开发区和外高桥保税区等大型开发区具有一定的发展潜力。

新兴商铺市场：绿地商铺、社区商铺、地铁商铺和步行街商铺等各类新兴商铺，配套设施齐全，消费群体成熟，但租金相对较贵。

很多创业者都习惯穿街走巷地寻找店铺，费时费力，而且效率较低。创业者可以关注以下三条获取选址信息的有效途径：第一，充分利用政府创业指导部门的服务；第二，委托专业的房产中介机构；第三，登陆商铺租赁专业网站。如今有不少商铺租赁网站，信息丰富，搜索方便。此外，参加房地产交易会也能获得大量的商铺信息。

【评析】

对创业团队来说，虽然只是选个地址，但其实就像买房子一样麻烦，有时候甚至更为烦琐，需要灵活地处理地段选择、租金洽谈、合同签订等诸多问题，而这些都会影响创业的成败。因此，中小企业在创业选址时应做到：①有的放矢选址。创业者应根据创业项目的特性和区域特色来确定企业地址，比如涉足服务领域的一般应选在居民区，涉足餐饮行业的应选在人流密集地区，这样才能保证一定的消费客流。②由下至上谈租金。许多创业者习惯根据店铺业主开出的价格由上至下砍价，结果被别人牵着鼻子走。最佳的做法是，在充分了解市场行情的基础上预先设定租金上下限，然后从最低心理价位谈起，这样有利于挤出价格"水分"。③不宜选择转租店铺。比如市场上有不少二次转租甚至三次转租的店铺，这些店铺在原价上加了多次转租利润，因此价格比同类商铺高出很多，建议初次创业者谨慎选择。④租赁期限越长越好。在店铺租金行情不断上涨的形势下，租赁期限越长越好，否则将不利于控制预算，无形中加大了创业风险。

第四节 企业组织形式

企业组织形式是指企业财产及其社会化大生产的组织状态,它表明一个企业的财产构成、内部分工协作与外部社会经济联系的方式。

一、企业的组织形式

企业是依法设立从事生产、流通和服务等活动,以其生产的产品或提供的劳务满足社会需求以获取盈利的经济组织。企业是社会经济的基本单元,根据不同标准可以划分为不同类型,具体如表 5-1 所示。

表 5-1　企业形式划分

划分标准	企业类型
经营性质	工业企业、商业企业、农业企业、金融保险企业、邮电企业、交通运输企业、餐饮服务企业、房地产开发企业和中介服务企业等
组织形式	个体企业、合伙制企业和股份制企业
经济成分	国有企业、集体企业和私营企业
资源密集程度	劳动密集型企业、资本密集型企业和技术密集型企业
规模大小	小型企业、中型企业、大型企业和巨型企业

根据市场经济的要求,现代企业的组织形式按照财产的组织形式和所承担的法律责任划分。国际上通常分类为独资企业、合伙企业和公司企业,典型的企业组织形式主要有以下几种。

(一)个人独资企业

个人独资企业是指由个人出资经营、归个人所有和控制、由个人承担经营风险和享有全部经营收益的企业。自然人企业,是最古老、最简单的一种个人独资企业组织形式,主要盛行于零售业、手工业、农业、林业、渔业、服务业和家庭作坊等。个人独资企业在世界上的很多地区不需要在政府注册。在这种制度下,很简单的经营安排如小贩和保姆在法律上就属于个人独资企业。甚至暂时经济活动,比如个人之间的买卖交易在法律上就依照个人独资企业处理。通常为了方便执法活动,政府会要求某些种类的个人独资企业注册,比如餐馆注册是为了方便卫生检查。另一个注册原因是牌号,业主有权力使用个人的姓名为企业牌号比如"张三饭店",但是法律通常要求业主登记其他名称的牌号,以防有商标争议。个人独资企业是由一个自然人投资,全部资产为投资人所有的营利性经济组织。个人独资企业不具有法人资格,也无独立承担民事责任的能力。但个人独资企业是独立的民事主体，可以以自己的名义从事民事活动。同时，个人独资企业的分支机构的民事责任由设立该分支机构的个人独资企业承担。个人独资企业是由一个自然人投资并兴办的企业，其业主享有全部的经营所得，同时对债务负有完全责任。这种企业的规模都较小，其优点是经营者和所有者合一，经营方式灵活，建立和停业程序简单。这些优点使这种组织形式的企业在发达国家占有相当大的比重（主要是中小型企业）。这类企业的缺点是受自身财力所限，抵御风险的能力较弱。具体来说，个人独资企业的设立条件有以下几个。

1. 投资人为一个自然人，且只能是中国公民

1）投资人只能是自然人，不包括法人。

2）投资人只能是中国公民，不包括港、澳、台同胞。

3）国家公务员、党政机关领导干部、法官、检察官、警官、商业银行工作人员等，不得投资设立个人独资企业。

2. 有合法的企业名称

个人独资企业的名称中不能出现"有限""有限责任"或者"公司"字样。

3. 有固定的生产经营场所和必要的生产经营条件

1）固定的生产经营场所就是投资人拥有生产场所的使用权在一年以上。

2）必要的生产经营条件就是投资人做一项投资所需要的一切物资，例如，生产场所、原材料、技术装备、人力资源和信息等。

4. 有必要的从业人员

个人独资企业要有必要的从业人员，包括业主与雇工，但工商部门不作人数限额规定。

5. 有投资人申报的出资

设立个人独资企业有投资人申报的出资即可，且个人独资企业的出资额由投资人自愿申报，投资人不必向登记机关出具验资证明，登记机关也不审核投资人的出资是否实际缴付。但是，个人独资企业投资人应当在申请设立登记时明确是以个人财产出资还是以其家庭财产作为个人出资。

（二）合伙企业

合伙企业是由两个或两个以上的自然人通过订立合伙协议，共同出资经营、共负盈亏、共担风险，并对合伙企业债务承担无限连带责任的营利性企业。合伙企业分为普通合伙企业（其中包括特殊的普通合伙企业）和有限合伙企业。按照《中华人民共和国合伙企业法》的规定，设立合伙企业应当具备下列条件：①有两个以上合伙人，并且都是依法承担无限责任者；②有书面合伙协议；③有各合伙人实际缴付的出资；④有合伙企业的名称；⑤有经营场所和从事合伙经营的必要条件。

（三）公司制企业

公司制企业是指按照法律规定，由法定人数以上的投资者（或股东）出资建立、自主经营、自负盈亏、具有法人资格的经济组织。我国目前的公司制企业有有限责任公司和股份有限公司两种形式。当企业采用公司制的组织形式时，所有权主体和经营权主体发生分离，所有者只参与和做出有关所有者权益或资本权益变动的理财决策，而日常的生产经营活动和理财活动由经营者进行决策。

1. 公司制企业的特点

①股东负有有限责任；②股份可转让，流动性好；③可以募集大量资金；④公司有独立的存在期限；⑤管理较科学，效率较高；⑥创办手续复杂，费用高；⑦保密性差，财务状况比较透明；⑧政府的限制较多；⑨社会负担重，要承担双重税赋。

2. 公司制企业的优点

①容易转让所有权；②有限债务责任；③公司制企业可以无限存续，一个公司在最初的所有者和经营者退出后仍然可以继续存在；④公司制企业融资渠道较多，更容易筹集所需资金。

3. 公司制企业的缺点

①组建公司的成本高；②存在代理问题，所有者成为委托人，经营者成为代理人，代理人可能为了自身利益而伤害委托人利益；③双重课税，公司作为独立法人，其利润需缴纳企业所得税，企业利润分配给股东后，股东还需缴纳个人所得税。

4. 公司制企业的两种形式

公司的两种主要形式是有限责任公司和股份有限公司。有限责任公司股东以其出资额为限对公司承担责任，公司以其全部资产对公司的债务承担责任。股份有限公司的全部资本分成等额股份，股东以其所持股份为限对公司承担责任，公司以其全部资产对公司的债务承担责任。有限责任公司和股份有限公司的区别有以下三点。

1）公司设立时对股东人数要求不同。设立有限责任公司应有 1 人以上 50 人以下的股东；设立股份有限公司应当有 2 人以上 200 以下为发起人。

2）股东的股权表现形式不同。有限责任公司的权益总额不做等额划分，股东的股权是通过投资人所拥有的比例来表示的；股份有限公司的权益总额平均划分为相等的股份，股东的股权是用持有多少股份来表示的。

3）股份转让限制不同。有限责任公司不发行股票，对股东只发放一张出资证明书，股东转让出资需要由股东会或董事会讨论通过；股份有限公司可以发行股票，股票可以自由转让和交易。

【案例】

中国"一人制"有限责任公司诞生

新的《中华人民共和国公司法》（以下简称"新《公司法》"）于2006年1月1日正式实施。就在当天上午9:30，温州人王毅诚从当地工商局领取了"温州市温信电脑租赁有限公司"营业执照。这家一人公司是新《公司法》突破有限责任公司至少两人的限定后，中国成立的首家"一人制"公司。在其企业法人营业执照上注明了公司的性质：有限责任公司（自然人独资），公司注册资本为10万元人民币。

创始人王毅诚以前曾与人合伙成立过一家计算机租赁公司，后因合伙人之间出现矛盾而散伙。他认为，"一人制"公司在名声上比个体经营户好听，在经营上也更加灵活。

的确，"一人制"公司在经营上具有不可比拟的灵活性，对于庞大的中国个体私营企业经营者来说无疑是一次极好的机遇。自新《公司法》实施一个季度后的结果显示，全国注册"一人制"公司的数量达到20 990家，其中自然人独资的"一人制"公司平均注册资本也达到了101万元，而法人独资的"一人制"公司平均注册资金高达1 500万元，数量接近1 700家。由此可见，"一人制"公司不但受到自然投资者的青睐，也受到了法人投资者的重视。

为什么"一人制"公司会受到这么多投资者的普遍青睐？有人认为，这主要有三方面的原因：第一，"一人制"公司的决策机制比较灵活，方便了小企业公司的设立。第二，"一人制"公司的结构对国有企业改制十分便利，通常情况下国有企业资金都比较庞大，在改制的过程中不容易找到资金实力相当的战略投资者，因此成立法人独资的"一人制"公司就十分便捷。第三，原本应属于但未公开以"一人制"出现的公司的回归，也就是说在没有"一人制"公司之前，有部分有限公司属于形式上的两个及以上投资者设立的有限公司，但是实质上是一个投资人控制的"一人制"公司。随着新《公司法》的实施，这种有限公司通过变更也就成了真正的"一人制"公司了。

（资料来源：国内首家"一人制"公司诞生，信息时报，2006-01-02）

【评析】

"一人制"公司的诞生大大促进了中小企业的成功创业，为个人或法人投资者创业提供了灵活的投资机制和有力的政策支持。

二、企业组织形式的决定及选择

(一)决定企业组织形式的主要因素

企业组织形式反映了企业的性质、地位、作用和行为方式,规范了企业与出资人、企业与债权人、企业与政府、企业与企业、企业与职工等内外部的关系。毫无疑问,它必须和我国的社会制度相适应,和我国的生产力发展水平相适应,同时要充分考虑企业所处的行业特点。企业只有选择了合理的组织形式,才有可能充分调动各个方面的积极性,使之充满生机和活力。在决定企业的组织形式时,要考虑的因素很多,但主要有以下几方面。

1. 税收

在西方国家,企业创办人首先考虑的因素是税收。在美国公司法中,也将这一因素称为决定性因素。以我国为例,我国对公司企业和合伙企业实行不同的纳税规定。国家对公司营业利润在企业环节上课征公司税,税后利润作为股息分配给投资者,个人投资者还需要缴纳一次个人所得税。而合伙企业则不然,营业利润不征公司税,只征收合伙人分得收益的个人所得税。再对比合伙企业和股份有限公司,合伙企业要优于股份有限公司,因为合伙企业只征一次个人所得税,而股份有限公司还要再征一次企业所得税;如果综合考虑企业的税基、税率、优惠政策等多种因素的存在,股份有限公司也有有利的一面,因为国家的税收优惠政策一般都是只为股份有限公司所适用。

2. 利润和亏损的承担方式

独资企业,业主无须和他人分享利润,但也要一人承担企业的亏损。合伙企业,如果合伙协议没有特别规定,利润和亏损由每个合伙人按相等的份额分享和承担。有限公司和股份公司,公司的利润是按股东持有的股份比例和股份种类分享的。对公司的亏损,股东个人不承担投资额以外的责任。

3. 资本和信用的需求程度

通常,投资人有一定的资本,但尚不足,又不想使企业的规模太大,或者扩大规模受到客观条件的限制,更适宜采用合伙或有限公司的形式;如果所需资金巨大,并希望经营的企业规模宏大,适宜采用股份制;如果开办人愿意以个人信用为企业信用的基础,且不准备扩展企业的规模,适宜采用独资的方式。

此外,企业的存续期限、投资人的权利转让、投资人的责任范围、企业的控制和管理方式等这些因素都会对投资人在选择企业组织形式时造成影响,必须对各项因素进行综合分析。

（二）我国企业组织形式的多元化发展

在市场经济条件下，生产力的发展水平是多层次的，由此形成了三类基本的企业组织形式，即独资企业、合伙制企业和公司制企业。这三种企业都属于现代企业的范畴，体现了不同层次的生产力发展水平和行业特点，但企业形式的法定性并不是一成不变、不能变通的。我国的企业组织形式应呈现多元化发展的趋势，可以在法定的形式外寻求并借鉴其他一些国家的企业形式并以法律的形式固定下来。

新《公司法》于2006年1月1日正式实施，中国"一人制"有限责任公司诞生。"一人制"公司是新的企业组织形式，其优势如下：首先，有利于降低投资者的经营风险。许多投资者往往既想一人投资，又想利用公司这种形式的特权，尤其是想享受有限责任的特权。如果法律对这种普遍的社会心理加以承认，有助于社会财富的增加。其次，有利于维持企业，保护交易安全。如果一个企业因为股权转让，股东死亡导致股东人数不符法定要求而被强行要求解散，既是现存企业的重大损失，也导致交易无安全保障可言。再次，有利于减少纠纷，降低交易成本。例如，在设立公司或者在公司运行时，为了满足法律上关于股东人数的要求，通常会找一些亲朋好友来挂名，赢利或者负债时若引起纠纷，需要调集证据解决，可能导致持久的诉讼，对当事人来说也增加了交易成本。由此可见，新《公司法》承认"一人制"公司为我国的企业组织形式向多元化发展奠定了基础。

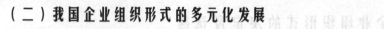

中小企业转型升级的三个方向和路径

当前中小企业面临的困境多种多样，基本上可以归结为三个大的类别。即：一是成本困境；二是融资困境；三是技术困境。那么，针对这些基本困境，中小企业可以精确地寻找到自身转型升级的方向。

第一个方向是合理使用互联网工具，向互联网转型。企业在后端，互联网成为前端工具和出口，在与互联网的连接过程中，对企业生产工艺、产品品质、集约管理、成本管控和需求把握等提供全方位的武器。中小企业应当有破釜沉舟的勇气，深入变革企业生产模式、管理模式、流程模式和交易结构等，从而在用户层面、企业层面和产品层面搭建起完整的价值链。

第二个方向是勇于技术创新，在技术创新的突破上寻找企业发展的突破。实施技术创新的前提是勇于变化，不能拘泥于既有的成果上，永远要锚定客户需求，创新更能满足用户需要的产品和服务。技术创新更多地有赖于研发的资金来源，这对于中小企业以往所秉持的商业哲学来说，可能是不可承受之重。对于中小企业来说，更多的是要从企业负责人的思想层面进行创新，创新对企业发展的认识和对未来目标的判定。

第三个方向是模式创新。在商业模式上，互联网的冲击已经为中小企业上过很深入的一课，变化则生，不变则死，这是中小企业家们普遍的认知。而在企业价值的再造方面，我们通常会从产品价值的打造到企业品牌价值的打造，从而提升企业的影响力和附加值，这是无形资产。而从商品价值到品牌价值的全部内涵，则构成了一个企业的内在价值。

从当前的中国经济走向以及全球经济环境的大局势来看，全球经济都将持续较长时间内处于"新常态"。这个"新常态"就是经济增速从高速增长过渡到中速增长甚至是低速增长，经济结构不断优化升级，经济发展驱动更多地转向创新驱动。对于企业来说，尤其是上千万家中小企业实体来说，这是一个沉淀之后二次创业的开始，需要更多的内部变革来感召外部资源，从而走上新的价值增长之路。

（资料来源：陈晓伟. 中小企业转型升级的三个方向和路径[J]. 中国质量万里行，2015（8）：26-27）

■ 复习思考

1. 简述如何组建创业团队。
2. 怎样实施有效的创业团队激励？
3. 成立公司要进行哪些登记和注册？

■ 实践训练

巨人集团的兴衰

巨人集团是一个民营企业，史玉柱是该集团的总裁。史玉柱是安徽怀远县人，从童年时代就有强烈的动手能力和冒险精神。1980年7月，史玉柱考入浙江大学数学系读本科，1984年毕业后被分配到安徽省统计局工作，主要是负责各种数据的分析与处理。后来，史玉柱又考到深圳大学就读软科学管理的研究生，1989年初毕业后回到安徽省统计局的工作岗位上。正当史玉柱研发的统计系统软件包让他的前途一片光明时，他却辞去了安徽省统计局的工作，南下深圳去经商。

1991年，他创办了珠海巨人科技公司并邀来全国各地200多名计算机销售商，组织全国计算机汉卡连锁销售会。他为了这次会议，把能动用的几十万元全部投了进去，最后得到的是一个全国性计算机连锁销售网络。他以广告开路，一次次成功地促销，走出了一条捷径。一年成为百万富翁，两年成为千万富翁，三年成为亿万富翁，五年成为5亿元富翁，并成为"中国改革十大风云人物"之一，成为珠海市重奖的知识分子之一。

1992年，巨人高科技集团公司成立，史玉柱持股90%，注册资本1.19亿元，下设8个分公司，是当时仅次于四通的中国第二大民营企业。年销售M—6403汉卡2.8万套，产值1.6亿元，利润3 500万元。

1993年，史玉柱提出了第二次创业总体目标——跳出计算机行业，走产业多元化的扩张之路，以寻求解决矛盾的出路。王安计算机公司的破产保护案对史玉柱的触动很大，他认为西方跨国计算机企业纷纷来中国拓展业务，巨人汉卡肯定会受到巨大的冲击。巨人集团的发展必须寻找新的产业支柱，从而决定进入生物工程领域。于是，巨人集团投资300万元成立了全资子公司——康元公司，从事"脑黄金"等保健品的开发、生产和销售。

当时，也正值全国房地产热，史玉柱决定筹建18层的自用办公大楼，总投资2亿元。但此想法一闪而过，设计出来的方案是38层。当时巨人资产规模上亿元，巨人汉卡年利润可达4 000万～5 000万元。下半年，一位领导到巨人集团参观，认为地理位置非常好，建议再高一些，由自用转向房地产开发。于是，巨人大厦设计方案从38层增加到54层，再增至64层，后又增加到70层。

1995年初，史玉柱用打"三大战役"的方法进行促销计算机、保健品和药品。一次性推出三大系列的30个产品，广告铺天盖地。不到半年时间，巨人集团的子公司从38个发展到228个，人员从200多人发展到2 000多人。如此大规模的闪电战术确实创出了奇迹：30个产品上市后的15天内，订货单就突破3亿元。但是，史玉柱的第二次创业却回避了最关键的问题——企业内部的产权改造和机制重塑。原有干部队伍因动力不足、惰性严重，新的骨干队伍难以补充，管理失控。集团出现各类违规、违纪、违法案件。总公司对子公司不同程度的失控，巨人集团面对内部管理混乱出现的问题已焦头烂额。到1996年下半年，巨人大厦急需资金，史玉柱抽调生物工程的流动资金去支撑巨人大厦的建设资金。巨人大厦从1994年2月动工到1996年7月，史玉柱竟未申请过一分钱的银行贷款，全凭自有资金和卖楼花的钱支持。把生产和广告促销的资金全部投入到大厦，而生物工程又需要大量资金进行研发，管理不善加之过度抽血，生物工程被搞得"半死不活"，该产业逐渐萎缩，结果使得生物工程停产，这又使巨人集团的资金链断裂。1997年初，巨人集团总危机彻底爆发了，债主蜂拥而至，史玉柱已经无钱可还，银行将他拒之门外，巨人集团最后崩溃。

（资料来源：张继银，李湘德. 巨人集团兴衰之反思[J]. 集团经济研究，1998（6）：30-32）

思考题：
1. 为什么史玉柱能成功创业并获得事业的快速发展？
2. 导致巨人集团崩溃的原因有哪些，创业者应从中吸取什么教训？

第六章

中小企业创业融资

■ **学习**目标

1. 了解中小企业创业融资问题以及解决融资难的对策。
2. 掌握中小企业创业融资知识,包括概念、分类、目的、融资需求来源和风险管理。
3. 掌握中小企业创业融资渠道,熟悉中小企业创业融资方式以及融资模型。

■ **引导**案例

郑海涛的三次创业融资

在2003年中关村科技园区评选出的10位优秀创业者中,北京数码视讯科技有限公司总裁郑海涛身在其列。作为一家成立于2000年的高新企业,在与国外大公司和华为等国内领先企业的竞争中,郑海涛通过两次重要的融资使该公司在三年的时间里取得了迅猛发展,2002年的销售收入甚至是2001年的2 000%。更令许多创业者羡慕的是,该公司还继续展开了第三次融资的谈判。同样是创业者,同样是高新企业,郑海涛成功融资的秘诀是什么呢?

郑海涛认为,创业可以分为三种:第一种是为了生存的创业;第二种是因为有了一个好的机会促使创业者创业;第三种是事业型创业,是创业者为了追求更高的人生事业而进行的创业,他自己就属于第三种。从1992年清华大学计算机控制专业硕士毕业后,郑海涛在国内知名的通信设备公司中兴通讯公司工作了七年。从搞研发到做市场,从普通员工到中层管理人员,郑海涛在中兴的事业可以说十分成功。但是,具有强烈事业心的郑海涛并不满足于平稳安逸的工作。在经过一番市场调查后,他于2000年,带着自筹的100万元资金在中关村创办以生产数字电视设备为主的北京数码视讯科技有限公司。

1. 来之不易的第一次融资

2000年公司成立之初,郑海涛将全部资金投入到研发当中。不料,2001年互联网泡沫破灭,投资形势急转直下,100万元的资金很快用光,而后续资金还没有着落。此时，郑海涛只得亲自捧着周密的商业计划书，四处寻找投资商，一连找了20家，都吃了闭门羹。投资商的理由是：互联网泡沫刚刚破灭，选择投资要谨慎；况且数码视讯产品还没有研发出来，投资种子期风险太大，因此风险投资商宁愿做中后期投资或短期投资，甚至希望跟在别人的后面投资。

2001年4月，公司研制的新产品终于问世，第一笔风险投资也因此有了着落。清华创业园、上海运时投资和一些个人投资者共投260万元。郑海涛回忆说，这笔资金对公司来说十分重要，但在当时没有现实产品的情况下很难拿到合理的风险投资，公司能够融资成功凭借的就是过硬的技术和领先的产品。

谈到创业初期的第一笔资金，郑海涛认为选择投资者十分重要。他举了一个例子：在2000年春节前，也曾经有一个投资机构愿意投资，但条件十分苛刻，要求对企业控股50%。在当时资金十分紧张的情况下，郑海涛明明知道这是一个不合适的交易，但也不得不同意合作，唯一的条件是资金必须在两周内到位。结果由于种种原因，投资方的资金没有按时到位，合作协议也就终止了。郑海涛认为这是公司的一次幸运，如果当时被别人控股，公司的发展将不会按照自己原有管理团队的意愿，能不能发展到现在的规模就很难说了。所以对于初期的创业者来说，选择投资者要十分慎重，哪怕是在资金最紧张的时候。

2．水到渠成的第二次融资

2001年7月，国家广电总局为四家公司颁发了入网证，允许它们生产数字电视设备的编码、解码器。这四家公司除了两家国外领先企业和国内知名的华为公司外，还有一家就是成立一年多的北京数码视讯科技有限公司。郑海涛自豪地介绍，在当时参加测试的所有公司中，数码视讯的测试结果是最好的。也正是因为这个原因，随后的投资者蜂拥而至。

2001年7月，清华科技园、中国信托投资公司、宁夏金蚨创业投资公司又对数码视讯投了450万元。郑海涛说，他看中的不仅是这些公司肯投资，更重要的是这些公司能够为数码视讯在会计、法律、IPO等方面出谋划策，为以后公司上市奠定好的基础。

拿到第二笔投资之后，公司走上了快速发展之路。2001年10月，在湖北牛刀小试地拿到10万元订单后不久，公司就参与了江西省电视台的竞标。虽然招标方开始并没有将数码视讯列在竞标单位之内，但在郑海涛的再三游说下，还是决定给他一个机会。结果几乎和广电总局的测试一样，数码视讯又在测试中拿到了第一。很顺利地，公司拿到第一笔大订单，价值450万元。此后，公司产品进入了29个省市，2002年盈利达730万元。

3．扩大发展的第三次融资

在公司取得快速发展之后，郑海涛开始筹划第三次融资，按计划第三次融资的金额达2 000万元人民币。但面对数字电视行业这样巨大的市场，郑海涛绝不甘心公司当时的规模。

郑海涛认为,一个企业要想得到快速发展,产品和资金同样重要,产品市场和资本市场都不能放弃,必须两条腿走路,而产品与资本是相互促进、相互影响的。郑海涛当时的计划是通过第三次大的融资,对公司进行股份制改造,使公司走向更加规范的管理与运作。此后,公司还计划在国内或者国外上市,通过上市进一步优化股权结构,为公司进军国际市场做好必要的准备。

谈到公司如何继续保持良好的发展,郑海涛认为除了产品、资本以外,企业文化的建设也十分重要。数码视讯正是因为保持着独特的企业文化,才取得了今天的成就。郑海涛将公司的企业文化概括为三种精神,即创业精神、团队精神和创新精神。

郑海涛回忆说:"创业最艰难的半年中,公司所有的人拿不到工资,连买设备的钱都没有,于是就发动所有的关系,到处去借,把家里的 VCD、电视机全搬来了,总之是能借的就借,能省的全省,哪怕只有一分钱也要花在刀刃上。但即使在这种创业条件下,大家仍然在努力地坚持,没有一个中途退出。"他认为,现在公司条件好了,但创业精神不能丢掉,创业精神不仅仅是公司创业时需要的,更是公司从小到大、从国内到国际、从跨国公司到百年老店所必需的条件。

(资料来源:http://finance.sina.com.cn/roll/ 20031121/0826529007.shtml)

【评析】

获得稳定的资金来源,是企业持续快速发展的关键因素。尤其是在一些高新技术的中小企业,许多新技术、新产品都因缺乏资金支持而不能投入正常的生产、经营。郑海涛成功融资的秘诀在于通过自筹资金创办公司,凭借过硬的技术和领先的产品及核心竞争力,探索出一条适合企业发展的融资方式,解决企业的融资困境。

第一节 中小企业创业融资问题

中小企业在我国的国民经济发展中发挥着举足轻重的作用,然而由于各种各样的原因,在整个企业生命周期中大都会遇到资金短缺问题,筹集到创业资金是中小企业能够成立和发展的前提和物质基础。然而,融资难是制约中小企业发展的重要因素,并且成为世界性的疑难问题。关注中小企业创业融资问题,有助于促进中小企业的健康发展。

一、中小企业创业融资现状

融资现状可以通过对其内源融资与外源融资两个方面进行说明。中小企业基本上靠自身积累，即内源融资逐步起家，并发展壮大起来。内源融资主要是企业经营活动资金，如利润或收益、企业储蓄等。其特征是原始性强、风险较高，也是企业直接融资方式。外源融资依靠经济主体筹集资金，具体如企业债券、银行贷款、发行股票之类，以及以商业信用、融资租赁为基础的融资。

（一）资金积累主要依靠内源融资

内源融资是中小企业生存和发展不可或缺的重要组成部分，是企业资金的重要来源。从内源融资层面观察，为了避免风险、降低成本、延长资金使用时间，达到市场价值功能的较高体现，中小企业多会通过"储蓄"渠道完成融资。不过，中小企业因其规模、增值能力等阻碍因素，往往很难实现自留资金的最大化，因此利润率相对较低。

为了适应市场风云的变幻莫测，中小企业必须具有经营灵活、快捷的特点。因其在时间和数量上对资金的需求具有不确定性，企业自身需提高积累能力，以对市场变化能迅速做出反应。同时，创办中小企业也必须有一定量的资本，这是一个经济学常识。如果连一点本钱都没有，或者仅有极少量的创业资本而把大量的资金需求量寄托于银行贷款或其他融资方式，那么企业的生命力也是难以持久的。

（二）发展过程迫切需要外部资金融通

随着企业的发展，中小企业对外源融资的依赖性日益增强。中小企业由于自有资本金较少、规模较小，靠利润留成等方法来积累的内源融资明显不足，迫切需要外部资金融通。外源融资主要包括以金融机构为媒介的间接融资和在资本市场上直接发行股票、债券的直接融资。而由于中小企业自有资金少、知名度不高，所以通过资本市场直接发行债券、股票融资比较困难，这就决定了中小企业比大企业更加依赖以金融机构为媒介的间接融资。

1. 直接融资是中小企业融通资金的一种发展方向

事实上，由于我国资本市场不完善、证券市场门槛高、创业投资体制不健全，大部分中小企业难以通过直接融资渠道来获得资金，直接融资包括以下两种融资方式。

1）股权融资。我国资本市场发展较晚，沪深交易所作为企业发行股票上市的唯一市场，设置了严格的准入条件，绝非一般中小企业能够问津。一般来说，这种直接融资方式也不是为中小企业设计的，多数中小企业是达不到直接融资所要求的规模和财报的。

2）债权融资。与股票市场相类似，债券市场也基本上未向中小企业开放。同时，债券发行办法还规定，发行企业债券的股份有限公司的净资产不低于3 000万元人民币，有限责任公司的净资产额不低于6 000万元人民币，且还要有实力雄厚、信誉良好的单位做担保。这一系列条件也限制了中小企业进入债券市场。

2. 间接融资是中小企业融通资金的一种重要方式

间接融资是资金供求双方通过金融中介间接实现资金融通的活动,银行的贷款活动就是典型的间接融资。随着各商业银行纷纷出台支持中小企业发展的新举措,再加上地方政府的大力支持,中小企业的贷款融资环境逐步向好的方向发展。股份制商业银行、城市商业银行、农村信用社等地方性金融机构也竭力支持中小企业的发展。现阶段的主要融资体系包括商业银行、政府基金贷款、信用担保、投资公司风险投资和民间借贷等。尽管中小企业间接融资的环境还不理想,但银行信贷方式目前仍是中小企业的首选与钟爱。

二、中小企业创业融资难的成因

英国麦克米伦(MaCmillan)爵士是现代金融史上第一个正视中小企业创业融资难的人。1931年,他提交了一份《麦克米伦报告》给政府,报告中称,由于融资体制存在缺陷,中小企业和金融机构之间横亘着一道难以逾越的鸿沟,此后中小企业创业融资难便被命名为"麦克米伦鸿沟"。造成中小企业创业融资难的原因如下所述。

(一)中小企业自身缺陷难以符合融资条件

1. 缺少足够的自身抵押资产

目前,不动产几乎是实践中唯一被银行等贷款机构认可的抵押物,银行等金融机构偏好中小企业固定资产的抵押,一般不愿接受中小企业的流动资产抵押。有调查显示,中小企业中大约30%会在两年内消失,60%在4~5年退出市场,持续经营的不确定性严重影响了中小企业创业融资的可能性。金融部门向中小企业贷款都非常谨慎,主要表现为贷前花费大量的人力、物力去调查企业的真实情况,防范"逆向选择"的风险,贷后也要加倍监督,避免企业"道德风险"的发生,这使得银行拉长信贷流程、增加审贷环节,影响了放贷的及时性。更重要的是,当银行信息收集和监督成本过高、交易不经济时,会选择不贷。比如高科技企业,无形资产占有比较高的比例,缺乏可以作为抵押的不动产,风险大,更加难以满足金融机构的放贷要求。

2. 缺乏良好的公司治理机制

中小企业创业融资能力弱、信用程度低下、信息不对称,影响了银行的积极性。中小企业借款的特点是"少、急、频",中小企业管理基础薄弱,普遍缺乏良好的公司治理机制,加之关联交易复杂、财务制度不健全、透明度低、资信度不高,导致银行常常因中小企业信用信息不对称、贷款的交易和监控成本高且风险大而不愿放款。另外,许多中小企业内部管理制度特别是财务管理制度不健全,没有建立完善的财务体系，有的甚至没有建立会计账目，资金管理较为混乱，大大降低了自身的信用度，严重削弱了其融资能力。

（二）中小企业所处环境难以寻求外部支撑

1. 缺少完整的扶持中小企业发展政策体系

我国目前的经济、金融政策，主要还是依据所有制类型、规格大小和行业特征而制订的。这几年来，针对中小企业贷款难、担保难的问题，虽然国家颁布了一些新的政策，例如，要求各国有独资商业银行总行成立了中小企业信贷部，人民银行总行颁布了向中小企业倾斜政策等，但是还未形成完整的支持中小企业发展的金融政策体系，以至于中小企业的融资和贷款仍然受到了束缚和影响。

2. 缺少专门的配套中小企业服务体系

目前，我国中小企业服务体系的基本架构已经初步形成，如图6-1所示。但仍面临着许多困难和问题，尤其是服务机构定位不清，层次不高，资金投入有限，服务功能、内容不完善，缺乏特色服务产品等，使其难以有效满足中小企业的现实需要。

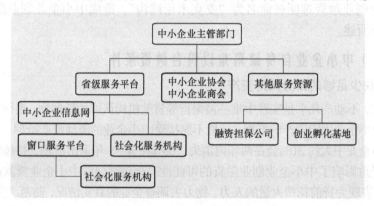

图6-1 中小企业服务体系基本架构

3. 缺少多元化的中小企业创业融资中介机构

一方面，我国以国有银行主导的金融体系基本上是与以大企业为主的国有经济相匹配的，缺少专门为中小企业提供服务的中小商业银行。而股份制商业银行、地方性商业银行的资金实力根本无法与国有银行相比，因而迫切需要有与中小企业相配套的地方性中小金融中介机构。另一方面，中小企业缺少相应的担保机构和国有商业银行的支持。从社会中介的担保功能发挥情况来看，存在着较大的局限性，担保机构的作用发挥并不好，再加上担保机构本身的运作机制存在的一些问题，既制约了资金的扩充，使民间社会资本无法进入，又使这一市场化的产物在行政管理的方式下运行不畅。

第六章 中小企业创业融资

恒惠科技获万元融资入股

软银中国资本(SBCVC)(以下简称软银中国)曾与恒惠科技有限公司(以下简称恒惠科技)签署战略合作协议,完成对其首轮投资。软银中国第一阶段已斥资数千万元入股恒惠科技,助其在中国隐性矫治市场进一步扩张。

软银中国是一家知名的风险投资和私募股权基金管理公司,致力于在中国协助优秀的创业者共同创建世界级的领先企业。投资领域涉及信息技术、清洁能源、医疗、新材料、消费与零售等行业中具有高成长潜质的企业。投资阶段包括早期、成长期和后期。软银中国成功投资的公司包括阿里巴巴、淘宝网、分众传媒、迪安诊断和万国数据等。

恒惠科技致力于数字化口腔技术的研发和产业化,在新材料、超精密加工、大规模个性化自动生产、计算机图形图像技术等诸多领域处于国际领先地位。恒惠科技首创的第三代无托槽隐形正畸技术,是目前世界上最先进、临床效果最好的无托槽隐形正畸系统。其核心产品(iROK)隐形矫治系统拥有自主知识产权及多项应用专利,通过在美国、中国以及其他一些亚洲国家5年的临床使用后,得到了各国牙齿矫正医生的广泛好评。

数字技术是齿科医疗行业未来的发展方向,有广阔的市场前景。恒惠科技目前已经拥有世界领先的技术,多样化的产品线,专业灵活的软件系统,强大的研发和技术转换能力,以及在隐形矫治市场丰富的生产、服务及营销经验。通过软银中国的资本助力,恒惠科技非常有机会成为牙科医疗设备领域的一颗新星。

公司通过多年的努力,已经打造了行业领先的数字口腔技术。凭借软银中国在全球资本市场的资源,结合恒惠科技本身的数字齿科技术与齿科营销网络,公司将启动潜力巨大的数字口腔医疗市场,为国内外客户提供更优质的产品和服务,把更健康和更迷人的微笑带给全国人民。

恒惠科技拥有行业领先的数字口腔技术,多样化的产品线,专业灵活的软件系统,强大的研发和技术转换能力,以及在隐形矫治市场丰富的生产、服务及营销经验,有自己强有力的发展优势,软银中国也正是看中了该公司在该领域的发展潜力才决定投资的。也就是说,创投企业(不仅仅是软银中国)都是致力于帮助有强大发展潜力的创新型企业更上一层楼,而不是简单的"济贫",因为它们也要追求利润最大化原则。

(资料来源:http://capital.cyzone.cn/article/150632)

【评析】

在中小企业的创业初期,企业尚未形成规模,面对缺乏资金、技术和信息等诸多困难,这个阶段企业最需要的是资金支持、优化商业模式和盈利模式、吸纳优秀人才、建立现代企业制度、寻找战略合作伙伴、资本运营(包括上市、

> 并购重组等）等方面的系统的专业支持、经验和资源，也就是以创业投资为主体的服务。但由于利益驱动和风险考虑，创业投资机构目前注重对处于成熟期且极具潜力的企业投资，很少投资于创业期的中小企业。这也是中小企业创业融资难的关键所在。

三、中小企业创业融资困境的对策

我国中小企业在扩大就业、活跃市场、促进社会稳定和国民经济结构布局等方面起着无可替代的作用。然而中小企业在迅速发展的同时又面临着许多困难，处于步履维艰的境地。特别是深受资金短缺的困扰，融资难成为制约中小企业发展的一个重要因素。因而应对中小企业创业融资困境的对策有以下几个方面。

（一）完善中小企业自身建设

1. 改善中小企业管理制度

建立现代企业制度、完善中小企业自身建设、提高中小企业自身素质是解决中小企业贷款困难的有效途径。我国多数中小企业采用家族式的管理模式，产权不明晰，责任不明确，存在着诸多弊端。中小企业需要培养现代企业管理制度的理念，按照现代企业的运作要求，完善各项制度，提高企业的整体素质，增强市场竞争力。

2. 健全中小企业财务制度

按照国家相关法律法规的要求，建立健全企业的财务制度，不做假账，真实反映公司的财务状况，提高企业财务的透明度和可信度。中小企业需通过提供及时、可靠的财务信息，使投资人相信投资能够得到回报，从而获得企业所需的资本；建立企业自身的信用制度，获得社会的认同和信任。

3. 树立诚信观念，杜绝商业欺诈行为

按期还贷，做到无不良信贷记录。只有建立中小企业信用评级机构，增加中小企业的信息透明度，获得金融机构的认可和信赖，才能增加金融机构投资的可能性。

4. 树立品牌意识，提高市场认知度

多数中小企业的企业管理思想相对落后。中小企业需要树立品牌意识，扩大市场认知度，确立市场地位，提高企业竞争力。品牌不仅能给企业带来财富，还能使企业获得投资者的信任度，在提高自身地位的同时吸引投资者的资金以满足自身发展的需要。

（二）加大扶持力度

我国的社会性质决定了政府对国有企业的重视程度。长期以来，国家扶持政策一直实行向大企业倾斜,而对中小企业的扶持力度不够,这是造成中小企业创业融资难的历史原因。大型企业能够很容易地在资本市场和货币市场上得到资金,而针对中小企业的融资门槛却相对高了许多,中小企业要取得贷款必须付出更大的成本。

1. 认清向中小企业提供资金的重要性,采取措施来解决中小企业创业融资问题

政府层面对中小企业的资金提供支持,可以通过出台一系列的税收优惠政策,降低企业的税收负担;通过向中小企业实行财政补贴,鼓励中小企业出口和技术创新,提高中小企业的竞争能力;对中小企业进行贷款援助,帮助企业解决中小企业初期创业、技术改革和出口资金的需求。

2. 建立和完善中小企业扶持政策体系

政府需规范市场秩序,对各种扰乱市场环境的行为严厉惩治,切实保障中小企业的利益,设立专门机构,为中小企业提供服务。

3. 建立健全信用评审和授信制度

中小企业的信用问题一直是制约融资的关键,通过对信用评审和授信制度的建立,可以由政府、中介等机构来出具公正的信用评价,解决中小企业信用难鉴定的问题。

(三)完善融资体系

1. 完善银行金融机构的中小企业信贷机制

根据中小企业信贷需求规模小、频率高、时间急、风险高的特点,制订特定的信贷机制。2018年1月,中国银监会、中国人民银行、中国证监会、中国保监会和国家外汇局联合发布《关于进一步支持商业银行资本工具创新的意见》(银监发〔2018〕5号),就进一步支持商业银行资本工具创新提出如下意见:积极支持商业银行资本工具创新的有益探索;拓宽资本工具发行渠道;增加资本工具种类;扩大投资主体范围;改进资本工具发行审批工作。根据以上指导意见,各商业银行要积极响应银监会的政策,完善各项机制,为中小企业信贷提供良好环境。同时,根据经济环境的变化,不断更新完善机制,尽可能满足中小企业的资金需求。

2. 大力发展中小企业金融机构

银行金融机构应加大对中小企业的信贷支持,适当放宽贷款期限。除了各大商业银行自行设立贷款的信贷部门,还应该大力发展与中小企业相适应的中小融资机构,鼓励和支持股份制银行、城乡合作金融机构,并尽量消除地区差异,提高中小企业的贷款比例,支持符合国家政策的中小企业的发展。

3. 大胆尝试股权和债券融资

为保证证券市场的健康发展，国家应该完善证券市场体系，为中小企业直接融资提供可能。创业板的推出是中小企业创业融资发展的一个大胆尝试，各中小企业应该抓住机会，积极准备，争取通过在资本市场上获得更多资金来加快企业发展，提高技术创新。债券融资与股权融资相比具有风险小的优点，这对于实力较弱的中小企业来说，是其融资的有利方式。可转换债券更是一种集股票和债券优点于一身的融资工具，国家应采取相应的措施来鼓励和支持其发展。

4. 规范民间资本融资

在银行贷款困难的情况下，民间借款成为一种解决资金缺口的补充机制。尤其是东部沿海地区民间资金相对富裕、手续简便、利率相对较低，因此民间借贷市场十分活跃，在一定程度上取代了银行的部分功能。但是，民间借贷体系的不规范，需要相关部门制定法律法规使民间借贷行为规范化和透明化。同时，有组织地将现有社会中的大量民间闲置资金加以运用，提高资金利用率，也可以达到双赢的效果。

5. 建立中小企业风险投资公司和风险投资基金

一直以来，我国靠国内资金支持企业对资金的需求，国外的风险投资发展有一定的基础，应该鼓励境外风险投资公司落户我国，为他们创造宽松、健康的运营环境，从而为我国中小企业尤其是科技型中小企业提供资金。还可以通过政府部门联合投资机构设立风险投资基金，聚集社会闲散资金，形成一定的规模，解决中小企业创业融资困难的问题。

（四）完善信用担保体系

中小企业信用担保体系还不完善，为中小企业提供贷款担保的机构少，并且担保基金的种类和数量远远不能满足需求。民营担保机构受到所有制歧视，只能独自承担担保贷款风险，而无法与协作银行形成共担机制。由于担保的风险分散与损失分担以及补偿制度尚未形成，担保资金的放大功能和担保机构的信用能力受到较大制约。信用保证是解决中小企业贷款担保抵押难的有效方式，因此要建立中小企业信用担保机构，从组织形式上保证信用制度的落实，建立信用担保基金以及为中小企业提供信用登记、信用征集、信用评估和信用公布为主要内容的信用评级制度，建立跨地区、全国性的中小企业信用体系，为中小企业创业融资提供信用担保。同时，要通过相关法律法规的制定，规范信用担保程序，创造良好的外部环境，保证担保体系的正常运作。

（五）建立健全扶持中小企业创业融资的法律法规

中小企业的生存与发展一直缺乏比较有效的法律保护，尽管《公司法》《合伙企业法》等少数法律对中小企业有一定的规范，但是对中小企业的贷款、担保和上市等融资方面的保护甚少。2003年起正式实施的《中小企业促进法》在经济法制史上具有里程碑式的意义，是我国真正走向市场经济的标志之一，也是我国实现经济民主化的重要一步。但是，《中小企业促进法》也存在着局限性，中小企业的法律保障体系还有待完善。《中小企业促进法》以法律的形式为广大中小企业的发展、融资提供有力的保护和支持；但是，由于《中小企业促进法》的条文过于原则性，所以应建立与之相配套的具体的法规体系，如中小企业信用担保、中小企业创业融资、中小金融机构等方面的法律法规，以便规范中小企业创业融资主体的责任范围、融资办法和保障措施。

2016年11月，十二届全国人大常委会第二十四次会议分组审议了《中小企业促进法（修订草案）》。该修订草案针对现行法律操作性不强的问题以及中小企业面临的新情况和新问题做出了修改完善，是深化市场经济体制改革的需要，是增强中小企业市场竞争力的需要，是进一步完善我国竞争政策的需要，是与国际惯例接轨的需要，不仅有着重要的政治意义、经济意义和法治意义，还有着非常重要的现实意义和长远意义。该修订草案在加强金融基础设施建设、推进普惠金融服务、完善金融组织体系、构建专业化经营与差异化考核体系、创新金融服务和担保方式、大力发展直接融资和多层次资本市场、建立社会化的信用信息征集与评价体系等方面做出一系列具体规定，从而加强对中小企业特别是小微企业的融资支持，进一步解决中小企业创业融资难的问题。

【案例】

破解中小企业融资难，需要政府推动与金融创新"双管齐下"

中小企业面临着较大的转型压力，如何利用互联网和高新技术来转型升级是需要关注的重点。

有专家指出，中小企业发展必须走"专精特新"之路。所谓专就是专一、专心、专注于细分市场，不要好高骛远、朝三暮四；所谓精就是发扬工匠精神，精心制造，精心管理，出精品；所谓特就是特别、特殊，做到"人无我有，人有我精"；所谓新就是新技术、新产品、新管理、新模式。同时，国家还必须从三方面调整宏观经济政策，给中小企业发展创造良好的市场环境。

政府需要调整宏观经济政策

一是要健全经济增长的动力机制。消费是经济增长的基础原动力。因此，必须合理调整国民收入初次分配的比例关系，调整居民收入结构，让国民的钱包鼓起来。发达国家劳动者的报酬占GDP的比重一般在60%~65%，而我国劳动者报酬占GDP的比重约在46%~49%。因此从长远来看，必须提高中低收入者的收入水平，并且不断完善社会保障体系。

二是推进供给侧结构性改革。2016年我国钢产能约12亿吨，产量8亿吨，产能严重过剩，煤炭、水泥、玻璃、造船行业产能都大量过剩，所以要下决心淘汰落后产能，化解过剩产能，这也是调整、优化经济结构，提高经济效率的必然要求。

三是发挥有效投资对经济增长的关键作用。目前，推动经济增长的三驾马车中只有社会投资仍然有较大的增长潜力，需要继续扩大有效投资。2016年上半年投资增速为10.3%，主要是依靠政府基础设施投资拉动的，民营投资增速下降一半多。很多领域对中小企业依然存在"玻璃门"现象，看得见进不去，融资难、融资贵的问题长期存在。

金融机构需要创新扶持模式

当前，我国有超过6 000万家的中小微企业，创造了80%以上的就业机会、60%的GDP、50%的税收和90%的发明专利，是推动我国经济转型提质增效的中坚力量。但是，这类企业一般固定资产不足、财务不规范、信息不透明，且与银行信用评估模式不相适应，使得中小企业的融资难题长期得不到解决。

要想解决中小企业创业融资难的问题，需要对症下药，找准方法。

一是要大力发展资本市场，拓宽企业融资渠道。

二是要深化商业银行体制改革，创新金融产品。

三是要发展小银行和小的非银行金融机构。

四是要发展私募股权基金，从多渠道、多方面解决中小企业创业融资难的问题。

（资料来源：http://www.ceh.com.cn/cjpd/2016/07/954628.shtml）

【评析】

当前，我国需要打破传统的以资本市场直接融资和商业银行间接融资为主的融资方式，开拓多渠道聚合资本为中小企业提供资金，利用先进的信息技术支撑中小企业实现快捷融资，解决信息不对称、信贷配给、直接融资市场欠发达等问题，P2P、众筹融资对互联网金融融资模式天生具有解决中小企业融资难、融资贵的基因，能够为中小企业的融资拓展新的路径。

第二节　中小企业创业融资知识

中小企业从创立到成长，总会面临资金短缺的问题。资金是中小企业开展经营活动的第一推动力和持续推动力，是创业战略实施的基础，是决定创业成败的核心要素。由于中小企业在创业过程中缺乏创业技能、管理经验和社会声誉，在资金识别、吸引和整合等方面面临着诸多困难和挑战，导致创业中出现融资渠道

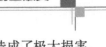

狭窄、融资数量不足和筹资风险大等诸多缺陷，对其生存和发展造成了极大损害。下面从创业融资的概念、分类、建立方式等方面阐述相关创业融资知识。

一、创业融资的概念

融资即资金的融通，苗淑娟认为融资是指资金由供给方向需求方运动，即包括资金融入和融出两方面"资金的双向互动过程"。她将创业融资界定为创业企业如何适时、适量地获得设立和运营一个企业所需的资金。

从狭义上讲，融资就是一个企业的资金筹集的行为与过程。也就是公司根据自身的生产经营状况、资金拥有状况以及公司未来经营发展的需要，通过科学的预测和决策，采用一定的方式，从一定的渠道向公司的投资者和债权人去筹集资金、组织资金的供应，以保证公司正常生产需要、经营管理活动需要的理财行为。公司筹集资金的动机应该遵循一定的原则，通过一定的渠道和一定的方式去进行。通常，企业筹集资金无非有三大目的，即企业要扩张、企业要还债以及混合动机（扩张与还债混合在一起的动机）。

从广义上讲，融资也叫金融，就是货币资金的融通，泛指当事人通过各种方式到金融市场上筹措或贷放资金的行为。从现代经济发展的状况看，企业需要比以往任何时候都更加深刻、全面地了解金融知识、金融机构和金融市场，因为企业的发展离不开金融的支持，企业必须与之打交道。

对于创业融资，美国创业领域专家杰弗里·蒂蒙斯（Jeffry Timmons）认为，创业融资主要讨论新企业融资的各种关键问题；晏文胜认为，创业融资是指创业企业发展过程中的种子期、创立期和扩张期的融资行为；廖继胜认为，创业融资是指企业发展的早期或创业阶段的融资。

综上所述，创业融资是中小企业根据自身创业资金拥有情况及公司未来经营发展的需要，通过科学的预测和决策，采取一定的方式，通过一定的渠道在融资市场上筹措或贷放资金，组织资金的供应，以保证企业正常生产、满足经营管理活动需要的理财行为。

二、创业融资的分类

中小企业的创业融资方式可以从两个层次进行划分：第一层次，创业融资按照积累资金的来源不同分为内源融资和外源融资；第二层次，外源融资按照是否通过金融中介机构来筹集可划分为直接融资和间接融资。外源融资还可根据所体现的产权关系不同，划分为债权融资和股权融资。针对此类情况，中小企业应进行比较，根据自身情况选择合适的融资种类。

（一）内源融资和外源融资

1. 内源融资

内源融资是指企业经营活动结果产生的资金，即公司内部融通的资金，它主要由留存收益和折旧构成，是指企业不断将自己的储蓄（主要包括留存盈利、折旧和定额负债）转化为投资的过程。

内源融资对企业的资本形成具有原始性、自主性、低成本和抗风险的特点，是企业生存与发展不可或缺的重要组成部分。例如，亲情融资是内源融资的一种具体形式，由于中小企业缺乏经验和人际关系网络，而且创业的首笔资金数额一般不会很大，所以向亲友借钱是筹集创业启动资金最常见、最简单、最有效的方式。这种融资方式因由情意牵线，所以对于筹资者来说基本不存在中途撤资的风险，而且一般都是一次性支付。不过，如果出现问题，无法按时还款，就可能会伤及双方感情，以后很难再借。

2. 外源融资

外源融资是指企业通过一定方式向企业之外的其他经济主体筹集资金。其特点是吸收其他经济主体的储蓄，使之转化为企业自身投资，主要有政策基金、银行贷款、合伙融资、风险投资、租赁融资和商业信用等来源。

近年来，我国促进各级政府和社会组织设立了中小企业创业投资引导基金，为中小企业提供资金帮助。这种基金融资一般分贷款和入股两种形式，其中贷款需要承担还款压力，而入股则需要考虑股份的分配和公司控制权的占有率问题，但二者都具有资金链稳定和筹资成本较低的优点。

（二）直接融资和间接融资

1. 直接融资

直接融资是指不经过任何金融中介机构，而由资金短缺的单位直接与资金盈余的单位协商进行借贷，或通过有价证券及合资等方式进行的资金融通，如企业债券、股票、合资合作经营、企业内部融资等。直接融资方式的优点是资金流动比较迅速、成本低、受法律限制少；缺点是对交易双方筹资与投资技能要求高，而且有的要求双方会面才能成交。

2. 间接融资

间接融资是指以金融机构为媒介进行的融资活动，如银行信贷、非银行金融机构信贷、委托贷款、融资租赁和项目融资贷款等。

（三）债权融资和股权融资

在融资市场中，可以根据投资者与企业之间的关系，将融资方式分为股权融资和债权融资。

第六章 中小企业创业融资

1. 股权融资

股权融资是指企业原有股东通过出让部分企业股权,以增资扩股的方式引进新的投资者成为股东,"以股份换资金",主要包括境内外公开发行股票并上市和私募等。

股权融资的优点在于筹集的资金具有永久性,无须归还本金,而且融资金额可以很大;股权融资通常会通过路演向投资者推介,有利于提高公司的知名度;引入专业投资机构,也会对公司治理、规范运作等方面提出专业意见,因此有利于企业建立规范的现代企业制度。但通过上市进行股权融资也有不便之处,表现在当前中国资本市场还处于发展初期,市场容量有限,企业上市门槛较高,上市时间长、成本高,无法满足企业对于资金的紧迫需求。而企业一旦上市作为公众公司,公司需要履行信息披露的义务,各种信息公开也可能带来商业秘密的暴露。最重要的是,企业这种以股份换资金的融资方式容易分散企业控制权,这是原有股东所不愿接受的。

2. 债权融资

债权融资是指企业通过举债向债权人在约定的时间内还本付息的方式获得资金,主要包括发行企业债券、银行贷款、信托计划等形式。

债权融资的特点在于可以利用财务杠杆,降低融资成本,而且由于不会稀释原有股东的股份,可以保证原有股东对公司的控制权。债权融资常见的形式包括银行贷款和发行债券。对于银行贷款,由于银行是风险厌恶型的主体,因此银行为了降低风险会设置各种保障措施,对中小企业来说要求较高,而且还款期限短。相反,发行公司债券的还款期限一般比银行贷款要长,附加限制较少,但发行债券手续较为复杂,以致我国债券市场活跃度欠佳、市场冷清。

下面通过进一步比较分析深入领会中小企业创业融资方式,具体如表 6-1 所示。

表 6-1 中小企业创业融资方式比较分析

分类	来源渠道		含义	投资者
直接融资	股权融资	天使资金	社会上比较富有且具有战略性眼光的个人为早期中小企业进行一次性的前期权益投资	创业投资家
		风险投资基金	一种是私募的,通常由风险投资公司发起,吸收其他风险投资公司、企业、金融机构等出资	风险投资机构
			另一种是向社会投资人公开募集并上市流通	社会公众
		发行股票 主板市场	全国性集中市场,只有少数符合条件的公司制中型企业采用	社会公众
		发行股票 二板市场	主板之外专为暂时无法上市的成长性较好的中小企业提供融资,在中国特指中小企业板和创业板	社会公众
		发行股票 三板市场	非上市或上市的股票,不在交易所内而在场外市场通过做市商进行交易活动	个人/机构

(续)

分类		来源渠道	含义	投资者
间接融资	债权融资	商行信用	供贷方以延期收款或购贷方以预付方式提供的信贷	相关客户
		发行债券	在成熟的证券市场上,公开发行债券。少数发展良好、社会信誉较好的中小企业的融资方式	社会公众
			未达到公募发行等级的中小企业,发行小型私募债券,以特定的少数投资者为对象筹措小规模资金	个人/机构
		商业银行贷款	商业银行提供的贷款,主要包括各种短期借款、票据贴现、应收账款融资、抵押担保融资和中长期贷款	商业银行
		非银行金融机构贷款	储蓄银行、信用社、账务公司、信托、保险、证券、租贷、小额信贷、典当行等金融机构提供的贷款	非银行金融机构
		民间金融	发生在企业、个人之间的各种资金借贷活动,以及非正规金融机构提供的贷款,包括储金会、互助会、合股信用社等各种私人金融机构	相关企业/个人/民间金融机构

三、中小企业创业过程融资方式建立

(一)种子期的融资方式

在种子期,中小企业在判断产品的市场潜力的基础上,进而投入资金创立企业,从事新产品研发。在种子期,企业规模很小且风险较大,自有启动资金不足,净现金流量通常为负,又无厂房、仪器可做抵押,必然主要依靠内源融资,此外还可采取以下融资方式。

1. 内源融资新方式

中小企业可采取职工持股制度,这样可以通过较低的成本和较快的速度筹集企业种子期所急需的资金。还可以将职工持股与职工的利益和企业的利益紧密结合在一起,有利于形成利益共享、风险共担的激励机制。

2. 天使投资

天使投资最早起源于 19 世纪的纽约百老汇,在欧美及亚洲新兴国家和地区得到了迅速发展。天使投资是一种参与性投资,一般在风险投资之前介入初创企业,最终实现资本增值的一种民间投资方式。天使投资者不仅向中小企业提供资金,并且利用其专业背景和自身资源帮助其获得成功,这是保障中小企业种子期资金来源的最好方法。因此,应完善相关法律制度,建立完整的中介服务体系和信用评估体系,大力发展天使投资机构。

(二)初创期的融资方式

初创期的中小企业进行试生产后将产品推向市场,并开始建立营销渠道。处于初创期的中小企业拥有的资产规模较小,产品市场占有率较低,无抵押能力、盈利和信贷记录,此时可采取以下融资方式。

1. 商业信用

商业信用是指工商企业之间相互提供的、与商品交易相联系的信用形式,是经济活动中最普遍的一种债权债务关系。商业信用的存在对于中小企业扩大生产和促进流通起到积极的推动作用。因此,中小企业在创业过程中要不断强化自身的信用观念,与上下游企业积极开展信用制度建设,树立良好的企业形象,以赊购融资、商业票据融资、预收货款融资等方式争取供货方和购货方的资金融通。

2. 风险投资

风险投资起源于20世纪六七十年代的美国,根据美国全美风险投资协会的定义,风险投资是由职业金融家投入到新兴的、迅速发展的、具有巨大竞争潜力的企业中的一种权益资本。风险投资基金是当今世界上广泛流行的一种新型投资方式,它以一定的方式吸收机构和个人的资金,投向那些不具备上市资格的中小企业和新兴企业,尤其是高新技术企业。因此,大力发展风险投资是当前化解中小企业融资难题的一个有效措施。应健全与风险投资业发展相关的法律法规,培育高素质的风险投资家,发展投资主体,以少量的政府种子资金带动大量风险资本投入,完善以二板市场作为风险资本退出领域的机制。

3. 民间借贷和民间金融机构贷款

随着中小企业的发展,我国急需完善民间金融系统,建立以"民资、民用、民管"为主的投融资体制。一是要将民间金融纳入法制化轨道;二是要开启民间资本的多种投资渠道,包括私募股权市场、产业投资基金等;三是要规范民间资本市场信息披露和金融监管制度;四是要发展民间金融机构,吸引民间资本参股中小银行和非银行金融机构。

4. 政策性银行贷款

政策性银行是指由政府发起、出资成立,为贯彻和配合政府特定经济政策和意图而进行融资和信用活动的机构。政府通过建立专门为中小企业服务的政策性银行,可以向中小企业提供购买设备、进行资金周转的一般贷款,以及帮助其引进新技术以开拓市场的特别贷款。

(三) 成长期的融资方式

成长期的中小企业生产规模有所扩大,产品潜力逐渐显现,市场占有率提高,企业各方面资质有所提高,但来自产品推广的风险依然很大。企业已经具备了一定的资产规模和信用记录，盈利能力有所提高，这个时期的融资渠道是较为通畅的。

1. 商业银行贷款

通过股份制改革促使国有商业银行以利润最大化为其经营目标，关注并支持效益较好的中小企业，加大对优质中小企业的信贷支持。政府还应引导中小银行向贷款业务相对专业化的方向发展，使之成为中小企业的主导服务机构，为其提供近距离、贴身的特色服务。

2. 非银行金融机构贷款

促进非银行金融机构进行金融创新，比如银行业与证券业之间在贷款、资金拆借以及资产证券化等业务上展开合作，以及与信托公司、租赁公司、保险公司合作开办信托、租赁、保险理赔等业务。建立专门化的中小企业金融机构，如信用合作社、财务公司、小额信贷公司和典当行等，依靠政府的大力支持，专门从事对中小企业的融资活动。也可以鼓励中小企业间建立互助金融组织，提高共同发展和风险共担的能力。

3. 创业板上市融资

创业板上市的中小企业大多从事高科技业务，具有较高的成长性，但往往成立时间较短、规模较小、业绩较弱。不过，应突出强调创业板上市后的监管、信息披露和投资者保护等措施，创造一个中小企业愿意进入、投资者乐于参与的市场环境。如果过多地强调准入只会削弱创业板的作用，有违设立的初衷。

4. 发行中小企业私募债券

启动和发展中小企业私募债券，在改善企业融资渠道、推进债券市场多层次发展等方面具有积极的作用，是缓解中小企业成长期融资难较为现实的选择。应当放宽中小企业债券募集资金的最高限额和交易限额，调整债券融资工具结构，在有条件的地区开设私募债券交易市场。

（四）成熟期的融资方式

成熟期企业的产品技术也相对成熟，业务记录和财务管理趋于健全。中小企业资产规模迅速扩大，风险大大降低，同时盈利水平和抵押能力迅速提高，融资方式呈多样化发展趋势。

1. 中小板上市融资

目前，中小企业要进入资本市场进行融资的要求较高，政府应该适当放宽中小板的上市条件，增加企业规模和盈利标准的弹性，将再融资政策的具体要求与企业的竞争性、成长性相联系,鼓励更多的中小企业通过发行股票来融资。

2. 多渠道融资

这一阶段的融资还包括公开发行债券、银行和非银行金融机构贷款等。应当继续推进中小企业可转债和中小企业集合债券的发展,推动企业债券利率市场化改革。

四、中小企业创业融资风险管理

(一)从财务分析入手,加强日常财务管理工作

中小企业限于其人员素质问题,财务分析的能力较差。因此,为了加强融资风险管理,企业财务工作人员、资金运作人员就应该加强日常财务分析。

1. 资金周转表分析法

为了提高企业的资金清偿能力,就要保证企业有足够的现金流。方法就是通过制订"资金周转表"使企业关注资金周转的计划,经常检查结转下月额对总收入的比率、销售额对付款票据兑现额的比率、短期内应负担的融资成本以及考虑资金周转等问题,促进企业融资风险管理,保证企业的资金清偿能力,降低融资风险。

2. 杜邦分析法

与企业融资风险有关的杜邦分析法是一个经典且实用性很强的财务分析法,是一层进一层分析,适宜于由"症状"探寻"病根"的过程。一般来说,警情预报都是较综合的指标,杜邦分析法就是把这样一项综合指标发生升降的原因具体化,为采取措施指明方向。杜邦分析法一般是以净资产收益率为综合指标进行层层分解,鉴于现金流量分析的重要性,还可以使用现金流量分析的"杜邦"系统。

(二)从企业管理入手,加强企业投资融资项目的审核与管理

1)进一步规范中小企业的融资风险管理工作,在设计组织结构时,不仅要职责明确,还要建立经济业务处理的分工和审核制度,特别是严格规范财务工作体系。

2)对每一个资金运作项目都应有科学严谨的可行性评价,不能盲目投资,也不能盲目融资。虽然中小企业创业融资困难是现状,但具体到个别企业的融资风险,管理部门应从个体实际出发。越是困难的企业面对融资时越要谨慎,关注融资成本、融资顺序与融资方式。

3）加强企业信用管理，这是目前我国中小企业非常欠缺的方面，完善财务工作中对偿债工作的监督与控制，健全各类融资活动的后续跟踪管理。

4）建立并实施融资风险预警管理机制。对于企业融资风险的预警过程中所涉及的信息的采集与整理、分析与加工等程序应该是时时进行的，因此要求企业具备一套比较完善的融资风险管理机制。对于中小企业来说，由于其人员不多，资金实力不雄厚，考虑到预警的成本问题，完全可以不设专门的职能部门来执行预警系统，只需企业在融资风险管理中赋予每一个员工实时收集信息、传递信息的责任，然后由相关职能部门的人员兼任预警机构人员。

（三）从融资方式入手，加强企业发展各阶段的融资渠道

在不同的发展阶段，企业的财务状况、生产能力、信用水平、社会认可程度等不同，需要不同的金融市场来帮助企业融集资金。

1. 创业阶段

在创业阶段，对于企业资金来源的问题，科研人员、创业人员等私人资本的资金已经不够，资金的需求逐渐转向风险资本。此时，创业者也可能会请求银行给予贷款，但可能性较小。即使能得到此类贷款，也大都是短期借款，且数额不大。同时，此阶段由于企业的获利能力较差，如果所借的短期贷款越多，其负债率越高，利息负担越重，资本结构就会越不合理，严重的可能导致财务危机。该阶段需要的是长期资本，换句话说，企业需将股权出售。所以，创业阶段企业的主要融资方式是股权融资，最优融资策略是吸引风险投资。

2. 成长阶段

在成长阶段，中小企业已经渡过生存难关，企业的发展前景也已基本明朗，企业形象、产品品牌在社会上有一定的知名度和良好信誉，社会各界投资者对其已产生了投资兴趣。该阶段的融资方式是内部融资、股权融资和债务融资相结合的方式，即此阶段企业的成长资金来源主要是有自我积累、风险资本和借贷资金三方面。

3. 成熟阶段

在成熟阶段，企业的最优融资策略是债务融资。此时，企业的资金来源主要是追求稳健经营的银行等金融机构的信贷资金。作为从事货币经营的特殊企业，银行等金融机构需要扩大客户群，为数众多的中小企业为银行提供了广阔的潜在市场。当中小企业进入成熟阶段后，由于企业经营业绩稳定、资产收益率高、资产规模较大、可抵押的资产越来越多，所以，银行也愿意为进入该阶段的中小企业贷款。因此，当企业的资金需求量较大时，银行等金融机构的贷款成为企业融资的主要来源。对于已经形成相当规模，具有一定核心竞争力的中小企业，也可

以通过证券市场发行企业债券或可转换债券、增发新股、新股配售等方式进行融资，完善融资风险管理体制。

【案例】

金蝶四年错过融资好时机

金蝶国际软件集团（以下简称金蝶）始创于1993年，是中国最大的企业SaaS云服务厂商。1997年，金蝶就萌生了上市的想法。起初目标是国内的A股市场，不过在仔细阅读了上市的条件后，金蝶自动放弃，把目光转向美股和港股市场。比较了纳斯达克和香港创业板之后，金蝶选择了后者。金蝶创始人徐少春说："香港与内地交流没有问题，我们只要有一点声音，马上就会反映给投资者，这有利于股票市场与公司业绩挂钩。"2000年3月金蝶向证监会递交了申请材料，2000年7月得到批准，到2001年在香港创业板挂牌，整整过去了一年。此时的港股市场早已不如昔日的阳光明媚，对科技股也不再是满面春风，纳斯达克指数从最高的5 130点跌到了最低时1 660点，缩水70%，香港创业板也有同样的跌幅。金蝶一上市，就跌破发行价。

作为最适合在创业板上市的高科技与高风险相结合的创投型中小IT企业，目前在国外的创业板上都占有很大比重。例如，美国的纳斯达克就汇聚了很多人们耳熟能详的IT企业，如美国本土的微软、英特尔，以及中国的盛大、新浪、搜狐、网易等。而在中国的"准创业板"——中小企业板，这种现象却无迹可寻。

作为国内中小IT企业中的幸运儿，七喜的上市之路并没有经历大起大落，上市后发行股票2 900万股，IPO近三亿元人民币，为自身的发展营造了更大的发展空间，同时也打开了资本市场的平台，进入了一个新的发展阶段。金蝶也经过五年努力终于在2005年7月20日由香港创业板转向主板，接触到了更大的资本市场平台。

（资料来源：http://tech.163.com/05/0725/16/1PH57GVF000915D8.html）

【评析】

创业板一直是引入风险投资，将科技产业化的重要渠道。金蝶的上市为自身的发展营造了更大的发展空间，同时也打开了资本市场的平台，进入了一个新的发展阶段。金蝶也经过五年努力终于在2005年7月20日由香港创业板转向主板，接触到了更大的资本市场平台。金蝶毕竟是已经处于业务发展和盈利阶段、颇具规模的创业企业，在上市融资的路上都花费了四年时间来等待。在这漫长的等待过程中，很难想象会错过多少生存和发展的机遇，这并不是每一个中小企业都能消耗得起的。一些早期曾经热衷于中小企业板的IT中小企业，面对如此光景也只好放弃了漫长的排队。

第三节 中小企业创业融资渠道

在创业融资过程中,中小企业需要根据自身特点和市场环境选择适合企业的融资渠道。

一、创业融资渠道的概念

创业融资渠道是指中小企业筹措资金的方向和通道,体现了资金的来源和流量。了解中小企业融资渠道,对企业的生存和发展是极其关键的。

中小企业创业融资原则上首先应考虑内源融资,即中小企业应该先尽可能地实现自有资金的积累。其次中小企业需要从外部获得资金时,考虑较多的融资方式是银行借贷。

二、创业融资渠道介绍

(一) 综合授信

所谓授信,就是相信,就是单位或个人给予某个人或某个企业的一种诚信肯定。例如,银行根据借款人的资信及经济状况,授予其一定期限内的贷款额度。在授信期限及额度内,借款人可根据自己的资金需求情况随用随借,不必每次都办理烦琐的贷款审批手续,而且可以尽可能地减少利息支出。

所谓综合授信,是指商业银行在对综合授信客户的财务状况和信用风险进行综合评估的基础上,确定能够和愿意承担的风险总量,即最高综合授信额度,并加以集中统一控制的信用风险管理制度。综合授信的对象一般只能是法人;综合授信的形式是一揽子授信,即贷款、打包放款、进口押汇、出口押汇、贴现、信用证、保函、承兑汇票等不同形式的授信都要置于该客户的授信额度上限以内,以便集中统一管理和有效控制信用风险。对客户来说,实行综合授信既能够获得银行的信用支持,解决资金困难,又能减少资金占压;对银行来说,实行综合授信则可以争取和稳定优质客户,推动各种信用业务的发展,增强自身的竞争力,并能够有效地控制信用风险。同时,实行综合授信也简化了授信的手续。只要在综合授信额度内,客户根据需要可以随时向银行提出授信申请,银行可以立即放款,简化了内部审批的程序,提高了工作效率,实现了一次签约、多次授信。因此,综合授信已经得到银行的普遍采用。

(二) 信用担保贷款

信用担保是指企业在向银行融通资金的过程中,根据合同约定,由依法设立的担保机构以保证的方式为债务人提供担保,在债务人不能依约履行债务时由担保机构承担合同约定的偿还责任,从而保障银行债权实现的一种金融支持方式。信用担保的本质是保障和提升价值实现的人格化的社会物质关系。信用担保属于第三方担保,其基本功能是保障债权实现,促进资金融通和其他生产要素的流通。

中小企业信用担保贷款是指以政府出资为主、依法设立主要从事中小企业贷款信用担保业务的担保机构,以及政府为实现特定政策目标独立出资或与其他出资人共同出资设立担保资金,并委托担保机构运作的,以政府产业政策为导向,对具有发展潜力的中小企业提供信用保证,协助其获得银行贷款,扶持和促进中小企业快速健康发展的一种贷款业务。担保机构为单个中小企业提供贷款信用担保的金额一般不超过 500 万元人民币,贷款信用担保期限一般不超过两年。申请信用担保贷款的中小企业需先向担保机构提出书面申请,并如实提供资金、财产和财务状况资料、依法纳税情况以及担保机构要求提供的其他资料,经担保机构审核符合条件后予以担保。

(三)买方信贷

买方信贷是指由出口方银行向进口方或进口方银行提供的信贷,用以支付进口货款的一种贷款形式。其中,由出口方银行直接贷给进口方的,出口方银行通常要求进口方银行提供担保;由出口方银行贷款给进口方银行,再由进口方银行贷给进口方或使用单位的,则进口方银行要负责向出口方银行清偿贷款。目前,我国国内银行提供的买方信贷分为两种。一种是用于支持本国企业从国外引进技术设备而提供的贷款,这种贷款被称为进口买方信贷;另一种是为支持本国船舶和机电设备等产品的出口而提供的贷款,这种贷款被称为出口买方信贷。这两种买方信贷的利率、期限和偿期等都不相同。

进口买方信贷有两种形式:一种是由出口方银行向进口方银行提供一项总的贷款额度,并签订一项总的信贷协议,规定总的信贷原则。进口方欲进口技术设备而资金不足需要融资时,可向国内银行提出出口信贷要求,银行审查同意后,按总的信贷协议规定,向出口方银行办理具体使用买方信贷的手续。另一种是不需要签订总的信贷协议,而是在进出口双方签订进出口商务合同的同时,由出口方银行和进口方银行签订相应的信贷协议,明确进口商品的货款由国内银行从出口方银行提供的贷款中支付,贷款到期由国内银行负责偿还。

(四)异地联合协作贷款

所谓异地联合协作贷款,就是不同地区银行之间或不同地区的银行与企业联合协作为相关的中小企业提供贷款。有些中小企业产品销路很广,或者是为某些大企业提供配套零部件,或者是企业集团的松散型子公司。这种在生产协作产品过程中需补充生产资金,可以寻求一家主办银行牵头,对集团企业公司统一提供贷款,再由集团公司对协作企业提供必要的资金,当地银行配合进行合同监督。也可由牵头银行同异地协作企业的开户银行结合,分头提供贷款。

(五) 项目开发贷款

一些高科技中小企业如果拥有重大价值的科技成果转化项目,初始投入资金数额会比较大,企业自有资金难以承受,就可以向银行申请项目开发贷款。商业银行对拥有成熟技术及良好市场前景的高新技术产品或专利项目的中小企业以及利用高新技术成果进行技术改造的中小企业,将会给予积极的信贷支持,以促进企业加快科技成果转化的速度。对与高等院校、科研机构建立稳定项目开发关系或拥有自己研究部门的高科技中小企业,银行除了提供流动资金贷款外,也可办理项目开发贷款。

(六) 出口创汇贷款

出口创汇贷款是指对于生产出口产品的企业,银行可根据出口合同或进口方提供的信用签证,提供打包贷款。出口创汇贷款对有现汇账户的企业,可以提供外汇抵押贷款;对有外汇收入来源的企业,可以凭结汇凭证取得人民币贷款;对出口前景较好的企业,还可以商借一定数额的技术改造贷款。

(七) 自然人担保贷款

根据《中华人民共和国担保法》(以下简称《担保法》)的规定,具有代为清偿债务能力的法人、其他组织或者公民,可以做保证人。所谓担保贷款,是指由借款人或第三方依法提供担保而发放的贷款。担保贷款包括保证贷款、抵押贷款和质押贷款。抵押加保证则是指在财产抵押的基础上,附加抵押人的连带责任保证。如果借款人未能按期偿还全部贷款本息或发生其他违约事项,银行将会要求担保人履行担保义务。

(八) 个人委托贷款

所谓个人委托贷款,是指委托人提供资金,银行根据委托人确定的贷款对象、用途、金额、期限、利率代为发放、监督使用并协助收回的贷款。个人委托贷款作为个人的重要理财方式之一,可以为委托人提供新的投资理财机会,为借款人提供更多可选择的融资渠道,为银行带来中间业务收入,不失为一个"多赢"产品。委托人应具备的条件:委托人是政府机构、企事业单位或个人,且应在银行开立存款账户,并将委托贷款资金一次或分次存入,委托贷款额不能超过委托人存入银行的委托贷款资金额。借款人应具备的条件:个人委托贷款的借款人必须是具有完全民事行为能力的自然人,具有合法有效的身份证明。借款人必须在银行开立个人账户,单笔贷款不低于五万元。委托贷款通过借款人在银行开立的个人账户发放和偿还。

第六章 中小企业创业融资

（九）无形资产担保贷款

依据《担保法》的有关规定，依法可以转让的商标专用权、专利权、著作权中的财产权等无形资产都可以作为贷款质押物。

（十）票据贴现融资

所谓票据贴现融资，是指资金的需求者将自己手中未到期的商业票据、银行承兑票据或短期债券向银行或贴现公司要求变成现款，银行或贴现公司（融资公司）收到这些未到期的票据或短期债券，按票面金额扣除贴现日至到期日的利息后付给现款，到票据到期时再向出票人收款。

贴现市场的交易种类大致可分为两类，一类是票据持有人向商业银行或贴现公司要求贴现换取现金的交易，这种交易占贴现市场业务的大部分；另一类是中央银行对商业银行或贴现公司已贴现过的票据再次进行贴现，为银行和贴现公司融通资金。再贴现是中央银行控制金融与信用规程的一个重要手段。票据贴现的种类还可以根据票据的不同分为银行票据贴现、商业票据贴现和债券及国库券贴现三种。

（十一）金融租赁

金融租赁是指由出租人根据承租人的请求，按双方事先的合同约定，向承租人指定的出卖人购买承租人指定的固定资产，在出租人拥有该固定资产所有权的前提下，以承租人支付所有租金为条件，将一段时期的该固定资产的占有、使用和收益权让渡给承租人。这种租赁具有融物和融资的双重功能。金融租赁可以分为直接融资租赁、经营租赁和出售回租三个品种。

金融租赁在经济发达国家已经成为设备投资中仅次于银行信贷的第二大融资方式。金融租赁是一种集信贷、贸易、租赁于一体，以租赁物件的所有权与使用权相分离为特征的新型融资方式。设备使用厂家看中某种设备后，即可委托金融租赁公司出资购得，然后再以租赁的形式将设备交付企业使用。企业在合同期内把租金还清后，最终还将拥有该设备的所有权。通过金融租赁，企业可用少量资金取得所需的先进技术设备，可以边生产边还租金。对于资金缺乏的企业来说，金融租赁不失为加速投资、扩大生产的好办法；对于某些产品积压的企业来说，金融租赁不失为促进销售、拓展市场的好手段。

（十二）典当融资

所谓典当融资，是以实物为抵押、以实物所有权转移的形式，从典当行取得临时性贷款的一种融资方式。与银行贷款相比，典当贷款成本高、规模小。但是，典当也有银行贷款所无法相比的优势。首先，与银行对借款人的资信条件近乎苛刻的要求相比，典当行对客户的信用要求几乎为零，典当行只注重典当物品是否货真价实。而且一般商业银行只做不动产抵押,而典当行则可以动产质押与不动产抵押二者兼为。其次,到典当行典当物品的起点低,千元、百元的物品都可以当。与银行相反,典当行更注重对个人客户和中小企业服务。再次,与银行贷款手续繁杂、审批周期长相比,典当贷款手续十分简便,大多立等可取,即使是不动产抵押,也比银行要便捷许多。最后,客户向银行借款时,贷款的用途不能超越银行指定的范围。而典当行则不问贷款的用途,资金使用起来十分自由。周而复始,大大提高了资金使用率。

作为国家特许从事放款业务的特殊融资机构,典当行与作为主流融资渠道的银行贷款相比,其市场定位在于:针对中小企业和个人,解决短期需要,发挥辅助作用。正因为典当行能在短时间内为融资者提供更多的资金,目前正获得越来越多创业者的青睐。

泛学习

中小企业融资的十大误区

1. 过度包装或不包装

有些中小企业为了融资,不惜一切代价粉饰财务报表甚至造假,财务数据脱离了企业的基本经营状况。还有些中小企业认为自己经营效益好,应该很容易取得融资,不愿意花时间及精力去包装企业,不知道资金方不只看重企业短期的利润,更重视企业的长期发展前景及企业面临的风险。

2. 缺乏长期规划,临时抱佛脚

多数中小企业都是在企业面临资金困难时才想到去融资,不了解资本的本性。资本的本性是逐利,不是救急,更不是慈善。企业在正常经营时就应该考虑融资策略,和资金方建立广泛联系。

3. 急于拿资金,忽视企业内部整理

中小企业融资时只想到要钱,一些基本的工作却没有及时去做。中小企业融资前,应该先将企业内部梳理一遍,理清企业的产权关系、资产权属关系以及同关联企业间的关系,把企业及公司业务清晰地展示在投资者面前,让投资者放心。

4. 融资视野狭窄

一些中小企业只看到银行贷款或股权融资。中小企业融资的方式很多,不只是银行贷款和股权融资,租赁、担保、合作、购并等方式都可以达到融资目的。

5. 只认钱,不认人

部分中小企业急于融资,没有考虑融资后对企业经营发展的影响。中小企业融资时除了资金,还应考虑投资方在企业经营、企业发展方面对企业是否有帮助。

6. 只想融资,不想让企业走向规范化

企业融资是企业成长的过程,也是企业走向规范化的过程。中小企业在融资过程中,应不断促进企业走向规范化,通过企业规范化来提升企业融资能力。

7. 只顾扩张,不塑造企业文化

中小企业在融资过程中若只顾企业扩张,不去塑造企业文化,最终会导致企业虽然规模做大了,却失去了原有的凝聚力,企业内部或各部门之间缺乏共同的价值观,没有协同能力。

8. 只顾扩张,不建立合理的公司治理结构

很多中小企业通过融资不断扩张,但企业管理却越来越粗放、松散。随着企业的扩张,企业应不断完善公司治理结构,使公司决策走上规范、科学的道路,通过规范化的决策和管理来规避企业扩张过程中的经营风险。

9. 低估融资难度

有些中小企业常常低估融资的难度,对出现在面前的个别资金方期望过大,且往往以为靠企业主或内部管理人员的私人小圈子就可以拿到资金。

10. 不愿意花钱请专业的融资顾问

企业融资是非常专业的,融资顾问要有丰富的融资经验、广泛的融资渠道,对资本市场和投资人要有充分的认识和了解,要有很强的专业策划能力,要考虑企业融资过程中遇到的各种问题及解决问题的方法。有些创业者不愿意花钱聘请专业的融资顾问,认为融资只需写一个商业计划书,随便找个机构或个人甚至学生来写,也不管其是否有融资的经验和融资的渠道。

(资料来源:http://finance.sina.com.cn/chanjing/b/20050816/0459265676.shtml)

复习思考

1. 简述中小企业创业融资的现状。
2. 比较分析创业融资的方式及特点。
3. 选取2~3个你感兴趣的创业融资渠道做简要概述。

实践训练

李彦宏的融资创业之路

开门立户前,李彦宏从1996年就开始对国内市场进行悄悄的考察。他利用每年回国的机会在各地转悠,看高科技公司在做什么、大学里在研究什么、老百姓在使用计算机干什么。直到1999年国庆节时,大家的名片上开始印E-mail地址了,街上有人穿印着.com的T恤了,李彦宏才断定:互联网在我国成熟了,大环境可以了;而李彦宏个人,存折上的钱也差不多了——就算是两三年一分钱挣不到,也可以保证全家过正常的生活。所以,辞职创业的时机到了。

1. 拿到启动资金回国创业

接着是回美国找资金。本来不爱开车的李彦宏整天开车在旧金山沙山路四处游说。终于,李彦宏拿到了有生以来最大数额的一张支票,120万美金!动听的故事——"中国市场+李彦宏雄厚的技术背景+李彦宏愿意放弃优厚待遇创业的决心",于是他立即买机票,圣诞节之日便降落在北京。之后的开张,也没有红绸子、没有红气球,甚至牌子什么时候挂的都模糊不清了——2000年1月1日清晨,李彦宏把一个财务人员和五个技术人员叫到自己与合作伙伴徐勇合住的北大资源宾馆房间,说:"我们这就开始了,办公室两条纪律,一是不准吸烟,二是不准带宠物。"

2. 第二笔资金顺利到位

网络泡沫破灭创业的第一个春天,李彦宏开始寻找第二笔资金。说服投资人比上一年要难,但并没有难住李彦宏——老实地讲现状,更老实地预期前景——9月,1 000万美金顺利到位。

钱不用愁了,客户与日俱增——几乎所有的门户网站都在使用百度搜索服务。但李彦宏却开始了"不相干"的忧虑:市场份额已占到80%,还不能挣钱,商业模式肯定不对头。

2001年8月,李彦宏"固执己见地说服董事会"。董事会电话会议,因为李彦宏一改平素的温和、民主、安静,忽然变得激烈、决绝、大嗓门——深圳总经理办公室外,百度的员工们只听见他一个人一直在说——董事们终于有保留地投降了:李彦宏,并不是你的道理让我们信服了,而是你的态度,既然你这么坚决、这么有信心,我们只能让你去试了!

然后,百度转向。转向后的百度又开始了顺理成章的进步。"没有反复、没有动荡",直到2003年年底,李彦宏在北大开讲座,不必再以"在座的谁用过百度"为开场白,在中场总会有人不断站起来,或者表达钟爱,或者探讨具体的搜索技术。李彦宏说:"这时候我意识到,百度算是基本上成功了。"

这就是百度的故事。这个"逐渐的过程",按日历的年份,李彦宏的总结是:2002年是技术年,百度搜索技术真正成熟了;2003年是流量年,流量比上一年涨了七倍(2002年和主流门户搜索流量平起平坐);2004年是品牌年,百度受到了广泛的认可;而2005年才是真正的收入年。

3. 摆正自己的位置

回忆艰难时期争取投资的技巧,李彦宏认为关键是要摆正位置、有自知之明。例如,IDG投资百度,投资人最后下决心不是因为李彦宏让他们认识到"搜索在我国巨大的前途",而是他们发现这个30来岁的年轻人一直在滔滔不绝讲的不是自己多么厉害,而是怎么去找"比自己强"的技术人员、管理人员,怎么组建最好的团队。

这个被投资者看好的"创业者难得的心态",延续到对下属和公司的管理上,李彦宏认为自己的核心概念还是"摆正位置","管理者不过是给大家提供一个好的工作环境、氛围，让有才能的人愉快、充分地发挥潜力创造。"这种低姿态，具体可以体现在公司日常管理中细小温暖的体贴。例如，2000年公司开业，百度的办公室就开始提供免费早餐，虽然不过是白粥、煮鸡蛋，但让早上爬起来就上班的年轻人不至于一个上午饿肚子；2010年年初公司搬入理想国际大厦，不准做饭了，百度在大厅里摆上了咖啡机，开始提供免费咖啡。

对他人，是平实和体谅；对自己、对心中梦想，李彦宏的态度也没什么高调，就是那两个不大新鲜的词儿：专注、坚持——"认准了，就去做，不跟风、不动摇。"

认准了搜索引擎，认准了自己的兴趣所在，认准了前途利益所在，李彦宏就是这样走过了创业之路。

（资料来源：http://www.youshang.com/content/2010/05/18/12520.html）

思考题：
1. 中小企业创业者为什么要融资？
2. 你认为中小企业管理者在融资后应如何摆正自己的位置。

第七章 中小企业创业营销

学习目标

1. 了解创业营销应具备的知识。
2. 掌握目标营销的策略。
3. 掌握产品、定价、渠道、促销组合策略。

引导案例

卖点的小故事

一个青年为他父亲白手起家的故事而感动,于是他历尽艰险来到热带雨林找到一种高 10 余米的树木,这种树在整个雨林也只有一两棵。如果砍下一年后让外皮朽烂,留下木心沉黑的部分,一种奇妙的香气便散开来了;如果放在水中则不像别的树木一样漂浮,反而会沉入水底。

青年将奇香无比的树木运到市场去卖,却无人问津,这使他十分烦恼。而他身旁有人卖木炭,买者很多。后来,他就把香木烧成木炭,挑到市场,很快就卖光了。青年为自己改变了生意而自豪,回家告诉他的老父亲。不料,老翁听后泪水刷刷地落下来了。原来,青年烧成木炭的香木,是世界上十分珍贵的一种木材——沉香。老翁说:"只要切一块磨成粉屑,价值也要超过买一年的木炭啊。"

(资料来源:http://finance.sina.com.cn/g/20050916/11301974178.shtml)

【评析】

产品的卖点究竟在哪里?这是创业营销需要思考的问题。一种商品往往具有多种用途,并由此构成几个卖点。如果不懂得营销,看不到物品的最大价值,就会因小失大,即"端着金碗讨饭吃,拿来锦缎当抹布"。

第一节 创业营销理念

创业营销是中小企业的重要组成部分,但在经济转型升级过程中,中小企业创业营销理论方面的短缺成为制约发展中小企业发展的重要因素。因此，以创业营销为突破点，做好营销工作，才能使中小企业营销更加有效，推动中小企业更好地发展。

一、营销

在《管理实践》一书中，彼得·德鲁克（Peter F. Drucker）认为，中小企业只有两个基本职能，即营销和创新。也就是说，企业最主要的目的是创造价值和传递价值。营销的目的在于深刻认识和了解顾客，从而使产品或服务完全适应顾客的需要而形成产品的自我销售。现代营销学之父菲利普·科特勒（Philip Kotler）认为，营销就是个人和集体通过创造，提供出售，并同他人自由交换有价值的产品，以获得其所需产品或所需服务的社会活动和管理过程。根据杰罗姆·麦卡锡（Jerome Macarthy）在《基础营销学》中的定义，营销是指某一组织为满足顾客而从事的一系列活动。

事实上，一切活动都是在进行创业营销活动。例如，制造和零售指的是对产品的营销，咨询公司是对信息的营销，出版商是对图书的营销，教授是对知识的营销。中小企业成功的创业行动，与自身对即将推出的产品和服务的成功营销息息相关，任何企业无法脱离营销活动而取得成功。

二、创业营销

关于创业营销的研究起于20世纪80年代。其中，希尔斯（Hills）、赫尔特曼（Hultman）、克劳（Krau）和舒尔特（Schulte）提出的概念最具代表性，创业营销是一种着力于机会追寻，利用各种网络关系，促进中小企业成长，并创造顾客价值的导向、理念和行为的过程。在企业经营过程中，学者开始逐渐关注创业与营销的交互作用，如莫里斯（Morris）等学者，提出从机会导向、先动性、创新性、风险承担、资源撬动、亲近顾客和价值创造七个方面进行创业营销活动。托马斯（Thomas）等通过分析研究，识别出四个关键创业营销战略，包括机会创造、亲近顾客、创新产品和资源撬动。

创业营销对中小企业来讲是应该采取的长期活动的方向和过程，有助于帮助企业获得竞争优势，能够指导企业制订营销战略，以期提升创业企业的存活率。如戴尔、亚马逊、联邦快递、小米手机等许多成功案例，在外部环境不确定的条件下实施创业营销活动，帮助企业在市场中找到最佳联结点，能够有效地提升营销活动的绩效和水平。

三、消费者市场

消费者市场是个人或家庭为了生活消费而购买产品和服务的市场。消费者市场的主要特点体现在：交易的商品属于社会终端产品，营销对象广泛，需求复杂，购买人数多而分散，购买频率高，数量零星，成交额小，时间分散，多为小型购买，大多数购买者缺乏专门的商品知识和市场知识，属于非专业购买，购买力流动性大，市场供求关系繁杂多变。

消费者市场是市场体系的基础，对企业营销活动起着决定性作用。消费者市场研究的核心是消费者行为，其目的是使消费者的欲望和需要得到满足。那些成功的中小企业能够有效地发展对消费者有价值的产品，并运用富有吸引力和说服力的方法将产品有效地呈现给消费者。因此，研究消费者购买行为，有助于中小企业生产适销对路的产品，有效开展创业营销活动。

第二节 消费者购买行为

市场最重要的因素是消费者，创业营销的目的是影响消费者的购买想法和行为。

一、消费者心理与行为

当今社会环境中的消费时尚、习俗、流行都对消费心理与行为产生影响，主要呈现以下特点。一是伴随着经济稳健发展，尽管生活压力增大，但消费者对未来仍然信心十足；二是消费者接受新产品的速度很快，消费水平逐年提高，这是新兴品类消费增长的源泉；三是移动互联网和社会化媒体发布信息的可信度大幅跃升，逐渐成为未来品牌营销的重要方式；四是年轻消费主流群体不断崛起，刺激品牌消费年轻化。

消费者活动心理出现上述新特点的原因有：一方面是我国80、90后新消费力量崛起，逐渐发展成为各类市场尤其是高端市场的消费主力；另一方面是消费观念发生变化，尊崇时尚、休闲，注重健康绿色，追求便利快捷，喜欢互动体验。

例如，美国苹果公司深刻理解是什么促使消费者如此痴迷，答案就是用户体验，这对中小企业的发展非常重要。反复吸引用户参与，这种对用户体验的痴迷使得一本正经的市场调研显得不再重要。

苹果公司具有强大的创业营销能力，利用这种所谓的"参与式设计"或"实用性测试"，将用户体验融入产品的设计与开发流程中，帮助其吸引了大批忠实用户。乔布斯曾经说过:"苹果的关键在于,我们要开发真正能令人兴奋的产品。"对用户来说,这是一种幸运。正是因为苹果如此看重用户体验,才开发出了真正符合用户需求的产品。

二、消费者购买行为

(一)消费者购买行为的概念

在实际生活中,消费者购买行为是复杂的,购买行为的产生是受到其内在因素和外在因素的相互促进、交互影响的。

随着消费社会发展,企业经营观念发生了根本性变化,从关注企业自身到关注消费者行为。美国著名经济学家托斯丹·邦德·凡勃伦(Thorstein B. Veblen)是最早开始从事消费者行为研究的,他在《有闲阶级论》一书中指出炫耀性消费及其社会含义,认为人们对服装、首饰、住宅等物品的过度消费,源于对别人炫耀自己的社会心理。菲利普·科特勒对消费者购买行为的定义是人们为满足需要和欲望而寻找、选择、购买、使用、评价及处置产品、服务时介入的过程活动,包括消费者的主观心理活动和客观物质活动两方面。柏建华指出,全球金融危机后,消费者的信心不足,储蓄意愿明显加强,消费者更加注重节约,减少奢侈品的消费数量,对产品的价格更加敏感,消费者更为理性和冷静。

美国市场营销协会对消费者行为给出的定义是感知、认知行为以及环境因素的动态互动过程,是人类履行生活中交易职能的行为基础。因此,消费者购买行为是指消费者为满足其个人或家庭生活需要而发生的购买商品的决策过程。中小企业创业营销通过对消费者购买行为的研究,可以帮助其掌握消费者购买行为的一般规律,从而制订有效的市场营销策略,实现中小企业的营销目标。

【案例】

吉列公司消费者购买行为

吉列公司通过给顾客免费赠送刀具而留住顾客,来促使顾客长年累月地购买吉列刀片。

19世纪70年代,当Bic公司在欧洲推出一次性剃须刀并很快占领了市场时,吉列却忘记了留住顾客的方法,它率先在美国推出一次性剃须刀,同时利用购物优待券、价格刺激、零售打折等手段来推销新产品、开发新顾客。虽然保住了市场,却损失了利润。1974—1980年,吉列的赢利情况令人失望。公司营销人员意识到由于在价格上做文章而使顾客流失、利润下降,决定以留住顾客为出发点制订营销战略。当公司投资几千万美元研制出新式剃须刀时,改变营销策略,将以往用在优惠销售上的营销费用花在媒体广告上,以树立品牌形象。活动目标是吸引年轻男子花较少的钱试用新产品,同时留住老顾客。实践证明,吉列的 Sensor 刀片的营销获得了成功,成为其留住顾客的营销典范之一。

【评析】

只有留住顾客,才能为消费者创造并传递价值,提高其购买意向。站在企业的角度,充分体现顾客在企业生存发展过程中的重要作用。站在消费者角度,感觉到自己被企业重视,能够使其对企业产生一种心理上的认同感。

(二)影响消费者购买行为的因素

要了解消费者为什么购买、在哪里购买、购买多少,都是非常不容易的事情,答案常常深藏在消费者的心里。

针对人们在不同时期为什么会有特定的需要,马斯洛需求层次理论做了很好的解释。他认为人类的需要是分层次排列的,按照从最迫切到最不紧迫的由低到高排列。例如,消费者为抵御寒冷而购买服装,是在保护生命的动机驱使下进行的。马斯洛需求层次理论与服装消费需求层次关系,如图 7-1 所示。

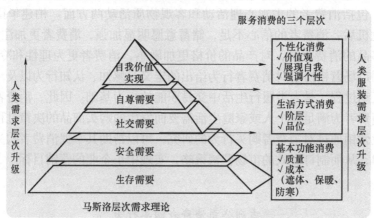

图 7-1 马斯洛需求层次理论与服装消费需求层次关系

又如,消费者为了解除饥渴而购买食品饮料,是在维持生命动机的驱使下进行的;为实现知识化、专业化而购买书籍杂志,是在发展生命动机的驱使下进行的。因此,消费者在生存、心理、精神和感情上的需求,实质上是消费者采取购买行为的推动者。

消费者购买行为主要受到消费者心理因素、个人因素、社会因素和文化因素的影响,如图 7-2 所示。在创业营销过程中是很难控制这些因素的,但中小企业应该考虑这些因素,这对正确把握消费者行为、有针对性地开展市场营销活动具有极其重要的意义。

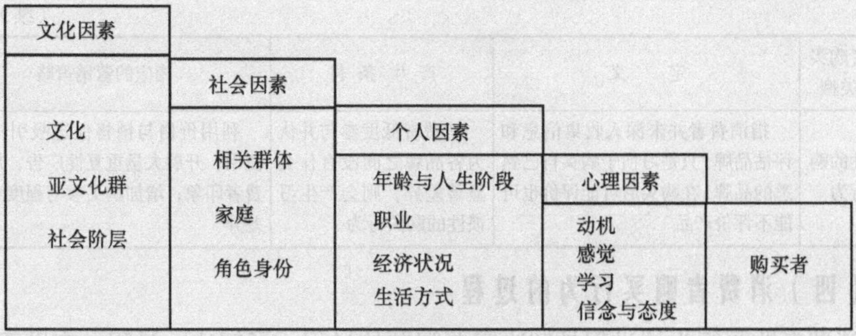

图 7-2　影响消费者购买行为的因素

在影响消费者购买行为的社会因素中,有一种比较有趣的现象叫"意见领袖",指的是在创业营销中找出甚至培养一些人,让他们以"品牌形象大使"的身份传播产品信息。例如,在 2012 年伦敦奥运会上,耐克公司赞助 400 名运动员穿上令人惊艳的绿/黄 Volt Flyknit 鞋,在全球创造了巨大的蜂鸣效应。

(三)消费者购买行为的类型

关于消费者购买行为的类型,一般从两个维度划分,即购买者介入度和品牌差异度,具体如表 7-1 所示。

表 7-1　消费者购买行为类型比较分析

消费者购买行为类型	定义	产生条件	相应的营销策略
复杂的购买行为	指消费者对价格昂贵、品牌差异大、功能复杂的产品,由于缺乏必要的产品知识,需要慎重选择、仔细对比,以求降低风险的购买行为	消费者属于高度参与,并且了解现有各品牌、品种和规格之间具有显著的差异,则会产生复杂的购买行为	营销者应制订策略帮助购买者掌握产品知识,通过各种途径宣传本品牌的优点,影响最终购买决定,简化购买决策过程
减少失调感的购买行为	指消费者并不广泛收集产品信息,并不精心挑选品牌,购买决策过程迅速而简单,但是购买以后会认为自己所买产品具有某些缺陷或其他同类产品有更多的优点,进而产生失调感,怀疑原先购买决策的正确性	消费者属于高度参与,但是并不认为各品牌之间有显著差异,则会产生减少失调感的购买行为	营销者要提供完善的售后服务,通过各种途径经常提供有利于本中小企业和产品的信息,使顾客相信自己的购买决策是正确的
寻求多样化的购买行为	指消费者购买产品有很大的随意性,并不深入收集信息和评估比较就决定购买某一品牌,在消费时才加以评估,但是在下次购买时又转换其他品牌	消费者属于低度参与并了解现有品牌和品种之间具有的显著差异,则会产生寻求多样化的购买行为	对于寻求多样化的购买行为,市场领导者和挑战者的营销策略是不同的。市场领导者力图通过占有货架、避免脱销和提醒购买的广告来鼓励消费者形成习惯性购买。而挑战者则以较低的价格、折扣、赠券、免费赠送样品和强调实用新品牌的广告来鼓励消费者改变原习惯性购买行为

(续)

消费者购买行为类型	定义	产生条件	相应的营销策略
习惯性的购买行为	指消费者并未深入收集信息和评估品牌,只是习惯于购买自己熟悉的品牌,在购买后可能评价也可能不评价产品	消费者低度参与并认为各品牌之间没有什么显著差异,则会产生习惯性的购买行为	利用价格与销售促进吸引消费者使用;开展大量重复性广告,加深消费者印象;增加购买参与程度和品牌差异

(四)消费者购买行为的过程

消费者购买行为的过程是解决需要问题的过程,了解这一过程,有助于促销策略的制订。

在考察影响消费者行为的主要因素和类型后,接下来将要了解消费者是如何做出决策的。

消费者在购买过程中主要经历五个阶段,即确认需要、信息收集、备选方案评估、购买决策和购买后行为,如图7-3所示,这就是菲利普·科特勒研究购买决策过程的"阶段模式"。创业营销中应该将注意力集中于购买的全过程,而不是只是关注购买决策这一个环节。

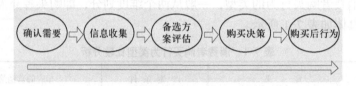

图7-3 购买决策过程的五个阶段

我们知道,需求欲望来源于人们的各种本能。购买过程从消费者确认某一问题或某种需要开始,当消费者对某种产品或服务感兴趣时就会在各种媒介上搜索更多能够满足这些欲望的产品或服务信息,然后根据一些规范来筛选自己的购买对象,购买方案的评估视消费者个人和特定的购买情形而定,最后消费者找出最适合自己购买商品的地点、时间及数量,做出购买决策。此外,还应关注消费者是否满意以及他们的购买后行为。因为购买目标商品后,产品体验将转化为用来驱动下次购物的经验。由此可见,消费者购买过程中的任何一个环节都是中小企业营销的切入点。

【案例】

Smart+京东,"双赢推广"

300辆Smart汽车在89分钟内销售一空,相当于每半分钟销售一辆,这个数量甚至超越了2010年Smart经典汽车的淘宝团购案例,销售速度高达其2倍。除此之外,几千个销售线索在活动中被收集并提供给经销商。

奔驰选择京东作为Smart限量版汽车网上销售的阵地。2012年2月10~19日，首先是电视户外网络预热，结合微博为活动造势。随后，Smart汽车在五个重要销售城市的影院展出。同一时期，Smart汽车在娱乐节目中展出。2012年2月20日，Smart汽车正式销售时，奔驰采取了每推迟1小时购买价格增长36元，预售阶段购买还会额外奖励1000元京东抵用券的营销策略。

【评析】

营销中小企业提供的信息，是消费者获取信息的主要来源。京东正式声明将销售Smart限量版汽车的微博一经发出就引起1700余次转发，网友评论的关键词以"喜欢""不错""霸气"等褒义词为主。而京东和Smart这两个品牌的提及率很高，可以说这一活动造就了双赢的理想效果，使得Smart和京东的曝光率都提高不少。活动的成功无疑要归功于前期的各种宣传预热，以及在社交网络上的造势，另外，在电商平台销售汽车也是引起网友们的大量讨论和口碑传播的新颖点。

第三节 目标市场营销

目标消费者是一个庞大而又复杂的群体，无论是消费心理、购买习惯、收入水平还是所处的地理环境和文化环境等都存在较大的差别，不同消费者和用户对同一产品的消费需求和消费行为也具有很大的差异性，这就促成了目标市场营销的形成。

目标市场营销的观念已为越来越多的中小企业所接受，它能帮助中小企业更好地识别市场营销机会，使中小企业能够为每个目标市场提供适销对路的产品，调整价格、营销渠道和广告，以到达目标市场。中小企业可以避免分散营销力量，以便把重点放在最有潜力的顾客身上。

目标市场营销是指中小企业识别各个不同的购买者群体，选择其中一个或几个作为目标市场，运用适当的市场营销组合，集中力量为目标市场服务，满足目标市场的需要。目标市场营销（简称STP营销）由市场细分、目标市场选择和市场定位三个步骤组成。

一、市场细分

（一）市场细分的概念

市场细分理论是由美国营销学家温德尔·史密斯（Wendell Smith）在1956年提出来的，由此奠定了目标市场营销的理论基础，被西方理论界称为"市场营销革命",使中小企业营销进入了目标市场营销阶段。

市场细分是指根据消费者对产品不同的欲望与需求,不同的购买行为与习惯,把整个市场划分为若干个有相似需求的消费者群的过程。但是,我们必须明确以下几点。

1)市场细分不是产品分类,而是消费者分类。例如,服装市场可以细分为男性、女性、中老年、青少年和儿童市场等。

2)市场细分的基础是顾客需求的差异性。顾客需求是变化的过程,中小企业通过营销努力可以影响它。

3)市场细分是一个聚集而非分解过程。市场细分把具有某种共同需求特征的顾客鉴别出来,并使之显性化。

(二)市场细分战略发展

现代营销策略的核心被称为 STP 营销,即细分市场、目标市场选择和市场定位。但是中小企业经营人员对这种观念的认识经过了三个阶段。

1. 大量营销阶段

在此阶段,中小企业大量生产某种产品,通过众多渠道大量推销给所有的消费者,对消费者不加任何区别。例如,美国可口可乐公司曾在很长的一段时间内只生产一种包装的可乐,它希望这种饮料适合每一个人,成为人人喜爱、老少皆宜的产品。这种生产观念认为,这样做可以大大降低成本和价格并开拓最大的潜在市场。因此,这一竞争阶段的焦点在于降低成本。

2. 产品差异化营销阶段

随着科技进步发展,大规模生产开发和推广,产品产量增长迅速,会导致市场出现供过于求的现象,中小企业销量和利润开始下降。这时企业开始认识到产品差异化的潜在价值。于是,企业生产几种具有不同特点、风格、质量和尺寸的产品,其目的是向顾客提供多种产品,供不同的顾客选购。产品差异化营销的观点认为,顾客有不同爱好,而且爱好随时间的推移也有所变化,顾客也在寻求差异化。这一竞争阶段的焦点在于销售产品。

3. 目标市场营销阶段

在此阶段,中小企业先从整体市场中找出主要的细分市场,通过识别各个不同的购买者群体,选择其中的一个或几个作为目标市场,实行目标市场营销。然后,制订相应的产品计划和营销计划,使之能够满足每个选定的细分市场的需要。这一竞争阶段的焦点在于争取并保有消费者。

第七章 中小企业创业营销

MINI 汽车为什么这样红

我国市场中汽车产品正在越来越细分化,汽车将不再仅作为代步工具,而是一种生活方式的选择。宝马 MINI 汽车借此趋势,已经开始了从一个车型向一个品牌的迈进。

2011 年上海车展期间,大众汽车在我国首发了改款的新一代甲壳虫;奔驰向媒体透露全新 Smart 不久将会面世;奥迪在我国推出奥迪 A 系,并把初始销售目标定在了月销量 2 000 辆。事实上,他们都把目标对准了宝马 MINI(以下简称 MINI)。近两年来,MINI 品牌从影响力到销量突飞猛进的事实,竞争对手实在无法忽视。如今,小型车不再是入门级和便宜的代名词,它也和性格、品质、趣味联系起来。随着越来越细分的我国车市,精品小型车开始"横"行。

我国已经成为 MINI 全球第六大市场,超过日本成为亚洲第一,也是 MINI 全球增速最快的市场。可以说,MINI 在我国创造了一个全新的细分市场。

另一个值得注意的现象是,汽车"体现身份地位"的用途在二次购车中的比例增长了近 5 倍,增长幅度在所有用途中是最大的,成为体现人们价值观和品位的符号,而不仅仅是炫耀。这就决定了汽车市场细分化将越来越高,人们在选择汽车时更多的是在选择一种生活方式。这也是人们愿意掏出 30 万元买一辆"精品小型车"的原因。

(资料来源:http://www.iot-online.com/art/2017/021044450.html)

【评析】

MINI 走红的历史,正是满足了个性化消费的历史。宝马通过主动重新塑造 MINI 的性格,最终让 MINI 成为代表生活方式和个性体现的高端小型车,并依靠创造力和艺术性来达到营销目的。

(三)消费者市场细分的标准

市场细分标准指的是以消费者所具有的明显不同的特征为分类依据,具体如表 7-2 所示。

表 7-2 市场细分的依据基础

序号	名称	定义	具体变量
1	地理细分	是指按消费者所处的地理位置、自然环境细分市场	国家、地区、城市、农村、气候、地形
2	人口细分	是指按人口统计变量细分市场,这是区分顾客群体最常用的方法	年龄、性别、职业、收入、教育、家庭人口、家庭类型、家庭生命周期、国籍、民族、宗教

(续)

序号	名称	定义	具体变量
3	心理细分	是指根据消费者所处的社会阶层、生活方式和个性特征等进行细分市场,这更有利于发现新的市场机会和目标市场	社会阶层、生活方式、个性
4	行为细分	是指按照消费者购买使用某种产品的时机、追求的利益、使用者情况、品牌忠诚度和品牌态度等进行细分市场	时机、追求利益、使用者地位、产品使用率、品牌忠诚度、购买准备阶段、品牌态度

(四)市场细分的作用

1. 市场细分有利于选择目标市场改变营销策略

实践证明,经过市场细分后的子市场比较具体,中小企业比较容易了解消费者的需求,往往可以根据自己的经营思想、方针及生产技术和营销力量,选择和确定自己的服务对象,即为目标市场。同时,针对较小的目标市场,便于制订特殊的营销策略。同时,在细分市场上,更容易了解和反馈信息。一旦消费者的需求发生变化,中小企业可以迅速改变营销策略,制订相应的对策,以适应市场需求的变化,提高中小企业市场竞争力。

2. 市场细分有利于发掘市场机会、开拓新市场

在调查基础上的市场细分,可以让中小企业深入了解顾客的不同需求,并根据各子市场的购买潜力、满足程度和竞争情况等进行综合分析,探索有利于本中小企业的市场机会,使中小企业及时做出投产、移地销售决策,或者根据自身的生产技术条件编制新产品开拓计划进行必要的产品技术储备,更好地掌握产品更新换代的主动权,发掘和开拓新市场,以适应市场的需要。

3. 市场细分有利于集中资源投入目标市场

每一个中小企业的营销能力相对于整个市场来讲,都是有限的。通过细分市场选择适合自己的目标市场,中小企业可以集中人、财、物及资源,去争取局部市场上的优势,然后再占领自己的目标市场。

4. 市场细分有利于提高经济效益

当然,上述三个方面的作用都能使中小企业提高经济效益。除此之外,中小企业通过市场细分后,可以集中有限的资源来面对自己的目标市场,生产适销对路的产品,迅速提升产品质量,更好地满足消费者需要和市场需要。同时,还可增加中小企业的收入。产品适销对路可以加速商品流转,加大生产批量,降低中小企业的生产销售成本,提高生产工人的劳动熟练程度,提高产品质量,全面提高中小企业的经济效益。

二、目标市场

市场细分可以帮助中小企业识别不同的市场机会。中小企业通过对各个细分市场做出评估后方可决定以哪几个细分市场为目标。

（一）目标市场的概念

著名的市场营销学者杰罗姆·麦卡锡（Jerome Mc Carthy）提出了应当把消费者看作一个特定的群体，称为目标市场。目标市场是指中小企业决定进入的、具有共同需要或特征的购买者集合。中小企业通过市场细分，有利于明确目标市场，通过市场营销策略的应用，有利于满足目标市场的需要。

（二）目标市场的选择

1. 目标市场选择的概念

目标消费者是一个庞大而复杂的群体，位居营销过程的中心地位。中小企业通过识别总体市场，将其划分好细分市场之后，选择最有开发价值的细分市场，可以集中力量进入既定市场中的一个或多个细分市场。它实际上是决定中小企业能进入哪些目标市场的策略问题。

举例说明，现阶段我国城乡居民对照相机的需求，可分为高档、中档和普通三种不同的消费者群。调查表明，33%的消费者需要物美价廉的普通相机，52%的消费者需要使用质量可靠、价格适中的中档相机，16%的消费者需要美观、轻巧、耐用、高档的全自动或多镜头相机。国内各照相机生产厂家大都以中档、普通相机为生产营销的目标，因而市场出现供过于求的现象，而各大中型商场的高档相机多为高价进口货。如果某一照相机企业选定16%的高档相机消费者目标，优先推出质优、价格合理的新型高级相机，就会受到这部分消费者的欢迎，从而迅速提高市场占有率。

2. 目标市场模式的选择

中小企业根据经营目标和经营能力选择目标市场的范围。一般来说，目标市场有以下五种模式可供选择。

1）单一市场集中化。单一市场集中化是指中小企业在进行消费者分析之后，只选择其中一个细分市场进行集中营销，中小企业只全力生产一种产品，供应某一类消费者。

这是目标市场选择中最简单的模式，适用于实力不是很强、资源有限、规模较小的中小企业。例如，大众汽车公司集中经营小汽车市场就是这一模式的典型代表。中小企业选择这种模式，由于经营对象单一，通过集中营销能够更加了解本细分市场的需要，树立良好的信誉，建立巩固的市场地位。同时，企业通过生产、销售和促销等专业化分工，获得较高的市场占有率，能够提高经济效益。但选择这种模式，由于目标范围较小，因而经营风险也高。因此，许多中小企业更趋向于在若干个细分市场分散营销。

2）产品专业化。产品专业化是指中小企业集中制造一种产品，不生产其他产品。采取这种模式为中小企业在特殊的产品上创造了专业化的商誉，可以作为中小企业进一步发展的基础。

选择这种模式的优点在于专注于某一种或某一类产品的生产，有利于形成和发展生产和技术的优势，扩大市场面，有利于在该领域树立形象。缺点在于一旦商品被某种新科技产品所取代，中小企业将面临巨大的经营风险。

以格力电器为例，它是我国唯一一家坚持专业化经营战略的大型家电企业。长期以来，一些专业人士对格力坚持专业化经营战略持否定态度。但是，肯定也好，指责也罢，著名国际财经杂志美国《财富》中文版揭晓的消息表明，作为我国空调行业的领跑企业，格力电器曾入选《财富》"中国企业百强"。格力电器能够取得良好的经济效益，充分显示了产品专业化经营的魅力。

3）市场专业化。市场专业化是指中小企业专门经营满足某一顾客群体需要的各种产品。比如中小企业专为某种汽车品牌生产零配件。

选择这种模式的优点在于市场专业化经营的产品类型众多，能有效分散经营风险。缺点在于由于集中于某一类顾客，当这类顾客的需求下降时，中小企业也会遇到收益下降的风险。

以专门从事大众汽车零配件的中小企业为例，他们只为大众汽车公司服务，生产该公司需要的各种零配件。品种可能有很多，但是面对的顾客只是大众汽车公司。采用这种模式，有助于发展和利用与顾客之间的关系，降低交易成本，并在这一类顾客中树立良好的形象。当然，一旦这类顾客的购买力下降，企业的收益就会受到较大影响。

4）选择专业化。选择专业化是指中小企业有选择地专门服务于几个不同的子市场的顾客群体，提供各种性能的生命力较强的同类产品，尽量满足不同的消费群体的各种需求。

选择这种模式的优点在于能扩大销售，增强竞争力不同细分市场配有不同的营销组合，有利于分散经营风险。缺点在于因产品多，产品设计、制造、仓储、促销费用高，管理复杂，一般对规模、实力、资源和经营能力要求较高。

例如，娃哈哈推出不同的产品适合不同的市场，如儿童营养液、hello C、矿泉水等。2005年初，"营养快线"上市，当年全国销售额8亿元，2006年销售额超25亿元；2006年3月，"爽歪歪"面市，当年突破10亿元；2006年7月份，高调推出"咖啡可乐"；2007年推出富锌含氧活性矿物质水；2009年，推广啤儿茶爽；2010年，推出升级版的 hello C 的果粒饮料和金银花凉茶。

5）完全市场覆盖。这一般是较大的中小企业或者市场领先的中小企业采用的策略，致力于为市场上各种不同类型的消费者提供各类产品。这种模式一般要根据市场和环节的变化动态调整。对于中小企业来说，不宜盲目地采用这种模式。

选择这种模式的优点在于大批量生产，生产成本和销售成本大幅度减少，管理方便。缺点在于不太适合大部分的中小企业。

例如，海尔集团生产各种家用电器，以满足整个市场对家用电器的需求。

3. 目标市场营销战略

中小企业根据各细分市场的独特性和企业自身的目标，有以下三种目标市场营销战略可供选择。

1）无差异性目标市场策略。这种策略是把整个市场视为一个目标市场，用单一营销策略开拓市场，强调消费者的共同需要，忽视其差异性。采用这一策略的企业一般都是实力强大并进行大规模生产，又有广泛而可靠的分销渠道以及统一的广告宣传方式和内容的大型企业。因此，大批量生产、销售降低产品单位成本，减少促销费用以及市场调研、研发等成本开支。

2）差异性目标市场策略。这种策略通常是把整体市场划分为若干细分市场作为其目标市场。针对不同目标市场的特点，分别制订不同的营销计划，按计划生产目标市场所需要的商品，以满足不同消费者的需要。采用这一策略的企业能够有针对性地满足不同消费者群体，有利于提高产品竞争力。但由于产品品种、销售渠道、广告宣传等，致使市场营销费用也会增加。

3）集中性目标市场策略。这种策略是选择一个或几个细分化的专门市场作为营销目标，集中中小企业的优势力量，对某细分市场采取攻势营销战略，以取得市场上的优势地位。

一般来说，集中性目标市场策略适用于实力有限的中小企业。与其处处出击但收效甚微，不如突破一点取得成功。中小企业通过集中资源优势，深入了解市场需求变化，选择在某个还未顾及的细分市场进行竞争，成功的机会更大。但也有可能因为目标市场过于狭小，市场发展潜力不大，企业发展可能会受到限制。

三、市场定位

在选定目标市场后，中小企业还必须决策在这些市场中取得什么样的地位。例如，买汽车的选择有很多，你可以从通用、福特、丰田、本田、日产、大众、宝马、现代和比亚迪等几百个品种中挑选。中小企业如何在消费者的选择中脱颖而出？"选择的爆炸"提示我们，中小企业要赢得消费者必须使自己的产品和形象有特色，树立正确的市场定位。

市场定位是美国营销学家艾·里斯（Al Ries）和杰克·特劳特（Jack Trout）在 1972 年提出来的，开创了营销理论界的一场革命。

1. 市场定位的概念

市场定位是中小企业及产品确定在目标市场上所处的位置，针对顾客对该类产品的某些特征或属性的重视程度，为本企业产品设计、塑造与众不同的品牌形象，使产品在目标市场确定适当的位置。市场定位并不是对一件产品本身做些什么，而是在潜在的消费者的心目中做些什么，其实质是使本企业与其他企业区分开来，使顾客明显感觉和认识到这种差别，从而在顾客心目中占有特殊的位置。

中小企业在进行市场定位时，一方面要了解竞争对手的产品特色，另一方面要研究目标顾客对该产品的各种属性的重视程度，然后根据这两方面进行分析，再选定本企业产品的特色和独特形象。

2. 市场定位的步骤

市场定位是为了创造差别优势，建立企业和产品品牌的特色。实现产品市场定位，需要通过识别潜在竞争优势、企业核心优势定位和制订发挥核心优势战略的三个步骤实现。

1）识别潜在竞争优势，主要是通过市场研究识别企业在成本和产品差别化方面的潜在优势，从而形成市场定位的基础。通常中小企业的竞争优势表现在成本优势和产品差别化优势两方面。成本优势使中小企业能够以比竞争者低廉的价格销售相同质量的产品，或以相同的价格水平销售更高质量水平的产品。产品差别化优势是指产品独具特色的功能和利益与顾客需求相适应的优势，即企业向市场提供的产品在质量、功能、品种、规格和外观等方面比竞争者能够更好地满足顾客需求的能力。为了实现此目标，中小企业首先必须进行规范的市场研究，切实了解目标市场需求特点以及这些需求被满足的程度。一个中小企业能否比竞争者更深入、更全面地了解顾客，是能否取得竞争优势、实现产品差别化的关键。另外，中小企业还要研究主要竞争者的优势和劣势，知己知彼，方能战而胜之。可以从以下三方面评估竞争者：一是竞争者的业务经营情况，比如估测其近三年的销售额、利润率、市场份额和投资收益率等；二是评价竞争者的核心营销能力，主要包括产品质量和服务质量的水平等；三是评估竞争者的财务能力，包括获利能力、资金周转能力和偿还债务能力等。

2）企业核心竞争优势定位，就是找出与竞争者相比较所具有的能获取明显差别利益的优势，从而确定为可识别的企业核心竞争优势。也就是与主要竞争对手相比,在产品开发、服务质量、销售渠道和品牌知名度等方面具有获取明显差别利益的优势。显然,这些优势的获取与中小企业营销管理过程密切相关。所以在识别核心优势时,应把中小企业的全部营销活动加以分类,并对各主要环节在成本和经营方面与竞争者进行比较分析,最终定位和形成中小企业的核心优势。

3)制订发挥核心优势的战略,就是要制订明确的市场战略来体现和发挥企业的核心竞争优势。中小企业在经营过程中,其市场营销方面的核心能力与优势,不会自动地在市场上得到充分的表现。因此,中小企业核心竞争战略的选择和制订,关系企业参与市场较量的成败。例如,通过广告传导核心优势战略定位,使中小企业核心优势逐渐形成一种鲜明的市场概念,并使这种概念与顾客的需求和追求的利益相吻合。

3. 市场定位的策略

1)避强定位。这是一种针对强有力的竞争对手的市场定位。中小企业为避免与实力最强的或者较强的其他中小企业直接发生竞争,而将自己的产品定位于另一个市场区域内,使自己的产品在某些特征或属性方面与最强或较强的对手有比较显著的区别。这种定位方式能够迅速在市场上站稳脚跟,并能在消费者或用户心目中迅速树立起一种形象,市场风险较小,成功率较高,常常被多数中小企业所采用。

2)迎头定位。这是一种与市场上占据支配地位且最强的竞争对手"对着干"的定位方式。中小企业根据自身实力,为占据较佳市场的市场位置,不惜与市场上占支配地位、实力最强或较强的竞争对手发生正面竞争,而使自己的产品进入与对手相同的市场位置。显然,迎头定位有时会是一种危险的战术,但不少中小企业认为这是一种更能激励自己奋发向上的可行的定位尝试,一旦成功就会取得巨大的市场优势,易于达到树立市场形象的目的,但也存在较大风险。

例如,可口可乐和百事可乐之间持续不断的争斗,"肯德基"与"麦当劳"的竞争等都属于这种策略。实行迎头定位,必须知己知彼,尤其应清醒地估计自己的实力;不一定试图压垮对方,只要能够平分秋色就已经是巨大的成功了。

3)重新定位。这是中小企业为已在某一市场销售的产品重新确定某种形象,以改变消费者原有的认识,争取有利的市场定位活动。一般来讲,是对销路少、市场反应差的产品进行二次定位。很明显,这种重新定位旨在摆脱困境,重新获得增长与活力。出现这种困境的原因可能是企业决策造成的,也可能是对手反击或出现新强劲对手造成的。

例如,专为青年人设计的某种款式的服装在中老年消费者中流行开来,该款服装就会因此而重新定位。重新定位对于中小企业适应市场环境、调整市场营销战略是必不可少的,可视为中小企业战略的转移。

第四节 产品与服务策略

中小企业与市场的关系主要是通过产品或服务来联系的。对中小企业内部而言，产品是中小企业生产活动的中心，也是企业服务市场的承载体。因此，产品策略是中小企业市场营销活动的支柱和基石。

一、产品组合策略

（一）产品与产品整体概念

菲利普·科特勒认为，产品是指为留意、获取、使用或消费以满足某种欲望和需要而提供给市场的一切东西。产品的本质是一种满足消费者需求的载体，或是一种能使消费者需求得以满足的手段。

整体产品是指人们通过购买而获得的能够满足某种需求和欲望的物品的总和，它既包括具有物质形态的产品实体，又包括非物质形态的利益。消费者选择产品时，考虑的因素很多。现代市场营销理论认为，产品整体概念包含核心产品、有形产品、附加产品、期望产品和潜在产品五个层次。产品整体概念决定了产品的核心价值属性，也就是明确了产品所能满足的需求类别，同时从一定意义上定义了产品价格，由此决定了营销过程中所必须对接的目标客户群。

1. 核心产品

核心产品是指整体产品提供给购买者的直接利益和效用，是产品整体概念中最主要的内容。

2. 有形产品

有形产品是核心产品借以实现的各种具体产品形式，是指产品在市场上出现的物质实体外形，包括产品的品质、特征、造型、商标和包装等。

3. 附加产品

附加产品是指整体产品提供给顾客的一系列附加利益，包括运送、安装、维修和保证等在消费领域给予消费者的好处。

4. 期望产品

期望产品是指消费者购买某种产品通常所希望和默认的一组产品属性和条件。顾客在购买某种产品时，往往会根据以往的消费经验和企业的营销宣传，对所欲购买的产品形成一种期望。如"奇强"以其名称迎合顾客对洗衣粉"去污能力强"的期望。顾客所得到的是购买产品所应该得到的,也是中小企业在提供产品时应该提供给顾客的。

5. 潜在产品

潜在产品是指一个产品最终可能实现的全部附加部分和新增加的功能。潜在产品的形成受顾客在使用过程中的自我意识和发现影响,还受外部环境因素影响。许多中小企业通过对现有产品的附加与扩展,不断提供潜在产品,所给予顾客的就不仅仅是满意,还能使顾客在获得这些新功能时感到喜悦。开发潜在产品也使顾客对于产品的期望越来越高,同时要求中小企业不断寻求满足顾客的新方法,不断将潜在产品变成现实产品。这样才能使顾客得到更多的意外惊喜,更好地提升顾客让渡价值。

(二) 产品组合策略

产品组合是指某一中小企业生产或者销售的全部产品线和产品项目,反映了中小企业生产或经营产品的概貌。一定的宽度、深度、长度和关联度构成了产品组合的四个维度,它为中小企业制订产品战略提供了依据,在市场营销实践中具有重要作用。比如宝洁公司生产的各类洗发水,它们在原材料、生产流程、功能效用方面非常接近,属于同一条产品线。而产品项目是指产品线中,具有特定尺码、价格、外观及其他属性的具体产品。

衡量中小企业产品组合状况,通常可以用宽度、长度、深度和关联度四个指标表示。

以大公司宝洁产品组合(选取部分)为例进行说明,具体如表 7-3 所示,同样对中小企业产品组合策略具有极大的启发作用。

表 7-3 宝洁公司产品组合(选取部分)

洗发水	牙膏	香皂	洗涤剂	卫生巾
飘柔	格里	象牙	汰渍	护舒宝
海飞丝	佳洁士	佳美	碧浪	朵朵
潘婷	欧乐B	爵士		丹碧丝
沙宣		舒肤佳		

1. 产品组合的宽度

产品组合的宽度是指企业经营的不同产品线的数量。以表 7-3 中所列内容为例,公司有 5 条产品线,产品组合宽度为 5。企业增加产品组合的宽度就是增加产品线,有利于企业扩大经营范围,开展多元化经营。

2. 产品线的长度

产品线的长度是指企业经营的产品线中包含的产品项目的总数量。以表 7-3 中所列的内容为例，公司所有产品项目的总和是 16，则产品组合长度为 16。组合长度越长，说明企业产品品种、规格越多，产品线越丰富，可以满足更多的消费者，占领更多的细分市场。

3. 产品组合的深度

产品组合的深度是指产品线中每项产品所提供的型号的数量。例如，宝洁公司生产的卫生巾中护舒宝主要种类分为璀璨系列、清新瞬洁系列、瞬洁系列、超值系列和护垫系列等。

4. 产品的关联度

产品的关联度是指不同的产品线之间在最终用途、生产要求、分销渠道或其他方面关系的紧密程度。以表 7-3 中的内容为例，公司生产的都是保洁用品，其生产、销售和顾客群等都有一定的相似性，关联度较高。对于一个企业来说，其资源、市场的集中度较高，可以提高中小企业在特定领域的行业知名度和市场竞争力。

中小企业将最终以产品组合的这些维度作为确定其产品战略的依据，并沿着这四个方面发展业务。比如上面讨论的宝洁公司所追求的是多品牌战略，在家居护理和美容品类中建立了大约 25 个 10 亿美元级别的品牌。不过，这个消费者巨头先后出售了不适合发展重心的十几个重要品牌。这种大刀阔斧的精简对维持产品组合聚集和健康发展是很有必要的。

二、市场营销组合策略

市场营销组合是制订中小企业营销战略的基础，做好市场营销组合工作可以保证企业从整体上满足消费者的需求。

众所周知，市场营销的主要目的是满足消费者的需要，而消费者的需要很多，要满足消费者需要所应采取的措施也很多。因此，中小企业在开展市场营销活动时，就必须把握住那些基本性措施，合理组合，并充分发挥整体优势和效果。

（一）营销组合策略的概念

"营销组合"这个概念最早是由美国哈佛大学教授尼尔·鲍顿（Neil Borden）提出来的。同年，麦卡锡提出了著名的 4P 营销组合策略，即产品（Product）、价格（Price）、渠道（Place）和促销（Promotion）。他认为一次成功和完整的市场营销活动，意味着以适当的产品、适当的价格、适当的渠道和适当的促销手段，将适当的产品和服务投放到特定市场的行为。因此，狭义的营销组合策略是指将产品、价格、促销、分销策略组合起来，以使中小企业获得更多的利润。

4P 营销理论的提出奠定了管理营销的基础理论框架。4P 营销理论以单个中小企业作为分析单位，认为影响中小企业营销活动效果的因素有以下两种。一种是中小企业不可控制因素，如政治、法律、经济、人文、地理等企业所面临的外部环境因素，通常是中小企业不能够控制的。另一种是中小企业可控因素，如生产、定价、分销和促销等营销因素。中小企业营销活动的实质是一个利用内部可控因素适应外部环境的过程，即通过对产品、价格、分销、促销的计划和实施，对外部不可控因素做出积极动态的反应，从而促成交易的实现和个人与组织目标的达成。

市场营销组合是中小企业针对目标市场，综合运用各种市场营销策略和手段，组合成一个系统化的整体策略，以达到中小企业的经营目标，并取得最佳的经济效益。

（二）4P 营销组合策略

4P 营销组合策略主要是从供方出发来研究市场的需求及变化，通过重视产品导向而非消费者导向，以满足市场需求为目标，促进中小企业在竞争中取胜。

1. 产品策略

产品策略是市场营销 4P 组合的核心，是价格策略、分销策略和促销策略的基础。产品策略是中小企业市场营销活动的支柱和基石，一方面中小企业生产与社会需要的统一是通过产品来实现的，另一方面产品是中小企业内部生产活动的中心。

1）新产品的类型。根据产品的创新程度，新产品可分为全新产品、换代新产品、改进新产品和仿制新产品。

① 全新产品。全新产品是指中小企业采用新原理、新结构、新技术和新材料制成的完全意义上的新产品。它往往标志着科学技术上有重大突破，创新程度最高，往往取得发明专利，受国家法律保护。比如第一次出现的计算机、智能手机等产品，这类产品具有新特征、新用途，极大地改变了原有的生产、生活方式，创造了新的需求，引导了新的消费，且能够取得巨额的市场回报。

② 换代新产品。换代新产品是指中小企业根据市场需求，对产品进行较大的改进而生产的新产品。中小企业一般运用新技术、新工艺、新材料使产品的性能和效果有显著改善。换代新产品的普及速度快，中小企业成功率相对较高。

③ 改进新产品。改进新产品是指中小企业原产品核心部分基本保持不变，但在产品的外观、包装、功能及用途上有所改进的产品。改进的新产品与原来的产品差异不大，消费者易于接受，中小企业创新难度较小，易于改进成功，但可能

会招致激烈竞争。

④ 仿制新产品。仿制新产品是指中小企业仿制市场上已有的产品进行模仿生产而推出的新产品。相对来说,仿制新产品的开发难度低、花费时间少、成本较低。由于竞争对手已经花费了大量的促销费用,消费者已经熟悉这种产品,所以这种产品进入市场比较容易。

【案例】

日本 Canon 公司对喷墨打印机的开发

打印机制造业是伴随着计算机的普及而迅速成长起来的一个产业。这个产业经历了从应用碰撞原理的色带打印、针式打印到应用非碰撞原理的感热打印以及目前流行的激光打印和喷墨打印的技术与市场的巨变过程。Canon 自 1988 年到 20 世纪 90 年代中期,一直维持着该行业领头羊的优势地位。这一地位的取得,不仅取决于该公司从研发复印机中培养起来的电子照相技术在开发激光打印机时得到了充分应用的结果,而且还取决于该公司未雨绸缪地开发和培育喷墨技术这一新的替代核心技术得以市场化的结果。

1986—1994 年,Canon 的喷墨打印机的累计市场占有率高达 68%。激光打印机虽然具有打印速度快、清晰度高、噪声低等优势,但同时也因其构造复杂,存在着难以小型化、彩色化、低价格化等问题,而能解决这些问题的则是喷墨式打印技术。

1975 年,Canon 完成了将电子照相技术应用于激光打印机 LBP 的开发工作,并把它作为一项核心事业。这项事业刚起步,Canon 的研究人员就开始了探索替代该技术的新技术。他们把目光投向喷墨打印技术时,发现今后可能成为喷墨打印机技术主流的压电振动原理的技术专利都已经被人申请了。为此,他们只能寻找新的技术,于 1977 年发明了以热能为喷射源的喷墨技术原理,又称 BJ 原理。但靠激光技术起家的公司其他技术人员的反应则是十分冷淡的。他们认为,该技术作为原理虽然很理想,但从实现方法上看却是完全"没用的技术"。为了完善这一技术,BJ 开发组成员开始了长达 10 多年的技术开发与改良工作。为了消除其他技术人员的偏见,使自己开发出来的技术得以应用,他们说服了公司的各个事业部门。几经周折,最终以使用原有的打印机外壳、不增加产品开发成本为前提,换取了使用他们开发的机芯的机会,实现喷墨打印技术的产品化和量产化。1990 年,在公司首脑的主导下,他们推出了世界上最廉价的小型喷墨打印机 BJ-10V,迈出了该技术走向产业化的关键一步。1991 年以后,喷墨打印机开发团队作为新的核心部门,其产量大大超过了激光打印机,1995 年的销售额超过了 Canon 总销售额的 20%。

【评析】
一般来说，中小企业要想成功地开发新产品，首先应该选择合理的新产品开发战略。Canon公司开发的喷墨打印机是一种全新的产品，对于这种新产品Canon公司选择的是开拓型新产品开发战略并采取独立研制的方式。Canon公司寻找新的技术——以热能为喷射源的喷墨技术原理，及时地开发和培育出适应技术与市场变化环境的新的核心替代技术。

2）新产品开发过程。新产品开发是指从研究选择适应市场需要的产品开始到产品设计、工艺制造设计，再到投入正常生产的一系列决策过程。为了提高新品的开发成功率，需要对每一个环节进行有效管理，减少失误。创意产品开发流程如图7-4所示。

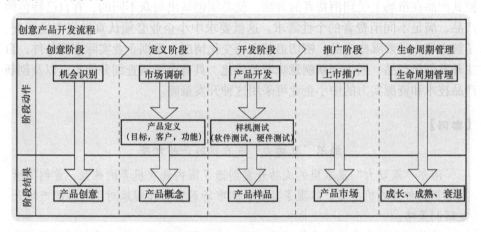

图7-4 创意产品开发流程

3）新产品开发策略。新产品开发对中小企业来说是一件大事。新产品的推出是为了满足目前市场的需求或未来需求的趋势。中小企业所推出的产品能否满足消费者的需求，能否被消费者所接受，这正是中小企业所关心的问题。下面介绍几种常用的新产品开发策略。

① 超前式开发策略。中小企业根据消费者受社会流行心理的影响，模仿市场流行生活特征开发新产品。针对消费者日益追求享受、张扬个性的特点，中小企业超前开发流行新产品，取得超额利润。一般具有预测消费潮流与趋向能力，具有及时捕捉消费流行心理并能开发出流行产品能力的中小企业，可采用这种开发策略。

② 模仿式开发策略。当市场上出现成功的新产品后，中小企业立即进行仿制和改进，然后推出自己的产品。这种策略是进行追随性竞争，以此分享市场收益。做法是不把投资用在抢先研究新产品上，而是绕过新产品开发这个环节，专门模

仿市场上刚刚推出并畅销的新产品,并在模仿中创新。这样中小企业可以避免市场风险,节约研究开发费用,借助竞争者领先开发新产品的声誉,从而顺利进入市场,甚至可能实现后来居上。

③ 系列化开发策略。中小企业围绕产品进行全方位的延伸,开发出一系列类似但又各不相同的产品,形成不同类型、不同规格、不同档次的产品系列。如洗衣机的使用能够延伸出对洗衣机除臭剂、洗衣粉、洗衣液、柔衣净、衣领净等的需求。中小企业针对消费者在使用某一产品时所产生的新需求,能够快速推出新的、特定的系列配套新产品,从而加深企业产品组合的深度。因此,采取这种策略可以为中小企业新产品开发提供广阔的新产品开发空间。

④ 差异化开发策略。当前,市场上产品同质化现象非常严重,中小企业要想使其产品在市场上受到消费者的青睐,就必须创新出与众不同的、有自己特色的产品,满足不同消费者的个性需求。这就要求中小企业必须认真做好市场调查,了解市场上需要哪些产品,密切追踪市场变化情况,根据企业实际资源条件,自主开发创新产品,因为创新就意味着差异化。具有市场调查细分能力,以及创新产品技术和资源实力的中小企业可采用这种开发策略。

【案例】

海尔"双动力"洗衣机的产品开发

海尔"双动力"洗衣机的成功开发创造了国内洗衣机界的殊荣,首创了世界上第四种洗衣机类型,体现了其敏锐的市场洞察力和超越对手一筹的市场开发研制策略。

目前,全球全自动洗衣机分为三种,分别是波轮式、滚筒式和搅拌式。滚筒式和搅拌式洗衣机流行于欧美等发达国家,具有上百年的历史。20世纪五六十年代,日本研制出独具风格的波轮式洗衣机,形成亚洲波轮式、美洲搅拌式、欧洲滚筒式各成一派,三分天下的局面。

海尔"双动力"洗衣机的创新发明之处是具有两个传动系统,同时相向运转,增大了水流强度,形成强劲翻滚的"沸腾"水流。同时,"双动力"洗衣机内桶壁设有搅拌叶,形成特有的搅、揉、搓三模式洗涤。这种独特设计,较好地把波轮、滚筒和搅拌的功能合三为一,防缠绕、磨损率低,提高了洗净比。

申报国际发明专利PCT的海尔"双动力"洗衣机创新性地采用一个电机转化为两个动力输出,实现双向转动形成沸腾水流,并且吸收了波轮、搅拌和滚筒洗衣机各自的优点,实现了省水省时各一半、洗净比提高50%、磨损率降低60%三大功能,各项性能指标均已达到国际领先水平,填补了国内外洗衣机技术的空白。

由此可见,海尔成功的产品开发策略在于,善于把发现的市场机会与自身的企业实力相结合,在适当的时机制造出满足消费者需求的产品。

第七章 中小企业创业营销

【评析】

海尔根据自己所拥有的波轮洗衣机、滚筒洗衣机和搅拌洗衣机方面的技术优势，及其本身的专利品牌优势，创造性地发现了市场消费者对三种功能合一的洗衣机的需求，成功开发研制出了海尔"双动力"洗衣机，并把"双动力"洗衣机成功推向市场，获得了丰厚的回报。正如松下集团前总裁盛田昭夫所说："创造就是要想别人没有想的，造别人没有造的。"而海尔正是成功地做到了这一点，并取得了市场成功。

2. 价格策略

价格策略是中小企业如何估量顾客的需求与成本，以便选定一种吸引顾客、实现市场营销组合的价格。在组合营销中，价格是唯一能产生收入的因素，是最灵活的因素，其他因素表现为成本。价格策略主要研究与定价有关的内容，包括付款方式、信用条件、基本价格、折扣、批发价和零售价等组合运用。

对于中小企业来说，对于新产品的定价可采取撇脂定价策略或渗透定价策略。

1）撇脂定价策略。撇脂定价策略是指在产品生命周期的最初阶段，把产品的价格定得很高，以攫取最大利润，就像从鲜奶中撇取奶油。

撇脂定价策略一般适合需求弹性较小的细分市场，其优点有：①新产品上市，顾客对其无理性认识，利用较高价格可以提高身价，适应顾客求新心理，有助于开拓市场；②主动性大，产品进入成熟期后，价格可分阶段逐步下降，有利于吸引新的购买者；③价格高，限制需求量过于迅速增加，使其与生产能力相适应。

只有在特定条件下，撇脂定价策略才是可取的。首先，市场必须对价格高度敏感，从而低价格会产生更大的销售量和市场份额。其次，产品的生产和分销成本必须随着销售量的增加而降低。最后，竞争对手不能轻易进入市场和降低价格。例如，苹果公司经常运用撇脂定价法，使其在各种细分市场获得较大的利润。

【案例】

苹果 iPod 的撇脂定价策略

苹果 iPod 是曾经最成功的消费类数码产品之一，一经推出就获得成功。第一款 iPod 零售价高达 399 元美元，即使对于美国人来说，也是属于高价位产品。但是有很多"苹果迷"既有钱又愿意花钱，所以还是纷纷购买。苹果的撇脂定价取得了成功。但是苹果认为还可以"撇到更多的脂"，于是不到半年又推出了一款容量更大的 iPod，当然价格也更高，定价 499 元美元，仍然卖得很好。苹果的撇脂定价大获成功。

【评析】

苹果的撇脂定价成功，取决于苹果产品的品质和上市速度，并始终保持产品的差异化优势。

2）渗透定价策略。渗透定价策略是指中小企业把其创新产品的价格定得相对较低，以吸引大量顾客，提高市场占有率。

渗透定价策略一般适合在新产品投放市场时，价格定得尽可能低一些，其目的是获得最高销售量和最大市场占有率。当新产品没有显著特色、竞争激烈、需求弹性较大时，宜采用渗透定价法。其优点包括：①产品能迅速被市场接受，打开销路，增加产量，使成本随生产发展而下降；②低价薄利，使竞争者望而却步、减缓竞争，获得一定的市场优势。

这种低价战略要生效，必须符合一定的条件。首先，市场必须对价格高度敏感，从而低价格会产生更大的销售量和市场份额。其次，产品的生产和分销成本必须随着销售量的增加而降低。最后，低价必须有助于排斥竞争者，而且采取渗透定价的公司必须保持其低价定位。否则，价格优势仅仅是暂时的。例如，小米手机运用渗透定价很快使其手机产品在快速增长的新兴市场中获得成功。

【案例】

小米手机的渗透定价策略

2011年8月16日，200余媒体以及400粉丝齐聚北京798D-PARK艺术区，共同见证发烧友级手机小米手机的发布。雷军先极其详细地介绍了小米手机的各种参数，展示了其优点。在勾起人们的兴趣之后，临近结束之时，他用一张极其庞大、醒目的页面公布了它的价格：1999元。作为全球首款1.5G双核处理器、搭配1G内存以及板载4G存储空间，最高支持32G存储卡的扩展，超强的配置，却仅售1999元，让人们为之震惊。

从成本来看，这样配置的手机卖1999元，几乎已经没有降价空间。当时小米手机配置高通 Qualcomm MSM8260 双核 1.5GHz 手机处理器，芯片集成64MB独立显存的Adreno 220图形芯片，并且配置1GB内存，自带4GB ROM，支持最大可扩展至32GB MicroSD卡。这些硬件材料加在一起价格也不低于1200元，加上关税、17%的增值税、3G专利费等成本，基本成本已经超过1500元。此外，小米手机良品率达到99%，相当于是极致，但还是意味着1%的材料浪费。同时，售后服务和返修也是手机成本的一个重要变量。

小米手机采用网上售卖的方式，直接面对最终消费者，从物流到库存上节约了巨大的成本，使得小米手机敢卖1999元。

1999元就能够买到相当不错的智能手机，这对消费者来说是一种很大的诱惑，小米手机第一次网上销售被一抢而空，小米手机也因此一炮走红，迅速占领年轻消费者市场，在智能手机市场上拥有了自己的一席之地。

【评析】
小米手机的策略是在新产品上市之初将价格定得较低，从而吸引大量购买者，扩大市场占有率。低价可以使产品尽快被市场接受，并借助大批量销售来降低成本，获得长期稳定的市场地位；还可以阻止竞争者的进入，增强自身的市场竞争力。

3. 渠道策略

在中小企业营销中，很少有制造商将产品直接卖给其最终客户；相反，大多数中小企业选择通过中间商将产品投放到市场上。这些中小企业通过创造性地建立营销渠道，将产品或服务顺利地提供给消费者。

1）营销渠道的概念。营销渠道是指商品和服务从生产商转移到经销商，再从经销商转移到消费者的最佳途径。渠道成为中小企业营销战略能否顺利实施的决定性因素。渠道策略包括区域分布、中间商选择、营业场所、网点设置、运输储存及配送中心等因素的组合运用。分销渠道的起点是生产者，终点是消费者或用户，中间环节包括各参与商品交易活动的批发商、零售商、代理商和经纪人。只要是从生产者到最终用户或消费者之间，任何一组与商品交易活动有关并相互依存、相互关联的营销中介机构均可称为一条分销渠道。

2）营销渠道的职能。

① 信息职能。营销渠道中的成员可以收集和散播一些特定信息，如产品的性能、价格和购买者等。

② 促销职能。通过传播一些刺激消费者的信息，如打折、送礼品等，从而激发消费者的购买欲望，实现产品促销。

③ 谈判职能。从生产者中小企业到中间商、零售商和消费者，营销渠道承载了大量的谈判职能，从而促成产品的营销。

④ 订货职能。渠道成员向制造商或者渠道成员之间在营销渠道中进行的订货和购买行为。

⑤ 融资职能。营销渠道是需要一定的资金支持的，营销渠道担负着渠道工作所需的费用。

⑥ 承担风险职能。对所有营销渠道的参与者来说，在具体的产品流通过程中都存在不同程度的风险。

⑦ 占有实体职能。产品处于不同的流通环节，相应环节的渠道主体承担产品占有、储备和运送等工作。

⑧ 付款职能。买方向上一级渠道成员付款。

3）营销渠道的结构。营销渠道的结构可以分为长度结构（即层级结构）、宽度结构以及广度结构三种类型，以上三种渠道结构构成了渠道设计的三大要素。

① 长度结构。营销渠道的长度结构，又称层级结构，是指按照其包含的渠道中间商（购销环节），即渠道层级数量的多少来定义的一种渠道结构。通常情况下，根据包含渠道层级的多少可以将一条营销渠道分为零级、一级、二级和三级渠道等。零级渠道又称直接渠道，是指没有渠道中间商参与的一种渠道结构，通常是由生产者直接把产品或服务销售给消费者。二级渠道一般包括两个渠道中间商，针对工业品市场通常叫代理商和批发商，针对消费品市场通常叫批发商和零售商。三级渠道包括三个中间商。对于营销渠道的选取，如果是大型或贵重产品以及技术复杂、需要提供专门服务的产品销售则主要采用零级渠道。其中，DELL 的直销模式也是一种典型的零级渠道。而针对消费面较宽的日用品中，比如肉食品及包装方便面等则主要采用三级渠道。

② 宽度结构。渠道的宽度结构是指根据每一层级渠道中间商的数量的多少来定义的一种渠道结构。渠道的宽度结构受产品性质、市场特征、用户分布以及中小企业分销战略等因素的影响。具体来说，渠道的宽度结构可以分成如下三种类型。

密集型分销渠道，也称广泛型分销渠道，是指制造商在同一渠道层级上选用尽可能多的渠道中间商来经销自己的产品的一种渠道类型。密集型分销渠道多见于消费品领域中的便利品，比如牙膏、牙刷和饮料等。

选择性分销渠道，是指在某一渠道层级上选择少量的渠道中间商来进行商品分销的一种渠道类型。在 IT 产业链中，许多产品都采用选择性分销渠道。

独家分销渠道，是指在某一渠道层级上选用唯一一家渠道中间商的一种渠道类型。在 IT 产业链中，这种渠道结构多出现在总代理或总分销一级。同时，许多新产品的推出也多选择独家分销的模式。当市场广泛接受该产品之后，许多公司就从独家分销渠道模式向选择性分销渠道模式转移。比如，东芝的笔记本产品渠道、三星的笔记本产品渠道等。

③ 广度结构。渠道的广度结构，实际上是渠道的一种多元化选择。也就是说，许多公司实际上使用了多种渠道的组合，即采用了混合渠道模式来进行销售。比如，有的公司针对大的行业客户，公司内部成立大客户部直接销售；针对数量众多的中小企业用户，采用广泛的分销渠道；针对一些偏远地区的消费者，则可能采用邮购等方式来覆盖。

因此，渠道结构可以笼统地分为两个大类，即直接分销渠道和间接分销渠道。其中，直接分销渠道是指产品从生产者流向最终消费者或用户的过程中不经过任何中间环节。而且，直销又可以细分为几种，比如制造商直接设立的大客户部、行业客户部或制造商直接成立的销售公司及其分支机构等。此外，还包括直接邮购、电话销售和公司网上销售等。间接分销渠道是指产品从生产者流向最终消费者或用户的过程中经过一层或一层以上的中间环节。而分销则可以进一步细分为代理和经销两类,代理和经销均可能选择密集型、选择性和独家等方式。

4)营销渠道设计。营销渠道设计是指建立以前从未存在过的分销渠道或对已经存在的渠道进行变更的营销活动。一般来讲,为了达到更佳的效果,中小企业应当有目的地进行营销渠道设计,包括分析服务产出水平、制订渠道目标、确定备选的渠道方案。

① 分析服务产出水平。渠道服务产出水平是指渠道策略对顾客购买商品和服务问题的解决程度。中小企业需要从顾客的购买批量、等候时间、便利程度、选择范围、售后服务等方面进行分析。

② 制订渠道目标。渠道设计的中心环节是确定达到目标市场的最佳途径。渠道目标应表述为中小企业预期达到的顾客服务水平(何时、何处、如何对目标顾客提供产品和实现服务)以及中间商应执行的职能。无论是创建渠道还是对原有渠道进行变更,设计者都必须将中小企业的渠道设计目标明确地列示出来。

③ 确定备选渠道方案。明确了渠道目标和影响因素后,中小企业就可以设计几种渠道结构方案以备选择。有效的渠道设计要注意应该以明确企业所要达到的市场为起点。一个渠道选择方案需要体现渠道的长度策略、渠道的宽度策略以及商业中介结构的类型,并运用一定的标准对渠道进行全面评估,其中常用的有经济性、可控制性和适应性三方面的标准。评估主要渠道方案的任务,是在那些看起来都可行的渠道结构方案中选择出最能满足中小企业长期营销目标的渠道结构方案。

4. 促销策略

1)促销的概念。促销就是营销者向消费者传递有关本中小企业及产品的各种信息,说服或吸引消费者购买其产品,以达到扩大销售量的目的。促销是让消费者开心的撒手锏,每一个消费者都喜欢。促销的本质是信息沟通,目的就是引发和刺激消费者产生购买行为。中小企业可根据实际情况及市场、产品等因素选择一种或多种促销手段的组合。事实上,促销是一种沟通活动,以合适的时间、在合适的地点、用合适的方式和力度加强与消费者的沟通,促进消费者的购买行为。

2)促销策略的概念。中小企业根据实际情况及市场、产品等因素,通过各种营销手段,让消费者注意你的产品、喜欢你的产品,是现在中小企业所共同努力的。有的是利用广告,有的是打折送礼品,还有的是通过建立公共关系,潜移默化地宣传自己的产品。其实,这些吸引消费者的方式,在市场营销中都被叫作促销策略。

促销策略是指中小企业运用各种方式、手段向消费者传递商品或服务与企业的信息，实现双向沟通，使得消费者对企业及其产品或服务产生兴趣、好感和信任，进而做出购买决策的活动。促销策略包括人员推销、广告、营业推广和公共关系等因素的综合运用。

从总的指导思想上来说，促销策略可以分为推动策略和拉引策略两类。

① 推动策略是中小企业运用人员推销方式，把产品推向市场，即从生产企业推向中间商，再由中间商推给消费者。推动策略一般适合于单位价值较高的产品，性能复杂、需要做示范的产品，根据用户需求特点设计的产品，流通环节较少、流通渠道较短的产品，市场比较集中的产品等。

② 拉引策略是中小企业运用非人员推销方式把顾客拉过来，使其对中小企业的产品产生需求，以扩大销售。拉引策略一般适合于单位价值较低的日常用品，流通环节较多、流通渠道较长的产品，市场范围较广、市场需求较大的产品。

3）促销策略的基本形式。

① 人员推销。人员推销的最主要形式是与顾客的直接沟通，以推销商品，促进和扩大销售为目的。人员推销形式可以选择上门推销、柜台推销或会议推销形式，直接将产品"推"给顾客的过程，通过展示产品、议价和谈判来达成交易，并在此过程中指导产品的使用、解答质疑，使推销人员与顾客之间建立起长期的关系，比非人员推销更富有人情味，因而常常能当场成交，成功率较高。在推销过程中，即可以将中小企业信息及时、准确地传递给目标顾客，又可以将市场信息以及顾客的要求、意见、建议反馈给中小企业，为调整营销方针和政策提供依据。因此，这种推销方式有助于双向信息的沟通，促销方式灵活，而且具有培植的作用。

② 广告宣传。中小企业要想使本企业的产品在市场与顾客心目中占据一定的位置，必须通过一定内容的广告宣传去影响市场与顾客。而广告宣传是利用报纸、杂志、电视、广播、互联网、传单和户外广告等，针对产品定位与目标消费群来决定方针表现的主题，以迎合消费者的心理需求，同时又能保证消费者能够接受。比如，生产自行车产品的中小企业了解到市场上的同类产品都不具有自动变速功能，而本企业的产品却具有这一功能，以此作为广告的重点内容进行宣传推广，就很容易确定本企业产品在市场竞争中的优势地位，引起广大顾客的注意力，增加产品的市场销售。

③ 营业推广。营业推广是指能够迅速刺激需求，鼓励购买的各种促销形式。中小企业营业推广的目标有三类：一是针对消费者的，如免费样品、折价赠券、交易印花和现场示范等；二是针对中间商的，如购货折扣、合作广告、推销奖金和经销竞赛等；三是针对中小企业推销人员的，如个人奖金、推销竞赛等。

④ 公共关系。公共关系策略就是中小企业通过对周边生产经营环境进行沟通和协调，营造利于公司的生产经营活动环境的组织或个人的行为。它的协调职能属于管理范畴，是中小企业为搞好公众关系而采用的策略和技术。在营销中，中小企业不仅要与当地的顾客、供应商、中间商、竞争者打交道，还要与当地政府协调关系，促进认知度、美誉度、和谐度的提高。

【案例】

金山公司的免费策略

目前，中小企业在网络营销中采用免费策略，一个目的是让用户免费使用形成习惯后再开始收费。比如金山公司允许消费者在互联网上下载 WPS 软件试用版，目的就是想让消费者使用习惯后，再掏钱购买其他服务。这种免费策略主要就是一种促销策略，与传统营销策略类似。另一个目的是想发掘后续商业价值，这是从战略发展的需要来制定定价策略的，主要目的是先占领市场，然后再在市场上获得收益。比如雅虎公司通过免费建设门户站点，经过四年亏损经营后，公司得到了飞速增长，主要得力于股票市场对公司的认可和支持，因为股票市场看好其未来的增长潜力，而雅虎的免费策略恰好是占领了未来市场，具有很大的市场竞争优势和巨大的市场盈利潜力。

【评析】

免费策略是最有效的占领市场的手段，运用得当，便可以成为一把营销利器。

泛学习

营销理念的演变：4P→4C→4R

随着环境的变化，营销理念经历了三种典型的演变，即以满足市场需求为目标的 4P 理论、以追求顾客满意为目标的 4C 理论和以建立顾客忠诚为目标的 4R 理论。

1．以满足市场需求为目标的 4P 理论

美国营销学者麦卡锡教授在 20 世纪 60 年代提出了著名的 4P 营销组合策略，即产品（Product）、价格（Price）、渠道（Place）和促销（Promotion）。他认为，一次成功和完整的市场营销活动，意味着以适当的产品、适当的价格、适当的渠道和适当的促销手段，将适当的产品和服务投放到特定市场的行为。

4P 理论主要是从供方出发来研究市场的需求及变化，如何在竞争中取胜。4P 理论重视产品导向而非消费者导向，以满足市场需求为目标，在营销实践中得到了广泛应用，至今仍然是人们思考营销问题的基本模式。但这一理论也逐渐显示出其弊端。一是营销活动着重中小企业内部，对营销过程中的外部不可控变量考虑较少，难以适应市场变化。二是随着产品、价格和促销等手段在中小企业间相互模仿，在实际运用中很难起到出奇制胜的作用。由于 4P 理论在变化的市场环境中出现了一定的弊端，于是更加强调追求顾客满意的 4C 理论营运而生。

2．以追求顾客满意为目标的 4C 理论

4C 理论是由美国营销专家罗伯特·劳特朋（Robert F. Lauterborn）教授在 1990 年提出的，它以消费者需求为导向，重新设定了市场营销组合的四个基本要素，即消费者（Consumer）、成本（Cost）、便利（Convenience）和沟通（Communication）。它强调中小企业首先应该把追求顾客满意放在第一位，其次是努力降低顾客的购买成本，然后要充分注意到顾客购买过程中的便利性，而不是从企业的角度来决定销售渠道策略，最后还应以消费者为中心实施有效的营销沟通。与产品导向的 4P 理论相比，4C 理论有了很大的进步和发展，它重视顾客导向，以追求顾客满意为目标，这实际上是当今消费者在营销中越来越居主动地位的市场对中小企业的必然要求。

这一营销理念也深刻地反映在中小企业营销活动中。在 4C 理念的指导下，越来越多的中小企业更加关注市场和消费者，与顾客建立一种更为密切和动态的关系。

3．以建立顾客忠诚为目标的 4R 理论

21 世纪伊始，《4R 营销》的作者艾略特·艾登伯格（Elliott Ettenberg）提出 4R 营销理论。4R 理论以关系营销为核心，重在建立顾客忠诚。它阐述了四个全新的营销组合要素，即关联（Relativity）、反应（Reaction）、关系（Relation）和回报（Retribution）。首先，4R 理论强调中小企业与顾客在市场变化的动态中应建立长久互动的关系，以防止顾客流失，赢得长期而稳定的市场；其次，面对迅速变化的顾客需求，中小企业应学会倾听顾客的意见，及时寻找、发现和挖掘顾客的渴望与不满及其可能发生的演变，同时建立快速反应机制以对市场变化快速做出反应；中小企业与顾客之间应建立长期而稳定的朋友关系，从实现销售转变为实现对顾客的责任与承诺，以维持顾客再次购买和顾客忠诚；中小企业应追求市场回报，并将市场回报当作中小企业进一步发展和保持与市场建立关系的动力与源泉。

4R 营销理论的最大特点是以竞争为导向，在新的层次上概括了营销的新框架。该理论根据市场不断成熟和竞争日趋激烈的形势，着眼于中小企业与顾客的互动与双赢，不仅积极地适应顾客的需求，而且主动地创造需求，通过关联、关系、反应等形式与客户形成独特的关系，把中小企业与客户联系在一起，形成竞争优势。

（资料来源：https://news.cnal.com/2012/06-19/1340099402285000.shtml）

复习思考

1. 简述消费者购买决策的一般过程。
2. 什么是细分市场？
3. 简述促销策略的基本形式有哪些。

实践训练

高露洁持续发展之道

高露洁公司是美国一家生产经营洗涤品、牙膏和化妆品的跨国公司。根据1995年统计的数据，当年该公司销售额为83.6亿美元，纯利润2.9亿美元，拥有资产69.6亿美元，居美国最大500家工业公司的第77位。如今，高露洁占据世界口腔护理品总销量的近50%。

高露洁公司是以经营牙膏为主的企业。创业的头几年，尽管其产品质量不错，但销量总上不去，因此业绩平平。公司的决策者为了本企业的生存和发展绞尽脑汁，但一直想不出一种更有效的办法。后来老板横下决心，公开征集良策。公司在媒介上登出告示："谁若能想出使高露洁牙膏销路激增的创意，即赠送10万美元奖金。"

10万美元的奖金是充满诱惑力的，来自世界各地的应征者数以万计。这些应征"创意"中有不少是很有见地的，但高露洁公司决策者仅选中一个。这个创意只有两行字，很简单，只要把高露洁牙膏的管口放大50%，那么消费者每天在匆忙中所挤出的牙膏，自然会多出一半，牙膏的销路因而会激增。高露洁公司按照该创意做了以后，果然销量急速上升。直至今天，高露洁牙膏的管口仍保持这一"创意"。高露洁公司能够持续地发展，与它坚持产品质量和卫生有很大关系。高露洁的生产车间密布如蛛网的管道，各种大大小小的储存器都是圆弧状的，光可鉴人的地面没有一个接缝。这种圆弧状设计、无接缝的地面，是为了不让粉尘有藏身之处，以保证高露洁的产品卫生和质量，从而保证消费者在使用产品时不会造成任何人身的伤害和损失。而这些又是高露洁GMP作业制度的一环。所谓GMP，就是良好的生产作业制度，它对生产过程中有关人员、材料、建筑、设备、仪器、程序、安全、品质卫生、清洁、记录和培训等都有具体的要求和规范。要实现GMP目标，就必须做好保证产品品质和安全可靠等方面的工作。高露洁的生产作业制度不只是写在纸上的制度，每年总部都要对高露洁遍布世界的生产基地分等级，从11个方面对生产环节中的250项内容进行严格GMP制度审核。

据了解，GMP为美国最先用于药物生产的质量管理标准，是作为政府对药物质量控制的规范标准。高露洁公司将其引入牙膏生产领域，目前已被许多牙膏生产企业所接受。高露洁公司的决策者认为，企业行销渠道的选择依据确定后，还必须进一步根据经验把渠道明细化，即明确行销渠道的宽度。具体来说，必须从以下几种形式中选择渠道和分销。

1）广泛的分销渠道。这又称密集型分销渠道，其核心就是尽可能多地使用中间商销售其产品，让自己的产品到处都可以见到，以便市场上现有的消费者和潜在的消费者到处都有机会购买其产品。

2）有选择的分销渠道。它是指在目标市场中选用少数符合自己产品特性以及经营目标的中间商销售其产品。有些商品专用这种渠道。因为这些产品的消费者对产品用途有特殊需求或对牌子有偏爱，而广泛的分销渠道不一定能推销这些产品，或者起码效果不那么好。

3）独家分销渠道。它是指在特定的市场区域选择一家中间商经销其产品。这种渠道有利于维持市场的稳定性，有利于提高产品身价，有利于提高销售效率。

由于高露洁公司在决定市场需要的渠道、选择行销渠道的形式及管理各级渠道上有战略化的思想和措施，所以其产品（特别是牙膏）畅销美国乃至全球，迅速发展成为大型跨国企业。

思考题：
1. 渠道策略的组织形式有哪些？
2. 高露洁公司战略性细分分销渠道的方式有哪几种？

第八章 中小企业创业成长

学习目标
1. 掌握中小企业生命周期、产品生命周期的内涵。
2. 了解中小企业的成长环境。
3. 掌握中小企业扩张阶段的特征。

引导案例

比亚迪公司的成长扩张路径

比亚迪股份有限公司成立于1995年2月,截至2016年11月,比亚迪已经由一个员工只有20人的电池生产企业发展成为员工总数达22万人,拥有IT、汽车和新能源三大产业群的世界级高新技术企业。

1. 比亚迪产业布局

如图8-1所示,比亚迪三大产业群表现为递进而又并列的关系。所谓递进关系,主要体现在中小企业发展的先后阶段,体现在产业链的延伸和整合,体现在前一个产业链为后一个产业链提供的技术储备和发展模式借鉴。所谓并列关系,体现在整个产业的相互平衡和支撑以及各项业务之间的聚合效应。贯穿三大产业群成长、发展和壮大的是中小企业的创新系统。

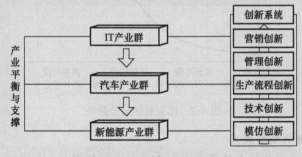

图8-1 比亚迪产业群布局

2. 比亚迪的成长路径

比亚迪始终坚持"技术为王,创新为本"的发展理念,凭借研发实力和创新的发展模式,获得了全面的发展,并在电池、电子、乘用车、商用车和轨道交通等多个领域发挥着举足轻重的作用。比亚迪的发展路径是中小企业成长的轨迹,反映了中小企业的成长定位、成长方向和战略。

第一阶段(1995—1997年)为初创阶段,这是中小企业的起步阶段。这一阶段主要开展电池零部件的进出口业务、电池的装配、电池关键零部件的生产等,规模小、经营单一。

第二阶段(1997—2003年)为成长阶段,这是中小企业迅速成长、快速扩张的阶段。这一阶段表现为生产规模、产品种类、地域空间、经营利润的快速扩张。当年,比亚迪已经跻身为全球第二大充电电池生产商,在镍镉电池领域,比亚迪全球排名第一、镍氢电池排名第二、锂电池排名第三。

第三阶段(2003—2010年)为跨行业扩张阶段。这一阶段比亚迪抓住了中国汽车市场的大好时机,进军汽车产业,成为中国成长最快的主流汽车中小企业。

第四阶段(2010年至今)为调整阶段。从2010年开始,比亚迪进入调整阶段,大幅减少了营销人员,在经营模式、品牌、组织结构和人才管理等方面进行了优化调整。

根据上述四个阶段,我们将比亚迪的成长路径用图描绘了出来。比亚迪的成长路径是一条向上的曲线,曲线的斜率代表中小企业不同阶段的扩张速度,如图 8-2 所示。中小企业初创阶段扩张速度较慢,随着能量积累进入成长阶段,扩张发展速度加快,而后中小企业通过创新开拓新的成长空间,继续保持高速发展态势,进入调整阶段后发展速度大幅下降。

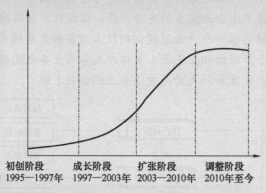

图 8-2 比亚迪的成长路径

3. 比亚迪的创新模式

贯穿比亚迪成长壮大的是中小企业的自主创新模式,如图 8-3 所示。

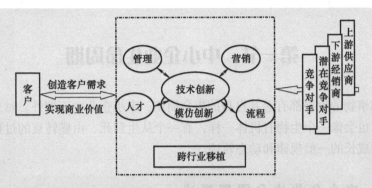

图 8-3 比亚迪的创新模式

创新模式的目标和方向:不断发现、满足和创造客户需求,最大限度地实现创新要素在市场上的商业价值,是比亚迪持续创新的目标和方向。

创新模式的基础和起点:模仿创新。在中小企业的初创阶段以及产品的开发模式上,以成功的技术、产品、制造工艺以及发展模式为"范本"进行研究、消化、模仿、复制和借鉴,减少创业风险,最大化地提高中小企业的创业效率。

创新模式的战略:总成本领先战略。哈佛商学院教授迈克尔·波特(Michael E. Porter)在20世纪80年代提出的五力分析模型理论对中小企业战略的制订产生了深远影响,其中的总成本领先战略是比亚迪一直贯穿和执行的战略。

因此,比亚迪的创新模式为以创造客户需求、实现创新要素商业价值为目标,以模仿创新为中小企业创新模式的起点和基础,根据总成本领先战略,围绕技术创新这个核心不断进行中小企业的各项创新。

(资料来源:郑红梅,杜放. 中小企业成长路径的创新模式选择——基于比亚迪公司的典型案例分析. 物流技术,2012年第31卷)

【评析】

比亚迪用较短的时间完成了西方中小企业百年的成长之路,见证了改革开放最前沿的深圳中小企业的成长历程。不过,针对从 2010 年以来发展过程中遇到的问题,如集权式家族弊端、技术研发投入成本制约、缺乏品牌优、销售及分销成本太大等成为比亚迪成长路径的制约因素,这还需要比亚迪痛定思痛,进行发展战略调整、产品结构调整、发展思路调整,进行管理创新、营销创新、财务创新及品牌创新等改变集权式家族管理的模式,用人唯贤,减少人员开支、增加技术研发投入、致力于技术的更新和自主研发,掌握核心技术,打造真正属于自己的品牌。这样才能提高竞争力,走出困境。

第一节　中小企业生命周期

任何事物的发展都有着其自身的生命周期，中小企业也不例外。对于一个中小企业，也会像一个生物有机体一样，有一个从生到死、由盛转衰的过程，形成中小企业成长的一般规律和动态轨迹。

一、中小企业生命周期概述

1. 中小企业生命周期的概念

企业生命周期理论是 20 世纪 90 年代以来国际上流行的一种管理理论，该理论将企业的发展视为生物体生命周期现象的一种模拟，存在着从出生到成长、成熟、衰老与死亡的周期性。1965 年，哥德纳（J.W. Gardner）指出了企业生命周期与生物生命周期两者相比有其特殊性。而这种特殊性主要表现在：①企业的发展具有不可预期性，一个企业由年青迈向年老可能经历的时间是 20～30 年，也可能是上百年；②企业的发展具有停滞性，一个企业可能出现既不明显上升也不明显下降的停滞阶段；③企业的消亡也并非是不可避免的，企业是可以通过变革实现再生的，从而开始一个新的周期。

企业生命周期是企业的发展与成长的动态轨迹，包括创业期、成长期、成熟期和衰退期四个阶段。

研究中小企业生命周期，目的就在于从内部管理方面找到一个相对较优的模式来保持中小企业的发展能力，在每个生命周期阶段内充分发挥特色优势，进而延长企业的生命周期，实现自身的可持续发展。

目前，有两种主要的中小企业生命周期方法，即产品生命周期和需求生命周期。

1）产品生命周期是一种非常有用的方法，能够帮助中小企业根据行业是处于成长、成熟、衰退或其他状态来制订适当的战略。这也是一种传统的、相当机械地看待市场发展的观点。

2）需求生命周期是一种更有建设性的应用方法，当今人们的每种需求都会借助于某种技术而得到满足，而每种新技术都有一个需求/技术生命周期，将会出现一系列的产品形式来满足某个时期某种特定的需求。因此，需求生命周期是产品生命周期的一面镜子。

2. 中小企业生命周期划分

研究人员认为企业从出生、成长、成熟、衰退以致死亡都有一个明显的周期。其中,美国人伊查克·爱迪斯曾用 20 多年的时间研究企业如何发展、老化和衰亡,他把企业生命周期分为十个阶段,即孕育期、婴儿期、学步期、青春期、壮年期、稳定期、贵族期、官僚化早期、官僚期、死亡。爱迪斯准确、生动、人性化地概括了企业生命不同阶段的基本特征和企业生命周期的基本规律,绘制了企业生命周期曲线,并提出了企业生存过程中发展与制约因素的相互关系和基本对策。

所谓生命周期就是中小企业从诞生到死亡的整个过程。人们通常用生命周期来衡量中小企业的存续时间,并受到市场环境、政策因素、管理水平的制约。从世界范围来看,西方国家中小企业的生命周期都很长,如日本和欧洲的中小企业平均生命周期超过 12 年,而我国的中小企业的生命周期非常短,大集团的企业生命周期在 7~8 年,一般的中小企业仅仅为 3~4 年,每年全国都有无数的中小企业倒闭,主要是管理模式滞后造成的。

目前,还有较多研究学者根据中小企业销售额的变化将生命周期划分为初创期、成长期、成熟期和衰退期四个阶段,并呈现一个钟形形状,如图 8-4 所示。

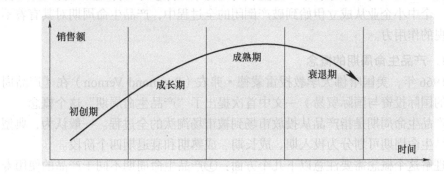

图 8-4　中小企业生命周期的四个阶段

3. 中小企业生命周期的阶段特征

由于中小企业在发展过程中受到各种内外部因素的影响和制约,并且这些因素都是时刻发展变化着的,因此中小企业的成长和发展并不是严格按照生命周期阶段来进行的,而是动态演变的。例如,有的中小企业由于经营不善,从成长期直接就进入衰退期;有的中小企业通过产业升级、技术改造、快速融资等手段,在成熟期又进入了另一个成长期。可见,中小企业的发展是系统内各种因素共同作用的结果。

事实上,在中小企业的整个生命周期内,不同的阶段有着不同的特征,具体见表 8-1。因此,要根据每个阶段的管理要求来进行相应的管理模式调整。

表 8-1　中小企业生命周期的划分及特征

阶　段	特　征	重点问题	陷　阱
初创期	雄心勃勃，愿意对风险做出承诺，把所有的事情都看作机会，行动导向，机会驱使，经验不足，产品尚未被市场接受，销售增长缓慢，企业负担重，实力弱小但成长迅速	搭建企业家平台，人、财、物的持续投入，企业发展环境和载体设计	产品定位陷阱
成长期	企业成长最快，规模效益开始出现，市场开拓能力迅速加强，市场份额扩大，产品品牌和企业的名声为世人知晓，股权开始出现多元化，矛盾多发期	战略管理，管理的制度化制订，股权结构优化，贡献利益分享	股权收效陷阱，企业扩张陷阱
成熟期	企业的灵活性和可控性达到平衡，市场份额稳定，组织良好，内部关系网日益重要	文化理念设计，核心能力的培养与强化，变革管理，接班人的培养	管理困境与官僚体制陷阱
衰退期	内容斗争激烈，客户被忽视，喜欢追究问题责任，玩政治手腕，偏执束缚了企业，缺乏创新，企业难以创造所需资金	企业全面再造，创新精神	观念陷阱

二、产品生命周期概述

一个中小企业从成立伊始到破产倒闭的全过程中，产品生命周期对其有着不可忽视的作用力。

1．产品生命周期的概念

1966 年，美国哈佛大学教授雷蒙德·弗农（Raymond Vernon）在《产品周期中的国际投资与国际贸易》一文中首次提出了"产品生命周期"这个概念。

产品生命周期是指产品从投放市场到被市场淘汰的全过程。一般认为，典型的产品生命周期可划分为投入期、成长期、成熟期和衰退期四个阶段。

理解这个概念需要注意以下几个方面：①产品生命周期不同于产品的使用寿命；②产品生命周期具有地区性，不同国家、不同地域会处在生命周期的不同阶段；③产品生命周期是以产品销售增长率为标准进行划分的，一般来说，小于 10% 为投入期，大于 10% 为成长期，在 0.1%～10% 之间为成熟期，小于零表明该产品进入衰退期。

2．产品生命周期的划分特点及推广策略

根据产品市场状况的变化，一般可将产品生命周期分为四个阶段，下面结合星巴克咖啡辅以说明。

1）投入期。投入期是产品生命周期的第一阶段，是指新产品开发成功后正式投放市场销售的时期。这个时期是产品的初销阶段，也是产品能否在市场上站稳脚跟的关键时期。

第八章 中小企业创业成长

投入期的市场特点如下：①生产同类产品的中小企业较少，生产批量小，产品规格、花色、款式单一，产品设计尚未定型；②单位产品生产、经营成本高；③经营盈利极其微小，甚至亏损经营；④大多数消费者不了解、不接受产品。因此，如果该产品在投入期即被消费者拒绝，那么中小企业做出的努力将前功尽弃。产品只有度过艰难的投入期才能茁壮成长。

例如，星巴克咖啡公司不是第一个进入美式咖啡这个特殊市场的，但它发现这一市场颇具吸引力。1987年，普通咖啡销售乏力，而美式咖啡市场却以每年20%的速度增长。当霍华德·舒尔茨（Howard Schultz）梦想成为"美国最大的美式咖啡承销商"时，市场上已经有多家地方性咖啡屋和几家全国性咖啡连锁店。市场已经成熟，竞争日益分化，竞争空间有限。三家最大的全国性品牌咖啡承销商（宝洁公司、卡夫通用公司以及雀巢公司）都拥有充足的财力设立障碍，阻止星巴克咖啡公司进入市场。但是，它们对美式咖啡的兴起相对缺乏长远眼光，对崭露头角的像星巴克咖啡公司这样的竞争者态度比较温和，这为星巴克咖啡公司培育品牌市场竞争力提供了机会。

2）成长期。新产品经过一段时间、一定力度的宣传后被市场所接受，这时的产品开始盈利，随着销量的迅速增长，产品进入成长期，这是产品的畅销阶段。产品在成长期通常具备以下特点：①经过投入期对产品的改进，产品设计已经基本定型，产品质量稳定，花色品种增加；②经过前一阶段的促销活动，消费者对产品的性能、用途已经比较了解，购买者迅速增加，产品销售量增长很快；③随着产品销量的迅速增加，中小企业各项成本下降，中小企业获利丰厚；④生产同类产品的中小企业增加，市场上开始出现竞争。如果该产品的销量迅速增加，利润直线上升，那么说明产品进入成长期。

例如，星巴克咖啡公司没有做传统的广告宣传，而是依靠它的零售网点，由口才好、训练有素的员工推销星巴克咖啡公司的形象和产品。这一策略成功地拉近了消费者同企业的距离，使消费者全面了解星巴克咖啡的各种特色和优势所在。

3）成熟期。成熟期是指产品已经稳定地占有市场并进入畅销阶段。这一阶段产品销售量的增长速度放慢，稳定在一定水平上。产品在成熟期的特点如下：①销售量虽仍有增长，但已达到饱和程度，销售增长率呈下降趋势；②中小企业生产批量很大，产品花色、品种、款式更新较快；③市场上类似的产品增多，消费者对产品选择余地增大；④中小企业间竞争十分激烈，为扩大广告攻势，中小企业经营成本迅速增加，获利开始下降。

例如，传统的咖啡由陈咖啡豆制成，口味清淡，而星巴克咖啡公司通过独特的烘烤工艺制成的咖啡，往往具有独特的味道和芳香，通过这种截然不同的方法引导消费者越来越多地品尝它的咖啡，也就越能体会星巴克咖啡微妙的味觉差别和上乘的质量。

4）衰退期。衰退期是指产品不能继续满足消费者或用户需求，逐渐被市场淘汰的阶段。当产品销售量迅速下降，就进入了产品的衰退期，这时就到了产品的淘汰阶段，需要有换代产品或新开发的产品来替代。产品在衰退期的特点如下：①产品销售量下降速度快，利润也相应下降；②市场上开始出现替代产品，消费者兴趣发生转移；③许多竞争者开始转产相继退出市场。

在进入衰退期后，可供选择的产品策略如下：改进产品以求新生；改进生产和营销方式争取延缓衰退期；全面评价产品，剔除不良品，强化有希望的产品，淘汰滞销品。

三、中小企业生命周期与产品生命周期的关系

一个中小企业从成立伊始到破产倒闭的全过程中，产品生命周期对其有着不可忽视的作用，而中小企业生命周期对产品所处的各个阶段也有密切影响。因此，中小企业生命周期与产品生命周期是相辅相成、互相作用的关系。一方面，中小企业经营者依据中小企业全部或大多数产品所处的产品生命周期不同阶段的产销状况的综合指标，来预测中小企业衰退的种种迹象，从而起到预警的作用。另一方面，中小企业经营者利用中小企业与产品生命周期的对应关系，对中小企业现阶段的发展状况进行定位，以制订科学合理的未来发展目标；根据中小企业的市场目标来选择相适应的技术经营策略和专利战略，以形成最优化的产品组合，不断提升中小企业的核心竞争力。

但由于现在中小企业日益趋向于多元化发展，任何一个长寿的中小企业都已不再是仅仅按部就班地进行中小企业生命周期循环，而是在不同时期采取相应对策，不断给中小企业注入新的营养以激发中小企业新的活力。因此，中小企业生命周期并不完全与产品生命周期吻合。

1. 中小企业生命周期是中小企业多个产品生命周期共同作用下的产物

中小企业的兴衰是与中小企业产品市场的发展息息相关的。当一个中小企业的主导产品进入一个新的行业或市场，要与经营多年的竞争对手进行竞争并生存下来，会面临很多的困境和压力。在产品选择上，要选择有前景、有核心竞争力的产品，并正确细分和选择目标市场，这种特点往往体现在初创期的中小企业上；而当中小企业的产品和服务被消费者所熟知、销售量快速增长时，中小企业规模也会急剧扩张，中小企业会更多地通过树立自身的品牌形象扩大市场份额，在竞争中占据有利的市场地位，这时中小企业已进入成长期；而随着市场业务的饱和，要不断挖掘潜在的市场需求，要选择适当的产品和业务方向，形成"幼童""明星"

"金牛""瘦狗"等不同类型业务的合理搭配,这种多样性产品生命周期的优化组合说明了中小企业已进入成熟阶段,更能在市场竞争中得心应手、游刃有余;当中小企业的主导产品销量均直线下滑,需求量持续减少,产品逐渐失去生命力,中小企业进入衰退期,不得不采取收缩策略或收割策略,确定新的业务增长点,并利用战略联盟、重组、合并等方式,克服中小企业在发展中的瓶颈,使中小企业重新进入新的发展阶段,努力实现"二次创业"。

2. 产品生命周期的时间受制于中小企业生命周期

中小企业的多元化发展决定了企业在不同时期为了实现发展战略会优选出重点发展的产品,而那些对中小企业发展战略目标的实现无关紧要的产品可能遭到减量甚至停产等处理,从而缩短产品的生命周期。所以,企业不同时期将会选择不同的产品生命周期组合,让企业现有的不同产品生命周期组合,能有效地增加企业的整体实力,使企业得到长远发展。在初创期的中小企业,由于人才、技术和市场等基础资源匮乏,其产品也只能处于研发或试销售阶段,营销手段的不足也使得中小企业很难把控处于成长期和成熟期的产品,因此其产品生命周期只能处于投入阶段;当中小企业步入成长期,产品生命周期将更多地表现为投入期与成长期的组合,一部分产品的快速发展将为中小企业的高速增长带来动力,而另一部分产品则进行持续研发,着眼于中小企业的未来发展。中小企业的成熟阶段是产品生命周期最具多样性的时期,中小企业的人、财、物和管理能力将能支持多个不同类型产品的研制或市场开发,中小企业面对竞争对手的竞争压力,将不断提高产品性能以满足顾客的不同需要,以期延长成熟期,达到价值最大化。进入衰退阶段后,为了获得新生,中小企业对其各类产品是否继续投产的决策,除了考察产品市场价值,还要结合中小企业可持续发展长远战略。因此,产品生命周期会受到中小企业生命周期的影响,可能会被人为地缩短其生命周期。

第二节 中小企业成长环境

中小企业成长是经济繁荣的基础,是国家竞争优势的主要源泉。中小企业在激烈的竞争中,需要健康地成长,否则就时时面临危机、难以长久。因此,中小企业的成长问题日益受到社会的关注。

一、中小企业成长问题

1. 内需增长乏力

随着我国经济发展进入新常态,经济增长下行压力增大,消费同比增速回落,经济下行、内需增长乏力，中小企业的市场拓展空间将受到制约。

2. 结构性矛盾突出

中小企业的结构性矛盾，其共性集中体现在小、散、乱，抗风险能力弱等方面。我国中小企业占绝大多数，经营规模小，再加上产业集群化发展不够，中小企业经营分散，主要靠单兵作战，导致市场不规范，无序竞争、同质化竞争现象较为严重。这既有国家监管的问题、市场自身的管理问题，也有中小企业自己的问题。

3. 增长动力不足

在推进结构性改革调整进程中，中小企业依然面临着增长动力下降、转型升级阵痛的挑战。特别是成长型中小企业比重偏低，多数中小企业没有持续增长；产能过剩严重，新增的投资动力不足；中小企业群体数量增加，多数中小企业负债水平超过承受极限，这些都对技术创新和劳动力就业带来负面影响。

4. 扩大外需难度加大

在严峻的国际环境下，中小企业出口压力大。再加上国际贸易摩擦加剧，导致我国出口优势不断削弱，明显加大了中小企业扩大外需的难度。

5. 扶持政策落地难

我国出台了一系列支持中小企业发展的政策，对减轻企业负担、稳定就业都起到了积极作用。但因申请烦琐、落实难，中小企业靠政策的扶持依旧举步维艰，"最后一公里"现象背后的形成原因复杂，既有主观认识层面问题，又有客观执行问题，还涉及现有体制机制层面以及政策本身科学性问题。由于扶持政策落实"最后一公里"问题，使得贯彻落实不到位、打折扣，影响了政策效力的发挥。

二、中小企业成长条件

中小企业成长面临着前所未有的机遇和挑战，"转方式、调结构、上水平"势在必行。扶持中小企业需要"放水养鱼"。

1. 中小企业成长市场空间不断扩大

随着我国经济不断发展，工业化、信息化、城镇化、市场化、国际化进程不断深入，人均国民收入稳步增加，居民消费能力不断增强，经济结构转型加快，市场需求潜力巨大。民生优先、内需主导、消费驱动的政策取向，为中小企业成长带来了新的市场机会。同时，全球产业调整将有利于中小企业加强企业间分工合作，承接国际产业转移，加速融入全球产业链。

第八章　中小企业创业成长

2. 中小企业成长领域不断拓宽

当前，世界经济复苏进程艰难曲折，仍存在诸多不确定、不稳定因素。我国经济结构调整出现新亮点，如新兴产业、现代服务业和现代农业孕育着新的发展，区域间产业转移加快，放宽市场准入，扩大民间投资领域，为中小企业成长提供了新的发展空间。同时，新的技术革命，信息网络、生物、可再生能源等技术正在酝酿新突破，将有利于中小企业拓宽成长领域，寻求新的增长点。

3. 中小企业成长政策措施不断完善

我国出台了一系列促进中小企业发展的政策措施，助推中小企业成长。同时，加快形成比较完善的财税、金融、社保、公共服务等政策扶持体系，为中小企业成长提供了政策保障。

4. 中小企业成长社会服务不断加强

我国不断加大服务中小企业的力度，推动各类社会化服务机构不断进入中小企业服务领域，促进中小企业健康、平稳、快速发展。例如，加快建设中小企业公共服务平台，深入开展中小企业融资、担保、信用、信息、培训、技术、咨询、创业、市场开拓等服务业务，为中小企业的成长提供了重要支撑。同时，加强对外合作与交流，为中小企业"走出去"和"引进来"创造了有利条件。

三、创造中小企业成长环境

1. 培育社会化服务体系

政府要高度重视中小企业的成长，切实采取可行的扶持政策，为中小企业的成长创造有利的外部环境。同时，中小企业要立足自身发展，不断创新管理体制，不断进行技术创新，以适应市场的变化。按照社会化、专业化、市场化以及突出服务性的原则，大力培育中小企业社会化服务体系，及时发布产业政策、发展规划、投资重点和市场需求等信息，提高为中小企业服务的质量。

2. 采取多种融资方式

中小企业融资的目的是为了满足自身的生存和发展，促进中小企业持续成长。政府部门应采取有效措施加大对中小企业融资的支持力度。根据国家有关文件精神，一是要拓宽中小企业直接融资渠道，鼓励符合条件的中小企业到境内外上市，建立和完善创业投资机制，支持中小企业投资公司设立和发展。二是要推进中小企业信用制度建设，加快建立适合中小企业特点的信用信息征集与评价体系以及失信惩戒。三是要引导金融机构开发适宜中小企业特点的金融产品，简化贷款审批程序，提高对中小企业的信贷比例，积极探索对商业银行开展中小企业贷款给予贴息支持或风险补偿的有效途径。

3. 转变经济发展方式

在加快转变经济发展方式的过程中，中小企业要利用自身的核心优势，突破有形组织结构的界限，充分利用外部资源，建立外向化的资源联盟，弥补内部资源不足的缺陷，形成在整个价值链上的竞争优势。例如，支持中小企业走专营化经营模式，形成"一地一品""一镇一业"的新格局。支持中小企业发展劳动密集型产业，鼓励中小企业在农副产品加工、机电装配、轻工家电等工业领域吸收更多的劳动力就业；鼓励中小企业发展餐饮服务、社会服务、旅游服务及文化娱乐等劳动密集型的服务业。

4. 实施技术创新战略

中小企业是技术创新的生力军，需结合目标及技术创新的实力，从不同角度选择与中小企业自身发展相适应的技术创新战略，以主动适应市场经济和目前不利的金融环境变化。政府通过制订中小企业科技创新及技术进步政策，采取多种形式为中小企业培养技术力量。同时，为中小企业技术创新主动谋划，提供技术帮助，解决资金困难。

5. 加大政策扶持力度

现如今，中小企业在市场准入、产业用地和融资等方面仍有不少困难和问题亟待解决，涉及针对中小企业的创业扶持、技术创新、资金支持、市场开拓和服务保障等方面的内容。政府可根据中小企业对社会、经济发展的贡献进行监测与分析，给予相应的创业扶持。

四、中小企业成长动力

（一）中小企业成长内涵

中小企业成长是指在一个相当长的时间内，保持中小企业整体绩效水平平衡、稳定增长的势头，或持续实现中小企业整体绩效大幅度提升和中小企业发展质量与水平的阶段性跨越的发展过程。中小企业成长包括量的扩大和质的提高两方面。

1）量的扩大主要表现为中小企业规模与经营范围的扩大，包括生产结构专业化、经营业务多元化、组织结构集团化和市场结构国际化，这是中小企业成长最直观的表现，可能体现在收入、资产、雇员人数等方面。

2）质的提高主要表现在中小企业成长能力的变化，涉及中小企业素质的提高，包括技术创新能力、组织结构改进、经营制度和管理方法创新和企业文化塑造等。

（二）中小企业成长动力

推进中小企业成长的过程，进而实现成长目标，主要来自于中小企业内部成长动力，且诱因内外兼有。实际上，所有中小企业成长都受内外动力的共同作用。

中小企业成长动力是指推动中小企业成长过程的各种力量的集合，包括来自中小企业内部的动力（又叫成长需求），以及来自中小企业外部的动力（也叫环境激励）。中小企业成长动力原理，如图 8-5 所示。这种动力来自于中小企业外部环境因素的激励作用，这两个方面直接或间接地推动了中小企业的成长。

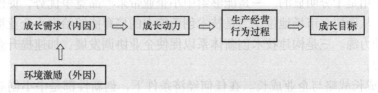

图 8-5　中小企业成长动力原理

（三）中小企业成长因素

中小企业成长因素是中小企业赖以生存和发展的必备基本条件。

1. 成长关键因素的模型构建

事实上，中小企业成长有不同的路径。通过对中小企业成长历程进行分析总结，发现竞争优势，从中找到中小企业成长的关键因素，构建以企业家、技术创新和成长战略为成长关键因素的模型，如图 8-6 所示。

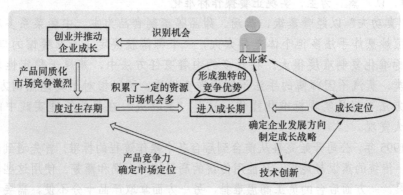

图 8-6　中小企业成长关键因素模型

2. 成长关键因素的模型说明

从这个模型可以看出，企业家在中小企业成长过程中居于核心的地位。企业家是企业的"灵魂"，而技术创新、成长战略则是中小企业成长的两翼，这三类因素既相互联系，又具有一定的独立性。其中，技术创新是使中小企业取得产品竞争优势，度过生存期并在细分行业中立足的重要手段。成长战略则是使中小企业由小作坊、粗放式管理、机会型经营走向公司制、精细化管理、目标导向和战略性经营的关键。

1）企业家与企业成长。企业家敏锐的市场意识、长远的战略思维、突破常规的创新思维以及基于个人魅力所形成的企业文化是带领上市公司从创业求生存步入高速成长期的最重要的因素。因此，企业家是带领企业快速成长的关键。

2）技术创新与企业成长。技术创新为中小企业成长带来源源不断的动力，其推动作用是十分明显的。一是能够给中小企业带来产品竞争优势，促使企业快速成长，从而树立市场地位。二是技术创新能力的培育能够给中小企业形成持续成长的动力源。三是构建技术创新体系以促使企业协调发展，加速提升企业的市场竞争力。

3）成长战略与企业成长。在任何经济条件下，创新性都是中小创业成长的关键，尤其是成长拐点的突破，往往都与成长战略密切相关。因此，中小企业要把握自身资源优势，进行清晰定位，并在此定位下进行恰当的战略制订才能积极地引领企业成长。

【案例】
真功夫：中式快餐的标准化、流程化、精细化

真功夫餐饮连锁机构是从广东东莞起步的中餐连锁店。经过二十几年的发展，已经逐渐成为全国性中餐连锁店，与麦当劳、肯德基等洋快餐展开竞争。

1. 以"蒸"为主，实现正餐操作标准化

"真功夫"以经营蒸饭、蒸汤、甜品等蒸制食品为主。中餐菜系多种多样，煎炒烹炸手法多但个体差异太大，一个师傅就决定了一家餐馆的口味，所以标准化复制难度很大。在众多的中餐烹饪方法中，蒸属于稳定性较高的一类。蒸汽不因师傅的手法不同而改变性质，所以相对于其他烹调方式，蒸的方法更容易实现标准化操作，这是"真功夫"在餐饮管理实践中的一个重大发现。

1995年，公司开始完善从前台到后台各个操作流程的标准。首先遇到的难题是：传统的蒸饭与炖盅，只能用传统的高温炉、大锅和蒸笼。使用这些陈旧的厨具，一方面后台的员工高温难挡，另一方面拿取产品十分不便，需要不断上搬下卸。另外，燃气灶火也忽大忽小，很难控制火候，对菜品质量稳定性也存在一定影响。

为了解决这个问题，公司与华南理工大学合作，一起研发更专业实用的蒸饭设备。借鉴了烘烤工艺，开发了抽屉式蒸锅设备，便于分层取用，时间也可

以用微电脑控制。保证同一炖品蒸制时的同温、同压、同时，因而几乎是同一口味。从此，"真功夫"的餐厅里不再需要厨师，不需要任何一把菜刀，服务员只要将一盅盅的饭菜半成品放进蒸汽柜里，设定好时间和温度，时间一到就能拿出饭菜，实现"千份快餐同一口味"。

2. 实践"泰罗制"，形成标准化作业体系

在开创之初，公司尝试做了很多种蒸品。虽然一直在向标准化努力，但中式点心种类繁多，标准化不容易。开一家店相对容易，开第二家店品质就难以控制。

为了实现连锁复制，公司开始记录自己开店的每一道工序，从如何烹饪到如何扫地，每个动作都要求做到标准化，需要不断完善每个细节。如果把一位顾客从进门到离开的过程分解考察，就会发现很多方面的服务可以完善。为此，公司制作了客户服务分解流程图。对每个环节都制订最优服务标准和流程。

在"真功夫"的配料车间展现的是这样的工作场景：工人穿着清洁制服，切肉、配菜、包包子。每个人只做一道工序，动作协调规范。员工的每个动作都是经过培训的，如切肉的刀举多高、切下的肉块有多大、包子上有多少条褶等都有明确的规定。"切肉"动作的标准化也是反复实验、测试的结果，通过组织劳动比赛，发现"劳动能手"，组织专家观察劳动能手的操作流程并予以记录、细化、分析、优化，最后变成量化的书面流程和标准。

后台的标准化保证了前台服务的便捷。"真功夫"承诺给顾客80秒上菜，这个简单的承诺却包含了背后无数道工序的安排。公司进行了流程分析，而且是逆向推算，即前台服务需要怎样做、备料烹制怎样供应得上以及后台原料如何来整理。

公司还编制了员工培训手册。随着店面的不断扩张，手册也从几页变成几十页，再到厚厚的几大本。手册中的每一条指示都是最佳经验的总结，而手册本身是员工培训和考核的蓝本。

（资料来源：http://www.cyzone.cn/a/20120716/229761.html）

【评析】

"真功夫"通过管理创新，成为全国性中餐连锁店。当前，民营企业逐渐成为我国经济发展的主力军。这些中小企业的科学管理要点，创业者特别需要学习、借鉴其"企业化管理"的思维和理念，以帮助企业成长。

第三节 中小企业成长管理

一个中小企业创建之后，需要面临的就是如何使新创中小企业成功地成长起来。中国有句古话叫"不进则退"，一个失去成长性的中小企业，也就失去了前途。

因此，中小企业成长管理是非常重要的。

一、中小企业成长管理存在的问题

（一）缺乏战略管理

制订实施战略管理，对中小企业同样是必要的，这是中小企业成长的基本前提。有关调查分析显示，中小企业针对战略层面的管理还比较缺乏，因忙于日常经营活动，还无暇顾及战略方面的问题。这说明中小企业普遍缺乏战略层面的管理，导致企业的资源无法适应当前的发展战略。而重视和制订战略规划的中小企业则具有明显的成长优势。

（二）员工素质较低

中小企业间的竞争归根到底表现为人力资源的竞争。中小企业人力资源管理以及人员素质水平不容乐观，整体状况较差。由于中小企业的规模小，资本实力差，优秀的人才都愿意去大企业而不愿意去中小企业。然而，成长中的中小企业对于人才需求不断增加，这种矛盾关系导致供求不平衡。因此，人才的缺乏与中小企业的规模扩大不成比例。

（三）融资能力低

我国中小企业抗风险能力弱，资产信用缺失严重，说明当前中小企业的融资渠道不完善，融资体系不利于中小企业贷款。与此同时，中小企业的财务信息透明度较低，担保主体又无法确切落实，难以与银行进行良好的沟通与合作。这对于成长中的中小企业来说，资产规模的劣势，使得很多中小企业在寻求银行贷款时落入资本缺口。因此，中小企业融资能力低是财务管理中存在的重要问题。

（四）营销策略水平低

由于中小企业规模小，人员少，没有设立专门的组织或人员对企业的每一种产品进行一系列整体详细的规划和分析。因此，很多数量的中小企业内部关于市场营销的内容很简单，市场营销的专业能力不足。因此，营销策略水平低在某种程度上成为中小企业成长管理的瓶颈。

二、中小企业成长的一般规律

（一）中小企业发展的典型路径

按照中小企业生命周期理论，中小企业一般会经历创业、成长、成熟、衰退这四个时期。中小企业在生命周期的四个不同成长时期的特征如下：

1. 创业期

中小企业这个时期刚刚起步，运行目标就是生存。在创业期，投入大量的人、财、物用于基础建设，产出较少，决定企业未来的活动是生产，这时产品的技术风险逐渐减少，需要化解市场风险和经营风险问题。这时，中小企业已经建立了一个中小企业组织雏形，有了较为完整的研发队伍和管理队伍，并制订了中小企业的初步经营计划，一旦产品开发成功，就会着手进行试生产，以实现产品的经济价值。中小企业简单的组织结构基本形成，初步建立起生产和销售渠道。但竞争实力仍然较弱，处于创业期的中小企业主要面临市场经营风险。

2. 成长期

经过创业期的探索和创新，随着技术发展和生产扩大，中小企业的主导产品逐渐占有市场，利润回报增加，管理重点开始转向成本、风险管理。在成长期，中小企业进行财务风险和成本的控制至关重要。这时，中小企业的产品业务或者所拥有的新技术、新点子、新商业模式基本被市场认可，新产品的设计和制造方法已经定型，并且已经具备了一定的生产能力。中小企业应充分把握市场机会，既要抢占市场份额、提高产品质量、树立品牌形象，又要积极着手产品研发，做好产品更新换代的准备。同时，需要扩大生产规模，组建营销队伍，进一步开发产品市场。但产品在销售市场上不断拓展，处于成长阶段的中小企业主要面临规模的高速扩张，以及需要大量的资金投入，这些都要及时妥善解决。

3. 成熟期

中小企业在成熟期的产品和市场占有率已经得到承认，生产规模已经得到显著的提高，技术、管理能力相对成熟。随着产品的大批量生产销售，市场需求趋于饱和，销售增长速度开始放缓，总体生产能力达到高峰，行业生产能力相对过剩，再继续进行市场开拓的空间已经不是很大，替代产品的引入为新产品开创了一个新的产品生命周期。此时，中小企业的技术、财务和市场风险已经大幅度降低，其知名度和社会信誉度开始建立。因此，步入成熟期后，中小企业已经具有了相当雄厚的实力，能够从容地利用和控制各种资源，中小企业的融资渠道与环境有了根本性的改善。要实现持续发展，中小企业往往选择规模化生产路径。

4. 衰退期

随着时代的沿革，中小企业仍然是一个存在的生命体。在衰退期，中小企业处于转型阶段，对外部环境的敏感程度减弱，在满足消费者需要上失去了创新的能量，产品已经没有竞争力，产品的占有率下降且逐渐被替代产品所排斥，成本费用居高不下，企业开始入不敷出，市场份额开始萎缩，利润下降甚至出现亏损，企业营运能力降低。为此,企业应该进行人员合理分流,对企业机制进行改革和新产品开发,加快转型获得再创业、再发展的机会,否则企业将被淘汰掉。

(二)中小企业发展的管理模式选择

1. 创业期的中小企业管理

创业期的中小企业大都规模小、资产少、时间短、利润薄、产品缺乏知名度,而且市场认可度不高,员工的素质和能力较低,运作不规范。因此,中小企业在这一时期通常处于高风险期,抗风险能力较弱,很多中小企业没有挺过创业期就早早夭折了。中小企业在创业期,最重要的任务是如何生存,通过合理地推广企业自身、产品或者服务,使产品产销对路,获得盈利,才能有更多的资金用于拓展市场、提高生产能力、获得进一步的发展。创业期时间不宜过长,要尽量减少成本,扩大销售收入,否则会让投资者失去信心,而且中小企业生命力十分脆弱。因此,在这个阶段,中小企业要掌握绝对的权利,掌握大小的事务,掌握人脉资源,充分发挥创业者的经验、技术、决心,用好人、用好资源,管理好资金,以弥补中小企业在制度文化建设上的不足,先生存,再积累资源,才有利于创业期中小企业成长。

2. 成长期的中小企业管理

处于成长期的中小企业,经营管理基本步入正轨,基本完成了资本和技术的积累,规模迅速扩大,销售收入不断增加,并取得了一定的经济效益。随着市场份额逐步提高,员工数量不断增多,员工干劲十足,中小企业在激烈的市场竞争中站稳了脚跟。但这一时期也是风险的高发期,需要密切关注和防患。市场竞争是残酷的,有的创业者存在小富即安的心理,功利倾向明显,故步自封,未能迅速抓住企业成长的黄金期,管理方法和手段过于传统,导致中小企业没有进入成熟期就迅速衰退。有的创业者存在盲目乐观的心理,投资轻率,进入自己并不熟悉的领域,结果企业的经营状况每况愈下。因此,在这个时期,中小企业应该抓住有利时机,完善组织结构,树立创新意识和全局观念,不断优化企业管理模式。

3. 成熟期的中小企业管理

中小企业进入成熟期后,不管是员工数量、企业收入还是企业资产都发展到了一个很高的层次,中小企业具有一定的品牌知名度,在消费市场上拥有大批重视的消费者。当中小企业在激烈的市场竞争中逐渐占有一定的份额,企业的发展速度逐渐缓慢下来,这就预示着市场的投资机会将减少,对资金的需求量相对减少,此时也存在一定风险。再加上受国家政策、竞争对手和市场经济状况的影响,中小企业规模大、员工多、业务复杂,这将给中小企业的管理带来巨大的难题,

第八章　中小企业创业成长

一旦中小企业在管理上出现问题就会迅速进入衰退期。因此，在成熟期，中小企业管理的重点在于培育先进的中小企业文化和价值观，使员工在中小企业里有强烈的归属感和敬业精神，创造区别于竞争对手的价值，进而形成中小企业发展的稳定动力。

4. 衰退期的中小企业管理

中小企业经过一轮发展之后，会因各种原因而进入衰退期，原因是普遍缺乏创新和竞争意识，发展陷入停滞甚至开始倒退，产品竞争力差，利润开始缩水，创新能力及激发创新能力的机制也逐渐丧失。中小企业管理出现官僚化，各项管理制度形同虚设，内部问题突出且层出不穷。最要命的是员工与中小企业离心离德，员工离职现象频发，高管和核心技术人员纷纷离职，没有人去关心如何扭转颓势。不过，进入衰退期的中小企业并不意味着一定会走向没落，走出这一困境最关键的举措是要进行制度创新，通过理念创新、技术创新、产品创新来打破原有的管理格局，重新进行市场定位，重新调整发展战略，寻找新的增长机会，并充分调动员工的主观能动性，使中小企业重新积攒起成长的力量。因为"创新"是中小企业的管理核心。

三、中小企业扩张

中小企业发展到一定规模后，考虑的问题便是如何在夹缝中生存，找到适合自身的扩张模式。

（一）中小企业扩张模式

中小企业扩张是指中小企业在成长过程中规模由小到大、竞争能力由弱到强、经营管理制度和中小企业组织结构由低级到高级的动态发展过程。下面介绍三种基本扩张模式。

1. 内源扩张

内源扩张是指中小企业主要靠外部生产要素的加入或中小企业自身要素生产率水平的提高来达到扩张的目的。内源扩张的主导战略为成本优势（低成本）、标新立异（提供特质产品）、目标集聚（目标市场定位）、技术或模式革新；主要路径是通过资金、原材料、设备、厂房、人员、技术、管理等的不断投入，从而实现在原有规模上的增产增销，或原有项目改扩建，或建设新项目、投产新产品，或连锁经营，或网络营销，或经营模式创新等。内源扩张的保证措施包括加强自身的技术产品开发能力、市场营销能力和资源积累能力，这一扩张行为一般不涉及其他中小企业的投资决策或不直接引起其他中小企业的资产变动。

2. 外展扩张

外展扩张是指中小企业通过吸收合并其他中小企业或接受其他中小企业的投资或同时改变其他企业与自己的资产或所有权属性等方法来达到扩张的目的。外展扩张的主导战略为资本运作、多元化、多层次化、多地区化；主要路径有并购、参股、合资、联合、加盟、托管、资产置换、组建集团等。外展扩张的保证措施为需具有资金、技术、人才、信息、管理、品牌等输出优势，需要产权、要素、中介市场的支持。这一扩张行为会涉及其他中小企业的投资决策或引起其他中小企业的资产或所有权变更。

3. 文化扩张

文化扩张是指少数中小企业凭借雄厚实力和品牌优势，通过品牌形象、垄断技术、消费引导、中小企业文化等的逐步渗透，将产品和服务自然深入到各地消费者、潜在顾客的消费意识之中，将中小企业文化与当地社会文化、消费文化相融合。文化扩张的主导战略为跨地区的消费、文化一体化；主要路径为输出品牌、文化、消费习惯，达到中小企业文化和当地消费文化相融合。文化扩张的保证措施为领先技术、顶级品牌、庞大规模、雄厚实力。这一扩张行为需有内源扩张和外展扩张做基础，妥善处理好与各地消费者和政府的关系。

这三种模式层次由低到高，适合中小企业规模由小到大，且相互交叉和补充。

（二）中小企业扩张形式

多数中小企业都是在不断模仿中成长，从而找到适合自己发展的模式，这是中小企业的兴趣点所在。

1. 收购

中小企业收购是指中小企业通过一定的程序和手段取得某一中小企业的部分或全部所有权的投资行为。目前，收购是一种常见的市场竞争方式，对于收购方来说，可以快速扩大经营规模。

收购一般分为股权收购、整体收购和资产收购三种情况。中小企业收购的结果，可以是收购目标中小企业的全部股份或股票，从而将其吞并；也可以是拥有目标中小企业的大部分股票或者股份，从而达到控制该企业的目的；还可以是仅拥有目标中小企业少部分股票或股份，只成为目标中小企业的股东之一。

1）收购现有中小企业是中小企业扩张的一种重要手段。20 世纪八九十年代以来，收购成为中小企业寻求规模经济和战略转型的重要手段，有利于中小企业扩大规模、增强实力、提高效率。

2）收购是创业者扩大中小企业规模的一种有效方法。收购主要涉及两个主体，一个是收购方，另一个是被收购方。收购方往往出于增强生产经营的稳定性，优化产业结构、产品结构和资本结构,拓展经营范围等动机考虑做出收购决策。被收购方一般都是出于资金困难、经营陷入困境等原因不得不考虑出售。

【案例】

美的收购东芝家电 80%的股权

2016 年 3 月 30 日,美的宣布与东芝正式签约,美的将以约 537 亿日元(约 4.73 亿美元)获得东芝家电业务主体——东芝生活电器株式会社 80.1%的股份,东芝将保留 19.9%的股份。专家认为,美的收购东芝"很划算"。

今后,双方将通过资源互补,在家电及其他新领域共同开拓成长机会。合作方案显示,东芝将继续开发、制造和销售东芝品牌的白色家电,包括冰箱、洗衣机、吸尘器以及其他小家电。美的可在全球范围内使用东芝家电品牌,许可期限为 40 年。此外,美的还会受让超过 5 000 项专利技术。

美的表示,双方的供应链网络以及渠道优势将有助于产品在全球市场铺开。东芝的生产制造能力和工艺水平与美的的供应链体系、规模化生产经验之间存在巨大的互补性。

(资料来源:http://news.xinhuanet.com/info/2016-03/31/c_135239388.htm)

【评析】

对美的来说,这是全球化进程的一个重要里程碑。此次收购,美的"赚到了"。从东芝的品牌影响力、专利技术和渠道能力等方面看,对于美的进入日本市场及东南亚市场,都有很大帮助。此次合作,美的和东芝将产生协同效应,帮助双方显著增强在日本、东南亚及全球市场的竞争力。

2. 兼并

兼并是指通过产权的有偿转让,把其他中小企业并入本中小企业或中小企业集团中,使被兼并的中小企业失去法人资格或改变法人实体的经济行为。

中小企业通过以现金方式购买被兼并中小企业或以承担被兼并中小企业的全部债权债务等为前提,取得被兼并中小企业全部产权,剥夺被兼并中小企业的法人资格。换句话讲,兼并是中小企业产权的一次彻底转让,买方中小企业无论从实质上还是形式上都完全拥有了卖方中小企业的终极所有权和法人财产权。

3. 特许经营

特许经营已成为当今世界上最富活力,发展最快的主流商业模式。

在我国,商务部 2004 年颁布的《商业特许经营管理办法》第二条将特许经营定义为:是指通过签订合同,特许人将有权授予他人使用的商标、商号、经营模式等经营资源,授予被特许人使用;被特许人按照合同约定在统一经营体系下从事经营活动,并向特许人支付经营费。

特许经营包括以下几个方面：

1）特许方以合同的形式授权受许方在某指定地区销售其产品或提供服务。

2）受许方被许可利用特许方的商标、知名度以及由特许方已建立起来的一整套规范程序，开展自己的经营活动。

3）特许不是无偿的，受许方须向特许方交纳一定数量的特许费或权利金。特许费可一次付清，权利金可按受许方利润提成付给特许方。

4）受许方需要有一定的投资，如办公地点的租用、服务人员的培训等。受许方具备如此条件才可成为新企业的拥有者。

【案例】

青格里公司特许经营模式

青格里公司的主要业务是通过开展商业特许经营的方式授予加盟商特许权，收取特许经营权使用费及管理费，进而通过和加盟商的合作在全国市场进行美容美体产品和项目的推广。青格里公司特许经营业务经过十年的快速发展，已经在全国一线城市和经济水平较高的二、三线城市建立了以加盟商特许经营店为主、总部直营店为辅的经营模式。伴随着公司的发展壮大，全国各地的加盟商数量随之增加，原有的营销管理体系已经疲于应对市场的变化。

【评析】

特许经营成为中小企业广泛吸收社会投资，进行快速发展市场的新型商业模式，为中小企业扩张起到了很大的帮助作用。青格里公司通过这种商业模式帮助其在社会高效地实现知识产权共享和信息共享，实现社会资源的合理化流动和配置。

■ 泛学习

中小企业扩张中的八大风险

我国中小企业界向来有"做大"的情结，比较热衷于追求经济总量的扩张。求大是所有中小企业共有的心态，兼并重组作为低成本扩张的一条捷径，常常成为中小企业倾向性的选择。但"做大"容易"避险"难，中小企业扩张之路并非坦途一片，在扩张决策制订、实施以及扩张后的整合管理过程中，稍有不慎便可能埋下种种风险，致使中小企业陷入进退两难的泥潭。中小企业扩张，必须高度警惕可能存在的风险，加强防范，有效规避，确保达到扩张的预期目的。那么，中小企业扩张通常会存在哪些风险呢？

1. 决策偏离战略，规模不经济

在国有中小企业改制重组过程中，往往发生一些由行政力量主导推动的兼并扩张，这些扩张不是从中小企业战略出发，而是源于多元动机，背负了多元目标。有的中小企业虽有战略，但常常抵制不住市场机会的诱惑，倾向于去收购离自身所处行业较远的中小企业，逐渐远离自己熟悉的领域，战略边界在一次次扩张中突破，造成主业分散，控制乏力，风险也随之不断放大。这种偏离中小企业发展战略的扩张偏好和投资行为，易于导致协同效应差，规模不经济，将给中小企业的发展带来极大的风险。

2．盲目扩张求大，忽视供求规律

有的中小企业盲目跟风模仿，看到某种产品比较赚钱就一哄而上，不做市场分析，盲目增投资、上项目。结果是产品面市之时，市场风向已经逆转，产品由畅销转向积压，价格由上涨变为下跌。中小企业忽视市场供求规律，盲目扩张求大，最终将会难逃赔本甚至破产的命运。

3．调研不充分，信息不对称

知己知彼，方能百战不殆。无论是在国内并购还是跨国并购，中小企业都深受信息不对称的困扰。特别对于跨国并购行为，由于前期调研不够，知己不知彼，交易中常常出现财务系统不匹配、投资回报预测假设条件存在缺陷、税收黑洞等一系列财务风险；以及由于对所在国法律环境了解不够，对收购一些战略性或高科技中小企业可能引发的政治干预估计不足而引起的政治风险等。信息不对称，就像一把悬梁之剑，随时可能为扩张活动带来致命伤害。

4．财务安排，隐患重重

俗话说"巧妇难为无米之炊"，再好的扩张战略，若没有充足的资金支持也只能是无源之水、无本之木。中小企业扩张会同时对资金规模和资金结构产生新的需求。中小企业自有资金常常不能完全满足扩张需要，高负债扩张、短贷长投现象时有发生。一旦资金链断裂，中小企业便将陷入严重的经营危机。

5．有进无退，志在必得

扩张热情来得快降温难，赌性强、理性弱。一旦决策，便全然不顾外界的风吹草动，即便遇到很大的风险和障碍，也"志在必得"，决不回头。中小企业扩张过程中，一些突发性因素的出现常常使得扩张征途变得扑朔迷离。一味求成，不断放低谈判底线，破坏既定方案，势必导致扩张活动的经济性降低、不确定性加大，乃至影响中小企业的正常运营。

6．整合不力，导致前功尽弃

捆绑的"小舢板"做不成"航空母舰"。有的中小企业一味贪多求大，忽视内部整合，扩张活动不但没有成就"求大"之梦，反而成为某些成功中小企业家的"滑铁卢"。许多中小企业没有实现扩张的预期，败就败在忽视整合或整合不力，特别是人事整合的不尽如人意。中小企业兼并扩张面临大量部门的撤并，控制权的更替，岗位的调整，一旦处理不当，将导致人员流失，扩张后中小企业的一些优势将在激烈的市场竞争中消失殆尽。

7. 文化冲突，暗杀扩张成果

中小企业扩张是中小企业的一项重大经营活动，有太多的问题需要处理，常常是财务、法律以及运作细节等问题受到了中小企业的高度关注，而文化这样的"软"问题则是备受冷落。无论是跨国并购还是国内并购都会面临文化障碍，文化冲突解决不好将会成为暗杀扩张成果的隐蔽性杀手。

8. 管理能力虚脱，扩张预期流产

有的中小企业忽视自身的资源基础，盲目高估自身的管理能力，在一个领域取得了成功便认为可以无所不能。狂热地铺摊子、上项目，结果企业是扩张了，但管理失控了，整个企业也被拖垮了。中小企业扩张须量力而行，注意控制发展阶段、发展规模、发展速度与管理能力的协调与匹配。

中小企业走扩张之路谋求快速发展，前途光明但道路曲折，不仅需要胆略，更需要理性。切不可贪多求快，盲目扩张。须统筹规划，高度警惕扩张中的八大风险，防患于未然，确保实现扩张预期。

复习思考

1. 什么是企业生命周期？划分为几个阶段？
2. 中小企业成长的关键要素是什么？有何关系？
3. 中小企业的扩张形式有哪几种，各有什么特点？

实践训练

安康生猪产业联盟的"阳晨模式"

地处秦巴腹地的安康市生态资源丰富、气候适宜，发展现代生猪产业的条件得天独厚，但长期以来，当地养猪业却停留在"小而散"的状态。养猪业投入大、见效慢、风险高，需要源源不断的资金支持，而且大部分养殖户建造在集体土地上的圈舍，因为没有产权证，难以被金融机构视作有效抵押物，融资十分困难。

作为承载众多使命的破题之举，在人民银行、银监会和地方农业、财政等部门的共同推动下，2011年11月，依托国家级扶贫龙头企业——安康市阳晨现代农业有限公司（以下简称阳晨公司）在种猪繁殖、生物饲料、生态养殖等方面的优势，"阳晨生猪产业联盟"组建成立。该产业联盟吸收众多中小养殖企业，采取"五统一"运作模式，极大地提高了整体竞争力和抗风险能力，金融机构积极跟进支持，打造"信贷+龙头企业+规模化中小养殖企业"的产业金融联合体。

1. 统一技术管理

阳晨公司技术委员会牵头，邀请国内知名的养猪专家、养猪场规划设计单位参加规模化养猪场建设标准制订小组，制订了适合不同气候条件、不同类型、不同规模的规模化养猪场建设标准。标准按照传统分体式猪舍和大跨度联体式猪舍两种形式,并吸收多点式、智能化饲喂系统等国际先进生产工艺和技术,制订了产业联盟标准化养猪建设技术标准,为产业联盟养猪场的建设提供了技术支撑。

2. 统一生产管理

产业联盟统一生产管理主要通过技术场长来实现,场长由产业联盟、加盟企业和场长本人三方进行自由选择确定。场长的主要职责是执行阳晨公司统一制订的技术标准,进行生产技术管理,保证各项技术标准实施到位,完成各种生产技术指标和任务,向产业联盟上报各类报表。对技术场长实行双重管理,所在场主要考核生产指标的完成情况,产业联盟则考核场长技术标准的执行情况,工作标准按生产量和绩效进行确定。

3. 统一物资供应

由阳晨公司负责为联盟企业统一提供种猪、仔猪、饲料、药品及养殖设备等,实行统一物资质量标准,统一价格结算,按市场价格给予一定的优惠。提供给产业联盟企业的种猪、饲料价格低于市场均价10%。产业联盟企业可以得到比市场价格优惠的纯种猪或二元母猪,得到比市场价格每吨优惠100~200元的饲料,累计为联盟场户节约成本6 930万元,降低了联盟企业生产成本。

4. 统一财务及融资管理

阳晨公司与联盟企业协商成立会计核算中心,统一制订财务管理制度、成本核算办法和资金支付流程。会计核算中心为各加盟企业统一建立健全账务,报送财务报表,提供各种会计服务。产业联盟对加盟企业的资金收支、银行账户等进行有效监管,资金实行封闭运行,有效控制信贷风险。同时,阳晨公司与各大金融机构对加盟企业进行评估,通过与安康市财信担保公司对联盟企业联合担保,为联盟企业解决融资困难问题,并且联盟确保加盟企业贷款资金只能用于购买种猪、仔猪、饲料以及修建场房、添置设备等畜牧生产上,不断壮大生猪产业规模。

5. 统一产品销售

阳晨公司建立了统一的联盟组织销售信息平台,把加盟企业分散的信息通过加工梳理整合成一个信息库,再通过联盟组织平台及时、准确地发布给联盟户,实现了信息资源共享。并由产业联盟依据市场行情负责制订统一的产品销售价格和质量标准,实行统一定价销售。同时,在西安建立销售门店,与大型屠宰加工企业建立长期稳定的合作关系,发挥最大销售潜能,解决联盟户的销售困难问题。人民日报、经济日报、农业科技报和陕西电视台等多家新闻媒体对产业联盟进行了深入报道。阳晨生猪产业联盟已经成为安康乃至陕西生猪产业发展强大的新的引擎。

思考题:
1. 分析归纳出产业联盟的"阳晨模式"的特点。
2. 阳晨产业联盟在金融方面有哪些创新值得借鉴学习?

第九章 中小企业创建企业文化

■ **学习目标**
1. 了解实施战略管理的基本过程。
2. 掌握培育核心竞争力的有效战略。
3. 掌握企业文化的基本框架内容。

■ **引导案例**

海尔集团的国际化战略

海尔集团在20世纪80年代初期曾是一个亏损100多万元的小工厂,在总裁张瑞敏任期的15年里,公司的销售收入每年以80%以上的速度递增。海尔集团发展成为集科研、生产、贸易及金融于一体的国际化企业。

海尔集团的成功,有各个方面的因素,诸如公司重视技术提升、重视研究开发;重视市场营销、强化品牌建设;企业重组中,采取吃"休克鱼"的方式,先后成功地兼并了18家亏损企业,并使之全部盈利;瞄准国际市场,强化集团的国际市场营销能力。本案例就其国际化战略,看其国际市场营销核心竞争力的培养和建立。

1)"三三"战略。海尔集团在进军国际市场之际提出了"三三战略",即质保体系认证、产品国际认证和检测水平国际认证,以此在国际上树立自己的形象,为进入国际市场做准备。1992年,海尔集团获得ISO 9001质量体系认证,成为中国家电行业唯一一家五大产品全部通过此项认证的企业。1993年,德国《TEST》杂志对本国市场上各种冰箱质量突击检测中,海尔冰箱以八个"十"获全优,取得了第一名。1996年,海尔的无氟节能冰箱通过ISO 14001国际认证,成为中国家电行业第一个通过此项认证的企业。同年,海尔冰箱获得欧盟EN 45001实验室认证。其环保冰箱被世界环保组织誉为"世界多一个海尔,地球多一分安全"的产品,在美国、印度引起轰动。1998年,海尔集团又获加拿大CSA全权认证。从此,海尔集团生产的冰箱、冷柜等家电产品,只需由海尔集团技术中心检测合格，即可自行对其产品颁发 CSA 证书，并获得中国商检的出口免检。海尔集团空调实验室被中外四家权威机构认证，即我国有关部门授予"国家认可实验室""数据认可实验室""空调检测实验室"以及日本空调工业协会授予的"箱式空调器制热制冷能力测试实验室"的称号。海尔集团从与国际市场的质量接轨开始，为进入国际市场取得了通行证，为海尔集团开展国际市场营销铺平了道路。

2）先难后易战略。进入 20 世纪 90 年代，海尔集团大力开拓国际市场，勇于面对强敌，首先进入发达国家，建立信誉，创出牌子，然后再以高屋建瓴之势进入发展中国家的市场。1990 年，海尔集团首先进入美国市场，投资 3 000 万美元，在美国南卡罗来纳州设立了占地 44.5 万平方米的首个海外生产中心，真正开启了品牌全球化的历程。在竞争激烈的高端市场建立自己的工厂，通过制造引领品牌全球化，这种在当时颇受质疑的战略尝试，也只有海尔集团敢于尝试。海尔集团还在中东地区和德国分别成立了国际物流中心，以保证对各国经销商的及时供货。海尔集团确定了"高标准、精细化、零缺陷"的星级服务战略目标，率先将服务的概念发展为"开发—制造—售前—售后—回访"一条龙服务体系，无论顾客在哪个环节上有了问题，只需一个电话，便会享受到优秀的服务。海尔集团面向世界推出的服务创举，大大加强了其在海外消费者心目中的地位。1996 年，美国优质服务科学协会授予海尔集团优质服务顶级荣誉"五星钻石奖"，海尔集团成为亚洲唯一获此殊荣的家电企业。随着海尔产品的国际影响力不断增大，海尔集团把拥有自主知识产权的产品放到国外去生产。同时，整合采购，将集团所有事业部的物资集中采购，在全球范围内采购专业厂商生产的价廉质优的零部件。

3）品牌全球化战略。2017 年 3 月，海尔集团发布了六大家电品牌全球化战略，通过整合海尔、美国 GE Appliances、新西兰 Fisher & Paykel、卡萨帝、统帅、日本 AQUA 等品牌，海尔集团成为全球唯一一个拥有品牌多、产品全、最具国际化特质的"世界第一家电集群"。海尔集团的此次全球化整合，实现了海尔集团由单一品牌全球化到多品牌全球化，以及由单一品牌覆盖到多品牌协同满足全球市场不同需求的跃升。

【评析】

市场经济条件下，面对日益复杂的竞争压力，企业在创业之后，如何使之不断成长，维持其发展，是每一个企业面临的现实问题。海尔集团根据自己不同的发展阶段，按照自己的实情，瞄准国际市场，推进国际化战略。海尔集团从具体的经营活动着手，实施国际化经营战略，强化国际市场营销核心竞争力的培育，逐步建立企业的核心竞争力。

第一节 中小企业如何实施战略管理

在竞争激烈的市场经济条件下，随着竞争态势的转变，中小企业已经进入战略制胜时代。中小企业要想在竞争激烈的市场经济条件下求得生存与发展，必须注重战略管理。俗话说"商场如战场"，就是说商场上的竞争和战场上的竞争一样硝烟弥漫、残酷无情。因此，战略也被广泛用于中小企业的管理中。

一、战略管理

对中小企业来说，制订和实施战略是非常必要的。自从我国国有中小企业改革确定了"抓大放小"的政策后，经过十多年的迅速发展，中小企业已成为经济中最活跃的细胞，为国民经济发展做出了巨大贡献。然而，中小企业的生存寿命普遍较短，有研究表明，尽管倒闭的原因有很多，但基本症结却是缺乏战略管理的技能，或没有开展战略管理。因此，实施战略管理是非常必要的。

（一）战略管理的必要性

在国际化越来越普遍的今天，越来越多的中小企业开始关注自身的发展战略，这也是中小企业发展的基本要求。

从中小企业的发展现状看，战略管理缺失主要体现在普遍缺乏战略思想，短期行为严重，缺乏长远目标，时常错把计划当战略，缺少战略技能，出现盲目扩张，耽误或阻碍了中小企业发展，同时，也会因为定位不准确，难以对中小企业发展起到真正主导作用。

许多中小企业业主在认识上存在误区，认为只有高层才有战略眼光，对于一般的基层管理者及雇员由于不了解中小企业情况，缺乏经验，目光短浅，因而都没有发言权。这种高层优越感，也使得中小企业员工无法理解企业的战略目标，不能投身于更有创造力的工作。因此，高度重视战略管理将有利于中小企业生存发展。

（二）战略与战略管理

战略一词最早是军事方面的概念。战略的特征是发现智谋的纲领。战略可以从不同角度进行理解。从中小企业发展历程的角度来看，战略则表现为一种模式；从产业层次来看，战略则表现为一种定位；若是从中小企业层次来看，战略则表现为一种观念。

美国哈佛商学院安德鲁斯教授认为，企业总体战略是一种决策模式，它决定和提示企业的目的和目标，提出实惠目的的重大方针和计划，确定企业应该从事的经营业务，明确企业的经济类型与人文组织类型，以及决定企业应对员工、顾客和社会做出的经济与非经济的贡献。

战略管理是指中小企业确定其使命，根据组织外部环境和内部条件设定企业的战略目标，为保证目标的正确落实和实现进度谋划，并依靠企业内部能力将这种谋划和决策付诸实施，以及在实施过程中进行控制的一个动态管理过程。

事实上，实行战略管理是企业在复杂多变的经营环境中获得竞争优势的重要途径。

（三）企业家与中小企业战略

有研究学者认为，企业家的创业才能会直接影响中小企业的战略和创新活动。在中小企业的创业期和成长期，企业家的敬业精神、创新精神和合作精神对中小企业能否成功至关重要。企业家作为企业的领导者，也是战略决策的制订者，其自身因素，如洞察力、想象力、创新力始终成为制约中小企业战略决策的关键因素。

二、中小企业战略管理

事实证明，和大企业一样，中小企业战略管理成败直接关系中小企业的成长。通过确立中小企业的主体地位，比较大企业和中小企业在战略管理方面的差异，见表9-1。

（一）大企业和中小企业的战略管理比较

表9-1　大企业和中小企业的战略管理比较

比较内容		大 企 业	中 小 企 业
战略要素 （资源、环境、组织、业务与目的，战略形成方式）		以物质资源为基础，物质资本占主导地位	以企业家创业愿景和创业构思为基础，企业家人力资本占主导地位
战略类型 （战略要素有机合成）	公司战略	很重视	企业家创业愿景决定其有无
	竞争战略	很重视，但不易创新	很重视，作为立身之本
	职能战略	很重视	管理专业化程度影响职能战略的正式性程度
战略过程 （各种类型的动态运行）	战略计划	正式规范的显性模式	灵活创新的隐性模式
	战略执行	严密的资源配置和组织设计，组织化（非人格化）推进	领导者身体力行，人格化推进
	战略变革	难度大，障碍多，时间长	难度小，障碍少

（资料来源：项国鹏，王进领. 中小企业战略管理：理论述评及初步分析框架. 技术经济，2008.7）

（二）中小企业战略过程

在中小企业的战略过程中，战略变革是核心，体现中小企业的灵活、创新和速度。为了获取更多的市场机会，中小企业必须要有企业家的战略思维，进行战略变革。

1. 企业家战略思维

中小企业要谋求长远发展，必须要有战略思维。战略思维是中小企业最基本的特征，企业家战略思维包括愿景、使命、决策和行动。中小企业家应具备创新精神、战略思维品质，包括思维的独立性、广阔性、超越性、整合性、灵活性、深刻性、批判性和理论性，表现在宏观的把握、中观的设计、微观的操作。如果没有企业家战略思维，中小企业战略必然会出问题。因此，企业家战略思维都应该围绕中小企业既定目标展开，能够勇于在危机中寻找转机，并做出明确的选择。

下面是 Canon 与 Xerox 战略定位对比，见表 9-2。

表 9-2　Canon 与 Xerox 战略定位对比

内　容	Canon	Xerox
目标客户	小公司、个人	大公司
产品诉求	质量、价格	速度
销售方式	分销	直销

中小企业进入市场后，实施差异化战略，这无疑是中小企业生存发展的必然选择。

【案例】

雀巢公司战略管理

雀巢公司由亨利·内斯特（Henri Nestle）于 1867 年创办，雀巢的总部位于瑞士的苏黎世，是全世界销售额最高的食品饮料生产商。公司最初是以生产婴儿食品起家，以生产巧克力棒和速溶咖啡闻名遐迩。

雀巢的战略计划特色鲜明，简言之就是专注于食品和饮料。在全球经济衰退的情况下，雀巢仍经营得有声有色，还计划以低价进行一些收购。众所周知，北美是全球最大的速冻比萨市场。2010 年 1 月，雀巢以 37 亿美元的现金，收购了卡夫食品公司在美国和加拿大的速冻比萨业务，其中包括 DiGirno 和 Tombstone 这些知名品牌。同时，雀巢又以 281 亿美元的价格，将其所持有的美国爱尔康眼部护理公司的剩余股票，全部卖给了瑞士一家制药公司。这两项重大的战略行动使雀巢只剩下一项非食品资产，即所持的法国化妆品巨头欧莱雅公司 29% 的股份。

雀巢将自己定位于营养和健康公司。谈及收购比萨业务，雀巢表示，公司一直在尝试提高包括预制食品在内的所有产品的营养价值。雀巢已拥有诸如 Maggi、Buitoni 和 Hot-Pockets 在内的品牌，并将其作为公司预制食品与烹饪协

助部门的重要组成部分。这部分在 2008 年为雀巢公司贡献了 175.7 亿美元的销售额，创造了 12.7%的经营利润率。

2011 年，雀巢健康科学公司和雀巢健康科学研究院成立，以科学为基础，研究营养产品来预防和治疗慢性疾病。雀巢成为第一家与公平劳工协会（FLA）合作的食品公司，帮助解决可可供应链中的童工问题。

2012 年，雀巢以 119 亿美元的价格收购前身为辉瑞营养品的惠氏营养品公司，以巩固其在婴幼儿营养品领域的位置。

2013 年，雀巢健康科学公司收购了美国医学食品公司 Pamlab，该公司在提供适用于轻度认知缺损、抑郁症方面医学营养品拥有专长。

2014 年，随着雀巢皮肤健康公司的建立，雀巢已完全执掌高德美皮肤医学业务，该业务是 1981 年与欧莱雅公司成立的合资公司。也终止了在 2002 年成立的化妆品营养补充合资公司——诺美。高德美随后收购了部分资产。

2015 年，雀巢将现存最古老的瑞士巧克力品牌"凯雅"首次推广至全球。出售法国冷冻食品 Davigel。

2018 年 7 月 19 日，《财富》世界 500 强排行榜发布，雀巢公司位列 69 位。

2018 年 8 月 28 日，雀巢以 71.5 亿美元收购星巴克零售咖啡业务。

【评析】

雀巢公司的历史是一部不断创新和快速扩张的发展史，之所以能取得如此巨大成功，缘于公司战略管理转向非常清晰，多少年来公司没有固守阵地，而是积极开辟新的市场领域，其发展转变具有战略意义。

2. 战略制订

战略制订是中小企业战略形成的过程，是实施战略管理的基础。战略制订包括基础分析、中小企业战略、业务战略、职能战略四个层面，且相互关联、自成逻辑体系。

1）基础分析指的是内外部环境分析，是战略制订的基石。在基础分析中，需要对中小企业的内外部环境进行必要的、详略得当的研究和阐述。

2）中小企业战略指的是中小企业层面的整体战略，是战略制订的蓝图。在企业战略的制订中，需要通盘考虑企业的愿景、使命、目标、在行业中的地位等因素，以及企业自身的运营模式、经营领域的选择等。

3）业务战略指的是业务层面的总体战略和进一步细分层面的战略，涵盖了中小企业选定业务领域的战略考虑，是战略制订的桥梁。在业务战略的制订中，需要进一步切实明晰中小企业战略所确立的竞争优势是什么，怎样使自己的产品区别于竞争者的产品，如何有效地满足消费者群体需要。然后，以实现这些竞争优势为目的，接着引出业务的总体战略和各业务的具体战略。

4）职能战略指的是职能管理层面的战略，是对业务发展提供的支持，需强调是从"战略"来围绕职能层面分析需要做什么，属于战略制订的执行，从而指导各职能部门活动。在制订职能战略时，需要不断地追问：这样的职能战略是否有助于实现中小企业层面的战略目标、是否有助于促进业务层面的战略施行。关注的重点在于如何提高中小企业资源利用效率，尤其是在中小企业层面、业务层面的战略确定之后，职能层面要相应进行设计和调整。

3. 战略执行

战略执行是为实现中小企业战略目标而对战略规划的执行。战略执行对于中小企业来说至关重要。中小企业在明晰了自己的战略目标后，就必须专注于如何将其落实转化为实际的行为并确保实现。通常一个中小企业战略执行力越强，战略实施就越有保障，因此，相对于战略的品质而言，战略执行才是中小企业决胜的关键。例如，深圳的一家制造手机电池的中小企业，高层在想着高端市场的转型，销售部经理却想着如何在低端市场卖掉更多的产品以拿到更多的销售提成，研发中心的总监陷入"技术误区"，渴望拿到更多的"技术进步"奖项，从而使得部门研发方向脱离了中小企业整体的战略目标，这说明中小企业战略执行出了问题。

4. 战略变革

战略变革就是对中小企业原实施的战略进行修改调整的过程。战略变革是一项复杂的系统工程，需要根据中小企业自身所处行业、外部市场环境及内部情况实施，开展有效的组织与领导、分工与合作，同时，企业各级经理人员理所当然地要履行这份职责。

根据变革的程度不同，战略变革可划分为渐进性变革和革命性变革两种。其中，渐进性变革是指中小企业变革要适应人们的接受能力，应该在适当的范围内逐步进行。而革命性变革则是指中小企业彻底的组织变化不可能零碎地、间断地完成，必须迅速展开，要在短时期内建立新的运作规则和流程。在实际选用过程中，中小企业选用哪一种变革需要根据中小企业实际情况而定。

一般情况下，中小企业战略变革时机选择有三种，分别是提前性变革、反应性变革和危机性变革。不过，有远见的中小企业应该选择第一种，这样能避免为过迟变革付出代价。提前性变革是指管理者能及时地预测未来的危机，提前进行必要的战略变革。能及时地进行提前性战略变革的中小企业是最具有生命力的。当国家产业政策调整时，一些中小企业能预测政策对未来的影响，提前进行了战略上的转变，这就属于提前性变革。

第九章　中小企业创建企业文化

【案例】

吉列公司的不锈钢刀片

20世纪60年代早期,在制造和销售剃须刀这个最主要的业务范围内,吉列公司几乎垄断了市场。1962年,它占领美国刀片市场的70%,零售额达到了1.75亿美元。

高级蓝色刀片是吉列刀片的核心和最高级的产品,也是盈利最大的产品,最受消费者青睐。一些比较有经济头脑的消费者乐于使用"薄刀片"或"蓝色刀片",这两种刀片在市场上销售的历史比其他刀片要长得多。高级蓝色刀片是在经过五年的试验和研究的基础上,于1960年正式进入市场的。这种刀片表面覆盖有一层硅,防止因头发屑黏附刀片而妨碍剃须。高级蓝色刀片剃须极为方便,使它立即获得了成功。高级蓝色刀片的价格要比老式的蓝色刀片高出40%,尽管它有硅层覆盖并经过一些很有必要的热处理,但它的生产成本同其他刀片比较起来并不是想象得那么高。因此,高级蓝色刀片马上就成为吉列公司利润的主要来源。1962年,这种刀片创造的利润大约有1 500万美元,比吉列公司纯利润总额的1/3还多。

1961年夏天,吉列公司的竞争对手威金森公司开始在美国出售一种新开发的刀片。然而这样一种还没有打开销路的刀片,其售价又是吉列刀片价格的2倍,要打进市场是相当困难的。最后,威金森公司说服了一些推销商与销售人员以寄售方式把这些刀片存放在园林商店中销售。为了推销刀片,有时就向顾客免费赠送,结果形成了威金森刀片供不应求的现象,威金森公司的这种刀片一时风靡起来。

因此,威金森公司把这种优良的剃须产品——不锈钢剃须刀片引入市场,虽然利润不多,但是到1962年下半年,它已占有刀片市场的15%。当不锈钢刀片最初出现在市场上的时候,因其刀刃锋利、不易腐蚀、使用寿命长且价格合理等优点,很快受到消费者的欢迎,尽管这种产品的市场份额不足吉列刀片的20%。但是,强劲的增长势头吸引了众多的小竞争者。吉列公司担心这种利润不高的刀片会影响到它的利润来源,但吉列公司总裁毫不妥协地说:"我们无意改变计划。"直到六个月以后,吉列公司才迫于竞争对手的压力推出自己的不锈钢刀片,但已错失最佳时机。

【评析】

企业在经营过程中,由于内外部环境因素处于变化中,企业战略应该适时做出调整,与时俱进,以变应变。

第二节　中小企业如何培育核心竞争力

经济全球化使我国中小企业在世界范围内面临更加激烈的市场竞争，迫切需要中小企业培育核心竞争力，拓展生存空间。核心竞争力是中小企业发展的根本保证，是中小企业抓住机遇、应对挑战、走向成功的关键所在，也是中小企业独具的能够支撑中小企业发展竞争优势的源泉。

一、核心竞争力及特征

自20世纪90年代以来，核心竞争力成为最热门的中小企业战略理论，并在企业界产生重大影响。核心竞争力是指中小企业在特定行业的竞争所必须具备的关键能力，代表一个中小企业的集体智能。但长期以来，中小企业普遍缺乏核心经营理念，战略意图不明确，因此，了解掌握核心竞争力的特征，有利于培育中小企业核心竞争力，形成竞争优势。

1. 价值性

核心竞争力能为顾客带来长期的关键性利益，有利于中小企业进步，能为中小企业创造长期的竞争主动权，能为中小企业创造超过同行业平均利润水平的超值利润。

2. 独特性

核心竞争力是中小企业在长期的生产经营活动中积累形成的，它不仅包含了中小企业独特的技术、技能、操作技巧和诀窍等，还包含了中小企业独特的治理文化等特征。因此，它是中小企业不易仿制、难以买卖、能持久拥有的稀缺性、战略性资源。

3. 一体性

核心竞争力与特定的中小企业相伴而生，与中小企业的初始要素投进、追加要素投进以及中小企业的发展经历密切相关，它存在于员工的身心、中小企业的战略规划、组织结构和中小企业文化之中，因而它难以从中小企业主体中分离出来，更无法完全进行市场交易。一旦拥有会具有较强的稳定性，同竞争对手形成质的差别。

4. 延伸性

核心竞争力具有很强的产品延伸性，能为中小企业进入广阔的市场提供多种核心产品等潜在机会。中小企业一旦建立自己的核心竞争力，便可将其组合到不同的相关创新之中，构筑起新的创造与发展基础，促进中小企业持续发展。

第九章 中小企业创建企业文化

5. 发展性

核心竞争力固然具有相对的稳定性,但它又总是与一定时期的产业动态、竞争战略、治理模式及中小企业资源等变量高度相关的。随着这些因素的变化,核心竞争力的动态发展与演变也是必然的,以前的核心竞争力可能演变为一般的中小企业能力。

二、培育核心竞争力的重要性

(一)增强生存发展能力

对于中小企业而言,一直都有强烈的生存发展愿望,总希望自己的企业能成为"百年老店""世界 500 强"。然而,受中小企业自身条件的限制,包括企业基础薄弱、资金实力不强、资本和技术构成低、设备陈旧、工艺落后、产品附加值低,以至于市场竞争力非常弱,生存受到极大的威胁。因此,培育核心竞争力能够有效地解决发展愿望与生存威胁之间的矛盾,从而增强中小企业生存发展能力。

(二)提升外部环境变化的适应能力

当下,中小企业面临的市场竞争将更加激烈。随着信息时代的来临,数字化、网络化信息革命的浪潮正引领一场管理变革,涉及组织结构的变革、营销的变革,以及渠道管理或物流形式的变革。另外,世界经济全球化、一体化的经济格局,也使与世界各国、各地区的经贸关系发展进入一个崭新的阶段。在复杂的外部环境下,中小企业是否能顺应变化,在竞争中站稳脚跟,构建和培育核心竞争力尤为重要。

【案例】

福特公司的战略选择

1. 集中生产单一产品的早期发展战略

在早期,福特公司的发展是通过不断改进它的单一产品——轿车而取得的。在 1908 年制造的 T 型轿车比以前所有的车型都有相当大的改进。在它生产的第一年,就销售了 10 000 多辆。1927 年,T 型轿车开始将市场丢给它的竞争对手。福特公司又推出了 A 型轿车,该轿车集中了流行的车体款式和富于变化的颜色。当 A 型轿车开始失去市场、输给它的竞争对手的时候,福特公司又于 1932 年推出了 V-8 型汽车。六年后,水星牌车成为福特公司发展中档汽车的突破口。

福特公司也有过扩大地区范围进行发展的时期。在 1904 年,它进入加拿大市场的举动就证明了这一点。也是在它的发展早期,福特公司采用了同心多样化战略。1917 年,福特公司开始生产货车和拖拉机,并且在 1922 年收购了林肯汽车公司。

2. 纵向一体化战略

福特公司的多样化生产集团是纵向一体化战略的杰出实例。下面介绍福特集团中的几个部门的作用。

1）塑料生产部门——供应福特公司 30%的塑料需求量和 50%的乙烯需求量。

2）福特玻璃生产部门——供给福特北美公司的轿车和货车所需的全部玻璃，同时也向其他汽车制造商供应玻璃。这个部门也是建筑业、特种玻璃、制镜业和汽车售后市场的主要供应商。

3）电工和燃油处理部门——为福特汽车供应点火器、交流发电机、小型电机、燃油输送器和其他部件。

3. 同心多样化战略

1917 年，福特公司通过生产拖拉机开始了同心多样化战略。福特新荷兰有限公司成为世界上最大的拖拉机和农用设备制造商之一，它于 1978 年 1 月 1 日成立。福特新荷兰有限公司是由福特公司的拖拉机业务和新荷兰有限公司联合而组成的，后者是从 Sperry 公司收购来的农用设备制造商。

福特新荷兰有限公司随后兼并了万能设备有限公司，它是北美最大的四轮驱动拖拉机制造商。这两项交易是福特公司通过收购实行它同心多样化战略的最好例证。

4. 跨行业的复合多样化战略

福特汽车信贷公司的成立，开始向经销商和零售汽车顾客提供贷款。这可以说是实行同心多样化战略。

不过，在 20 世纪 80 年代，福特公司利用这个部门积极从事复合多样化经营。1985 年，福特公司收购了国家第一金融有限公司，后者是北美第二大储蓄和贷款组织。在 1987 年后期，福特公司收购了美国租赁公司，它涉及企业和商业设备融资、杠杆租赁融资、商业车队租赁、设备运输、公司融资和不动产融资。

5. 其他行业的复合多样化战略

福特汽车土地开发有限公司是一个经营多样化产品的部门，也是跨行业多种经营的典型实例。1920 年，这个部门围绕着密歇根福特世界总部建立了 59 个商用建筑。由这个部门所拥有和它管理的设施及土地的市场价值估计有 10 多亿美元。

福特太空有限公司和赫兹有限公司也是复合多样化战略的良好典范。

6. 调整战略

在福特公司的发展史上，曾经被迫实行了几次调整战略。在第二次世界大战后，福特公司以每月几百万美元的速度亏损。亨利·福特二世重组了公司并实行分权制，这使公司迅速恢复了元气。

也许被许多美国公司采用的最富戏剧性的调整战略是福特公司在 20 世纪 80 年代早期所完成的。从 1979 年到 1982 年，福特公司的利润亏损额达 5.11

亿美元。销售额由 1978 年的 420 亿美元下降到 1981 年的 380 亿美元，福特公司陷入了严重的危机。

激烈的国际竞争是亏损的原因之一，也许更重要的亏损原因是福特公司的运营方式：新车的款式看起来像许多年前一样；部门之间（如设计与工程）很少沟通；管理层中从事管理公司的员工对工作很不满意，很少向上级部门传达情况。

7. 放弃战略

多年来，福特公司不得不放弃它的某些经营单位。例如，1989 年 10 月，福特公司和一伙投资商签署了卖掉 Rouge 钢铁公司谅解备忘录。福特公司之所以卖掉这家公司，是因为福特公司不想负担实现其现代化的成本。估计在其实现现代化的几年中，每年实现现代化的费用为 1 亿美元。福特公司做出的其他放弃决策还包括在 1987 和 1986 年，分别把化工业务和漆料业务卖给了杜邦公司。

8. 收购和合资经营战略

1989 年 11 月，福特公司以 25 亿美元收购了捷豹私人有限公司，以作为消除它在汽车市场上的一个弱点手段，即产品缺乏豪华轿车市场上的竞争。1989 年，豪华轿车的需求是 250 亿美元，当时预测 1994 年能增长到 400 亿美元，这个增长速度比整个汽车市场的增长速度要大得多。福特公司把捷豹轿车看作是进入美国和欧洲豪华轿车市场的机遇。另外，福特公司也采取了合作经营的战略，这两项合资经营分别是和马自达、日产公司实现的。

【评析】

福特公司在不同时期、不同业务和不同产品中运用了不同的战略，有积极扩张的增长战略，有保守稳妥的稳定战略，也有适当放弃和调整的紧缩战略。也正因为如此，面对不断变化的环境，福特公司不断调整自我，提升核心竞争力，才能成为百年名牌企业，屹立世界。

三、核心竞争力培育的有效战略

与大企业相比，在培育核心竞争力方面，中小企业必须选择和实施适合自己的发展战略。

（一）专精战略

专精战略是中小企业谋求生存发展的最基本的战略。彼得·德鲁克指出，中小企业的成功依赖于它在一个小的生态领域中的优先地位。也就是说，中小企业应根据自身规模小、资源有限等特点来制订一种可以发挥自身特长的战略，以获得经营资源的相对优势，从而专心做最擅长的业务，以期在这一领域获得竞争优势、技术优势和成本优势。不过，中小企业选择专精战略时要注意规避风险，提高产品开发的能力，创新产品发行。

（二）特色经营战略

这是根据中小企业容易接近顾客而制订的一种发展战略。由于中小企业规模小，通常情况下很难通过规模经营来降低成本。中小企业要与大企业抗衡，应充分利用其离市场近、较易接近顾客的特点，采取特色经营战略，突出自己产品和服务的某一方面特色和风格来吸引消费者。选择这种竞争战略，往往会增加经营成本，主要用于增强开发设计和高档材料选用等，因此，在实施中，中小企业要正确处理好特色与成本之间的关系，这也是其战略成功的关键。

（三）空隙战略

这是根据中小企业的灵活、适应性较强的特点而制订的一种战略。中小企业通过"人有我无，人有我退"的原则，通过寻找市场的各种空隙，凭借自身快速灵活的优势，进入那些市场容量小，大企业不愿意或不便于进入的行业发展，生产大企业不愿意生产的产品，生产别人没有注意到的产品，生产自己特有的产品。这样在开辟市场领域时，中小企业进退自如，进可在被大企业忽视的市场空隙中寻找商机，向专业化方向发展；退可迅速撤离，寻找新的市场空间，利用"船小好调头"的灵活机制，避免与大企业的竞争，从而占领市场赢得用户。

（四）联盟战略

这是根据中小企业难以利用规模经济取得效益等特点而采取的一种战略。中小企业由于资金薄弱、力量有限，生产技术水平较差，往往需要通过资本运营、企业联盟、虚拟企业等多种形式，实现规模经济和综合化经营。中小企业在平等互利、风险共担的基础上，结成较为紧密的联系，互相取长补短，集中业务，有效利用有限资金和技术力量，共同开发新技术和新产品，共同开发市场，从而创造一种有利于自身生存和发展的环境，这样可大大减少中小企业经营风险。

（五）地域集群战略

地域集群战略是中小企业可获得规模经济效益的重要途径。这一战略的特点是在特定区域形成产业集聚的格局，通过精密的专业分工与协作，形成一定规模的专业市场。也因企业的集聚和市场的高效运作，从而降低交易费用，最终获取低成本的优势，最终帮助中小企业获得专业化分工的效益。由此可见，大量同业中小企业的地理集中可以促进产业分工细化，降低交易成本，提高劳动生产率。而中小企业按照专业化分工和协作建立长期、稳定的交易关系群体，该群体并不需要契约关系来维持。

第三节　中小企业如何建立企业文化

企业文化是中小企业发展壮大的灵魂。任何一个企业不论大小，如果想获得长远的良性发展，都应培育适合自身特色的企业文化，这对中小企业的成长至关重要。

一、企业文化的基本内涵

企业文化是指企业在市场经济的实践中，逐步形成的为全体员工所认同、遵守、带有本企业特色的价值观念，是企业经营准则、经营作风、企业精神、道德规范、发展目标的总和，是无处不在、与每个员工息息相关的一种氛围。

中小企业企业文化是由以精神文化为核心的四个层次构成，如图9-1所示。

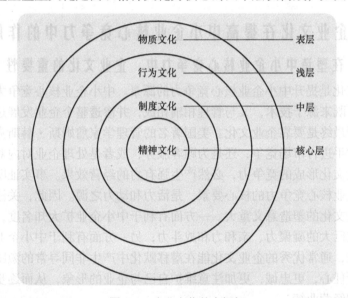

图9-1　企业文化基本框架

1. 精神文化层

精神文化层是指企业长期活动中逐步形成的，并为全体员工所认同信守的共同意识和观念，是企业文化结构的核心层，包括企业精神、使命、经营哲学、价值观念和管理思维等意识形态的总和。这是企业文化的精髓，属于中小企业的上层建筑。

2. 制度文化层

制度文化层是指企业中的习俗、习惯和礼仪，以及成文的或约定俗成的制度等，是企业文化结构的中间层，包括具有本企业文化特色，为保证企业生产经营活动正常进行所必需的企业领导体制、规章制度、道德规范和员工行为准则的总和。这是约束全体员工行为的规范性文化。

3. 行为文化层

行为文化层是指企业员工在生产经营、学习娱乐中产生的活动文化，是企业文化结构的浅层部分，包括企业经营、宣传教育、人际关系、文娱体育等活动中产生的文化现象。这是企业文化的行为层，是企业经营作风、精神风貌、人际关系的动态体现，也是企业精神、企业价值观的折射。

4. 物质文化层

物质文化层面是企业环境和企业文化建设的"硬件"设施，是企业文化结构的表层部分，包括厂容、厂貌和机器设备，产品外观、质量和服务，以及厂徽、厂服等。这是企业精神文化的物质体现和外在表现。

二、企业文化在提高中小企业核心竞争力中的作用

（一）在塑造中小企业核心竞争力中，企业文化的重要性

企业文化是提升中小企业核心竞争力的源泉。中小企业核心竞争力蕴藏在企业文化中，既来源于技术，又与管理相辅相成，并渗透整个企业发展过程。由此可见，管理最终是要靠企业文化。美国著名的管理学家詹姆斯·赫斯克特指出，无论是与对手进行市场竞争，还是为顾客服务，或者是处理企业对内对外的相互关系，企业文化形成的竞争力，必然产生强有力的经营效果。事实证明，企业文化是中小企业核心竞争力的核心要素，是活力和动力之源。因此，关注和了解中小企业企业文化的塑造意义重大。一方面有利于中小企业扩大知名度，占据市场份额，形成巨大的凝聚力、亲和力和战斗力；另一方面有利于中小企业树立良好的企业形象，通常优秀的企业文化能在潜移默化中产生非同寻常的激励效果，使员工更有责任心，更忠诚，更加注意维护自己与企业的形象，从而逐步提高中小企业的长期经营业绩。

【案例】

"小天鹅"的崛起

在 20 世纪 90 年代，"小天鹅"公司还是一个年亏损 97 万元的小厂，1991 年产品质量获得行业第一，1992 年无故障销售是 3 年前的 3 倍，到了 2000 年，"小天鹅"一跃成为拥有 18 亿元资产的大公司。

"小天鹅"的崛起，得益于著名的"末日管理"的企业文化。这种文化的核心，就是在取得荣誉时，反而要不定期地从上到下进行自查、反思，总结出一份"危机"表。谈"末日"并不是真的末日，而是努力消除诱发"末日"到

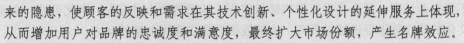

来的隐患，使顾客的反映和需求在其技术创新、个性化设计的延伸服务上体现，从而增加用户对品牌的忠诚度和满意度，最终扩大市场份额，产生名牌效应。

（资料来源：曹曦．论企业文化对中小企业发展的积极作用．洛阳理工学院，2012.12）

【评析】

"小天鹅"的崛起，得益于著名的"末日管理"的企业文化。这种效果是单纯硬件设施和工资福利手段所达不到的。

（二）在塑造中小企业核心竞争力中，企业文化的人力资源管理作用

1. 对员工招聘起到引导作用

企业文化对人力资源管理活动具有指导作用。在企业招聘过程中，往往会根据企业文化事先确定招聘人员的综合素质水平，然后结合用人标准进行招聘。招聘作为中小企业拥有优秀人才的第一步，并不单纯是指其拥有合适的与岗位相适应的技能，还要考虑招聘人员的内在价值观是否与企业文化相适应，从而对员工招聘起到引导作用。如果新员工流失率过高，会使企业处在招聘——流失——再招聘——再流失的循环之中，严重影响了企业的经营活动。

2. 对员工学习成长起到指导作用

中小企业的发展必然伴随着员工的成长。企业的发展，为员工的成长提供了机会、空间和平台；而员工的成长也促进了企业的发展。优秀的企业文化能够增加员工对企业核心价值观与制度的认同。作为中小企业，需要定期组织新老员工开展企业文化培训与讨论，才能不断深化和丰富企业文化，形成一种良性循环，使企业文化的价值观能够深入人心，潜移默化地影响员工行为，使员工能够自觉自律。这就要求中小企业将注重员工学习成长需求置身于企业文化的大环境下进行考量，不断加深员工与企业的契合度，变被动培训为自觉主动学习培训，使员工随着企业文化的发展一起成长。因为，企业文化的约束作用是非常强大的，企业文化能够对员工学习成长起到指导作用。

3. 对企业绩效管理起到促进作用

企业文化能够为绩效管理起到促进作用，可以增加组织的凝聚力、激发员工的工作热情。

在企业文化的建设过程中，中小企业应充分整合企业的资源，注重营造能够激发员工积极向上、团队合作、创新创业、追求绩效的氛围，使员工心甘情愿地同企业一起面对市场竞争的压力，提升组织的凝聚力。同时，企业文化可以明确员工的绩效目标，能够强化员工的工作热情，在坚持公平、公正、公开的基础上，把考核结果与晋升、加薪等人事事件相关联，在绩效管理中更多地关注员工个人能力的提升，达到企业和员工的共同成长。如果员工不合，或者员工辛苦工作得

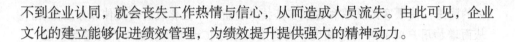

不到企业认同,就会丧失工作热情与信心,从而造成人员流失。由此可见,企业文化的建立能够促进绩效管理,为绩效提升提供强大的精神动力。

三、中小企业建立企业文化的步骤

下面来看一个企业文化建设的成功例子。

【案例】

方太集团的企业文化

一直以来,方太集团(以下简称"方太")始终坚持以党建工作引领文化建设,倾力打造方太特色企业文化,培育弘扬方太精神,提升企业核心竞争力,走出了一条党建工作与企业发展互动双赢的道路。

方太文化以公司使命、公司愿景和公司核心价值观为主要内容。

公司使命是"为了亿万家庭的幸福",通过开发健康、舒适、环保、节能、安全、方便的厨房家用产品,不断为人类提供更新更好的厨房和家居文化与生活方式,让千万家庭享受更加幸福的生活。

公司愿景是"成为一家伟大企业",这里有四层含义:立志成为高端品牌的典范、卓越管理的典范、优秀雇主的典范和承担责任的典范。

公司核心价值观是"人品、企品、产品三品合一",不仅要为顾客提供世界一流的产品和服务,还要积极承担社会责任,做一个优秀的企业公民,也要让员工成为德才兼备的有用之才,与企业共同成长。因此,在"三品中","人品"放在首位,又弘扬了我国商帮文化中仁、义、礼、智、信的传统创业精神。

在具体实践中,方太做到了"四个坚持、四个服务"。

1)坚持用"政工文化"增强责任,为鼓舞企业励志创业服务。

2)坚持用"品牌文化"拓展内涵,为推动企业持续发展服务。方太能在三足鼎立的市场环境下投出"方太之剑",用方太总裁的话说,"我们善于从消费者入手,从他们需求的地方,找到了生存发展的空间。"而"人品、企品、产品"三者有机结合,正是方太品牌的核心思想。

3)坚持用"职工文化"凝聚力量,为造就企业优秀团队服务。

4)坚持用"媒体文化"渗透理念,为优化企业发展环境服务。

方太的媒体文化把"为了亿万家庭的幸福"这一核心理念渗入了方太文化,并在企业的创建和发展中,体现了方太的精神和风貌。"为了亿万家庭的幸福"。这句话简单朴素,却深含了方太文化的精髓理念,浓缩了方太对员工、对消费者、对社会的深切情感,将永远成为方太追求的境界、行动的指南。

(资料来源:石章强. 方为品质 太乃境界——宁波方太厨具有限公司企业文化建设纪略. 企业文化, 2000年04期, 节选)

第九章　中小企业创建企业文化

【评析】
　　方太集团是以儒家的仁、义、礼、智、信为统御,强调"人品、企品、产品"三品合一的核心价值观,构建了包括精神层文化、制度层文化、行为层文化和物质层文化四个层次的企业文化体系。

　　从方太集团企业文化成功的案例我们可以总结中小企业建立企业文化的几个步骤。

1. 在管理活动中提炼价值精髓

　　在管理活动中,需要根据中小企业自身实际情况进行考察、调研和评估,通过大量访谈分析和专业化工具,对中小企业的价值理念进行发掘、总结和提炼,反复征集,结合中小企业战略规划,并借鉴成功企业的做法,提出符合本企业实际的理念体系。中小企业的企业文化建设从理念体系构架开始,具体应包括中小企业的宗旨与使命、企业的发展目标、企业精神、企业的价值观及企业的管理、经营和服务理念。

2. 在生产经营过程中宣贯强化

　　企业文化建设是一个长期积累的过程,在生产经营过程中需要不断宣贯强化,采取多种手段,营造宣贯氛围,促进全员认知。中小企业企业文化宣贯强化工作从企业文化理念开始,具体包括拍摄中小企业形象宣传片、文化理念手册、设计企业文化挂图、出版内刊、开辟专栏等,全方位宣贯企业文化理念,并渗透到规章制度中。众所周知,优秀的企业文化就是优秀企业家的人格化,领导干部要带头宣贯学习,通过领导者个人行为、作风表现,起到模范带头作用。同时,中小企业应培养树立典型,通过故事传播、培育英雄,形成榜样文化和明星效应,通过塑造自身文化的楷模,从而使员工通过效仿逐步变成自觉的行为。通过活生生的"明星"人物体现及其特有的影响力、感染力与号召力,将企业价值观、企业精神人格化,影响并统一员工的价值观,最终使全体员工形成共同的行为习惯和选择,只有这样企业文化才能成为中小企业生存发展的动力源泉。

3. 在总结经验过程中创新发展

　　中小企业在企业文化建设一段时间后,需要根据经营活动在总结经验的过程中对企业文化进行创新发展。在实际操作中,可从如何运用企业文化理论去指导企业管理实践,不失时机地进行总结经验,不断吸取精华、剔除糟粕,不断调整、更新和丰富企业文化的内容,从而使中小企业的企业文化进入良性循环的通道,并升华到更高的层次。只有把企业文化理论逐步贯彻到员工的工作行为当中,才能不断强化企业目标的实现,促进企业文化建设适应市场发展与变革。

四、企业文化建设案例与分析

下面以无印良品的企业文化建立为例学习讨论。

无印良品——金牌企业炼成记

无印良品是什么？无印良品是日本杂货品牌，是生活方式，提倡自然、简约、质朴和循环。有着从38亿日元赤字到1 620亿日元营业额的传奇。到底是什么样的改革，让一家濒临倒闭的公司，成为如今的日本金牌企业？

无印良品的社长松井忠三认为只要打造出好的制度，无论在任何时代，都能培养出奇制胜的组织文化。他坚信"魔鬼就在制度里"，于是大刀阔斧进行改革。

1. 2 000页指导手册建立标准

无印良品建立制度的第一个基础，就是建立"指导手册"。每个店面，都有一本指导手册，称作"MUJIGRAM"，而店铺开发部与总公司另外有一本"业务标准书"。原来，过去无印良品的经营，奉行的是"经验主义"，常因不同分店的"感觉"不同，缺少共同努力的方向。这两份指导手册，首度把工作上会碰到的各种情况都"标准化"，让员工有一致努力的目标。

"指导手册"是集合员工"这样做更好"的创意而诞生的。每一天现场都会发现问题点和改善方法，"指导手册"会每月更新一次，工作方法不断被刷新，自然而然地，员工也就会在工作时主动寻找可以改善的地方。

2. 前往第一线倾听员工心声

松井忠三认为，大企业常有的通病，在于领导者与第一线员工的想法逐渐产生落差。领导者必须前往第一线倾听员工的心声，才能看见在总公司看不到的问题。于是，松井忠三上任后的第一件事就是到全国分店视察，从卖场员工的心得中产生了两个重要的制度。

一个是"畅销品搜寻"制度。即店面要掌握最畅销的十种商品，陈列于显眼处。因为这个制度，不仅使得业绩显著提升，库存管理也更顺畅。另外一个是无印良品独特的"一品入魂"制度，也是从第一线员工诞生的点子。这个制度让每个分店的每位员工可以各自决定一种自己想卖的商品，并以便宜两成的试卖价格销售。因为是自己喜欢的东西，所以员工自然会投入推销。在导入这个制度后，业绩出现了明显增长。

3. 与其挖人不如自己培育人才

员工是企业最重要的资产。无印良品信奉"与其耗费成本挖人，还不如在公司内部建立培育人才的制度"。原来，无印良品在业绩不佳时，也曾高价聘请知名品牌负责开发商品的人员，原以为问题可迎刃而解，没想到反而偏离了无印良品原本的理念，造成更大混乱。松井忠三改变了一般企业的用人印象。

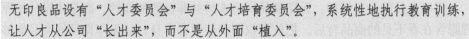

无印良品设有"人才委员会"与"人才培育委员会",系统性地执行教育训练,让人才从公司"长出来",而不是从外面"植入"。

4. 善用顾客意见打造畅销品

无印良品打造畅销商品的秘诀不在于商品开发者天马行空的创意,而是将顾客的意见"制度化"。虽然每家公司都会处理客户投诉,但真正拥有一套制度,将顾客意见活用的公司却极少见。然而,无印良品每天会通过电话、电子邮件等渠道,接收顾客意见,再把顾客意见输入软件,每周由负责人员查看一次,再决定是否反映在商品上。

5. "DINA"管控时间效率大增

关于企业内部的工作方式,无印良品也总是不断革新。"提升效率"一直是重要哲学。例如,随着企业规模变大,决策过程就会冗长。过去,一份提案书必须经过不同部门传阅、盖章,等到了最终决策人手上时,往往已盖了至少10个章。松井忠三上任后强硬规定,一份文件"只需盖三个章",以此改善效率,成为一个"有速度感"的企业。此外,也能让提案部门负起执行之责,厘清责任归属,不会出现"所有部门都有责任"这种模棱两可的结论。公司内部网路也设立一个名为"DINA"的系统,员工可以在电脑上共享所有部门的业务指示与联络事项。

6. 提高工作效率

对于日本企业来说,加班是家常便饭。然而,无印良品却敢与众不同,总公司规定员工"晚上6点半后不加班",让许多日本上班族称羡!这么规定,在于强迫员工思考"应该优先做什么事、不做什么事",自然而然会采取提高工作效率的行动。此外,"减少不必要的会议"更是重大突破。松井忠三认为,开会的目的应该是"决定事情,然后加以执行",企业的目标应是"执行占95%、计划占5%",所以应把开会的时间控制在一家限度内。为此,无印良品规定,开会的提案书仅限一张A4纸,主张"唯有把信息量浓缩至此,才能真正掌握到重点"。从此,冗长的报告时间变少了,执行的时间反而变多了,公司愈来愈有活力。

(资料来源:王美珍. 无印良品:金牌企业炼成记. 粮油市场报, 2014.)

无印良品的成长发展对中小企业如何建立企业文化提供了很好的学习借鉴内容,主要如下。

1. 企业文化基石——企业精神

一般来说,企业精神是指企业员工所具有的共同的内心态度、思想境界和理想追求。它表达着企业的精神风貌和风气,可以激发企业员工的积极性,增强企业的活力。企业精神作为企业内部员工群体心理定式的主导意识,是企业经营宗旨、价值准则、管理信条的集中体现,它构成了企业文化的基石。

无印良品的企业精神：无印良品所追求的并非极致的简约，而是将设计的原理隐含在看不见的商品背后，把使用权回归使用者本身，让无印良品的商品能够自然而然地存在于日常生活中。

2. 企业文化的手段——经营哲学

一般来说，不同的观念会产生不同的企业经营哲学。在中小企业经营活动中，经营思想也称为经营哲学，是指企业在经营活动中对发生的各种关系的认识和态度的总和，是企业从事生产经营活动的基本指导思想。它是由一系列的观念所组成的，涉及内容相当广泛。客观上，每一个企业都存在着自己的经营思想。

无印良品的经营哲学：致力于提倡提供简约、自然、富有质感的MUJI式现代生活哲学，以"物有所值"为宗旨并研发出各种价廉物美的商品。无印良品设计制造"平实好用"的商品，但"平实"并不意味向品质妥协，而"好用"更是以高水准制品为目标。

无印良品多年来实践着"No Brand"的精神并加以延续。贯彻对材质、流程检视、简单化包装的坚持，以持续不断地为消费者提供具有生活质感的好商品为宗旨。所以无印良品的包装、品牌都非常简单，其理想是消费者拿到这个产品，摸到这个材料的时候，就能辨别出来这是无印良品的产品。无印良品希望做到以产品本身去说话，以产品本身去和别人竞争，这是无印良品的经营哲学。产品本位主义就是只做真正的产品，不做任何花里胡哨的东西。

3. 企业文化的核心——价值观

企业价值观是指企业在追求经营成功过程中所推崇的基本信息和奉行的目标、宗旨。企业价值观是企业精神的灵魂，能够为员工日常行为提供指导方针，保证员工向同一目标前进。企业价值观作为企业成功哲学的精髓，决定和影响着企业生存的目的和意义，它的发展与完善是一个永无止境的工作，反映了企业的性格，能给员工以心理上的激励、约束和行为上的规范。事实上，企业价值观是把所有员工联系在一起的精神纽带，为了实现企业目标，企业员工宁愿放弃自己的价值观而自觉遵守企业的价值观。

无印良品价值观：努力寻找让生活更便利、更有味道的方法，干净朴实，愉快悦目。

4. 企业活动的航灯——企业道德

企业道德是指在企业这一特定的社会经济组织中，依靠社会舆论、传统习惯和内心信念来维持的，以善恶评价为标准的道德原则、道德规范和道德活动的综合。这是一般社会道德在企业关系和企业行为中的特殊表现，可以通过道德规范、道德教育、道德评价、道德行为等来调节企业内外的各种关系，为企业发展创造

第九章 中小企业创建企业文化

良好的环境和条件。

企业道德的责任意识是随着社会责任意识逐渐发展起来的，如今推行企业社会责任标准，通俗地说就是提倡企业讲社会道德。不过，道德与企业经营一直含糊不清，总认为经济活动就是投入、产出、效益等，与道德无关，导致唯利是图，缺德经营的现象时有发生，一味追求利润和效益，置人们的健康、合理利益甚至生命于不顾，最终使中小企业诚信缺失，增加企业间的摩擦消耗和企业成本，失信的企业损害的不仅是所有利益相关者，也包括他们自己。

现在，企业道德已成为企业文化管理的重要内容，加强企业道德建设，有利于提高企业控制效率，进而提高企业核心竞争力。一个中小企业唯有拥有一种崇高的企业道德，才能支撑中小企业走得更高更远。

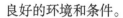

中小企业战略管理的过程

战略管理是企业赢得竞争优势，获取超额利润的理性途径。战略管理的过程可分为战略分析、战略选择、战略实施及战略评价四个部分。

1）战略分析。战略分析包括企业使命、愿景和目标分析，外部环境分析，以及内部资源和能力分析三个部分。

① 企业使命、愿景和目标分析。使命、愿景阐述了企业在中长期希望实现的目标，是企业区别于其他类型的组织而存在的原因和目的。使命、愿景和目标分析是企业战略管过程的起点，也是战略制订的基础。

② 外部环境分析。目的是为了在企业外部环境中寻找可能会影响企业使命实现的战略机会和威胁，包括对宏观环境、行业及竞争环境的分析，如社会、经济、法律等因素，产业和竞争环境等。

③ 内部资源和能力分析。包括确定企业资源和能力的数量和质量，利用企业独特技能和资源，建立和保持竞争优势。

2）战略选择。战略选择就是在战略分析的基础上制订能让企业获得竞争优势的有效战略，包括以下三个阶段：

① 提出备选方案。在对企业使命、愿景、目标、外部环境分析以及内部资源和能力分析后，企业要拟定多个备选方案。

② 评估备选方案。企业拥有的资源是有限的，在可供选择的战略方案中，企业战略制订应了解每一种战略方案的长处和局限性，然后根据参与者的综合判断来对这些方案进行排序，评价战略方案有两个标准：选择的战略是否充分利用了环境中的机会，较好地规避了环境中的威胁；选择的战略是否能使企业在竞争中

获得优势。

③选择方案。在考虑方案的可能收益时，还要分析它的风险，确定这种战略在哪种情况下是适用的，并考虑如果发生意外情况，对整个战略方案的影响有多大，需要做出哪些调整或更换什么样的备选方案。

3）战略实施。战略实施就是将战略方案转化为实际行动并取得成果的过程。战略实施主要考虑三个关键问题。

①公司治理结构。公司治理结构主要解决所有权和经营权分离条件下的代理问题，建立有效的公司治理结构能降低代理成本和代理风险，防止经营者对所有者的利益背离，从而达到保护所有者利益的目的。

②组织结构。新战略实施时，一般要设计和调整组织结构，使组织结构与战略相互适应和匹配。

③资源配置。企业的资源是有限的，如何在不同层次和部门间分配资源是战略实施的一个关键问题。不过，成功的战略实施离不开企业最高领导层的支持理解。由于战略实施的主体是人，因此，对人的管理格外重要，协调不同部门和人员活动需要领导者具有良好的激励和领导才能。

4）战略评价。由于企业内外部环境的因素处在不断变化之中，大多数企业会发现战略的实施结果与预期的战略目标不一致，战略评价就是将反馈回来的实际成效与预期战略目标进行比较分析，如果有偏差，就要采取有效的措施进行纠正，以保证组织战略目标的最终实现。否则企业要重新审视环境，制订新的战略方案。

（资料来源：李丹，徐娟，张勇.《企业战略管理》，节选，清华大学出版社，2016）

复习思考

1. 中小企业战略管理过程有何特点？
2. 培育中小企业核心竞争力的有效战略是什么？
3. 简述中小企业企业文化基本框架内容。

实践训练

阿里巴巴收购高德软件

在继阿里巴巴2013年5月以2.94亿美元购买高德软件公司（以下简称"高德"）28%的股份后，2014年4月11日，高德正式宣布与阿里巴巴达成确定性的收购协议，阿里巴巴收购高德剩余72%的股份，高德由此成为阿里巴巴100%控股的子公司，并在融合阿里生态体系的基础上发展。此次收购全部以现金支付，符合阿里巴巴整体发展战略，此次收购促使双方优势互补，是一种双赢的结果。

第九章 中小企业创建企业文化

互联网行业离不开"地图"。高德最终被阿里巴巴收入囊中,有力地说明了地图行业仍是BAT三巨头的重点竞争领域。接下来的几年里,作为本地生活服务入口的地图行业,将与手机支付一起成为互联网巨头们交锋的重点。地图市场具备较大的流量入口,但地图的价值绝不只是简单的导航功能,最重要的是与地图一起形成O2O生态链的完整闭环。

阿里巴巴全资收购高德对整个市场起到了巨大的促进作用,地图作为移动端入口的价值得到更好的挖掘。移动互联网LBS最为基础的服务就是地图,在此领域内,任何一家企业独大对整个市场的生态链来说都不是好事,企业之间相互制衡,在竞争中不断得到发展才是广大用户所期望的。

尽管阿里巴巴这样的互联网巨头企业看似十分强大,但其仍然需要利用并购和投资的方式去完善其运营模式中的一些不足,以获得规模经济优势,拉大与竞争对手的距离,这是互联网巨头企业维持其优势地位所必须采取的一种方式。这也反映了当前国内互联网行业的现实问题:小企业在竞争中由于资金等问题,竞争不过巨头,最后委身于另一个准备在此方面大展身手的大企业。

思考题:
1. 阿里巴巴收购高德的特点是什么?为什么要收购?
2. 阿里巴巴与高德的一番"联姻",带给我们哪些思考与启示?

参 考 文 献

[1] 陈晓红,周文辉,吴运迪. 创业与中小企业管理[M]. 北京:清华大学出版社,2014.

[2] 马塞尔·德·迈尔利尔. 选址!选址!选址![M]. 赵巍,王冬梅,译. 北京:机械工业出版社,2013.

[3] 周锡冰. 中小企业创业融资实战22计[M]. 北京:企业管理出版社,2010.

[4] 杨波. 小微企业管理[M]. 上海:复旦大学出版社,2016.

[5] 张建营. 中小企业创业融资实战[M]. 北京:中华工商联合出版社,2006.

[6] 张建伟,盛振江. 现代企业管理[M]. 北京:人民邮电出版社,2011.

[7] 方立渊. 促进中小企业结构调整研究[J]. 金融教育研究,2010,23(4):61-63.

[8] 王敏,李蔚. 论中小企业创业创新的内涵、类型及作用路径[J]. 科教导刊(中旬刊),2010(5):103-104.

[9] 宋明,范桂萍,王燕. 中小企业创业成长是解决我国就业压力的有效途径[J]. 学术交流,2012(5):103-106.

[10] 孙金霞. 现代企业经营管理:理论、实务、实例、实训[M]. 北京:高等教育出版社,2010.

[11] 张玉利,任学锋. 小企业成长的管理障碍[M]. 天津:天津大学出版社,2001.

[12] 钱明霞. 小型企业管理[M]. 上海:上海人民出版社,2001.

[13] 菲利普·科特勒,加里·阿姆斯特朗. 市场营销:原理与实践[M]. 楼尊,译. 16版. 北京:中国人民大学出版社,2015.

[14] 刘文秀. 营销学原来这么有趣[M]. 北京:化学工业出版社,2015.

[15] 韩燕雄. 市场营销学[M]. 北京:北京理工大学出版社,2014.

[16] 束军意. 市场营销——原理、方法与实务[M]. 北京:机械工业出版社,2015.

[17] 高海晨. 企业管理[M],北京:高等教育出版社,2014.

[18] 许莹. 市场营销学[M]. 杭州:浙江大学出版社,2015.

[19] 郭小平,祝君红. 创业营销[M]. 北京:清华大学出版社,2009.

[20] 曲建勋,李柯. 现代企业管理[M]. 北京:高等教育出版社,2014.

[21] 李丹,徐娟,张勇. 企业战略管理[M]. 北京:清华大学出版社,2016.

[22] 陈已寰,吴恒春,陈文彬. 中小企业管理基础[M]. 广州:广东经济出版社,2011.

[23] 廖新平. 中小企业创业管理[M]. 重庆:重庆大学出版社,2012.

[24] 杰尔姆·A·卡茨,理查德·P·格林二世. 中小企业创业管理[M]. 徐飞,译. 3版. 北京:中国人民大学出版社,2012.

[25] 林汉川,邱红. 中小企业管理教程[M]. 上海:上海财经大学出版社,2006.

[26] 顾颖,马晓强. 中小企业创业与管理[M]. 北京:中国社会科学出版社,2006.

[27] 陈春花,乐国林,李洁芳,张党珠. 企业文化[M]. 北京:机械工业出版社,2017.

[28] 金占明,杨鑫. 战略管理[M]. 3版. 北京:高等教育出版社,2011.